R I D O T T O

Il Magazine del Teatro Italiano Contemporaneo
Nuova serie
Direttore responsabile ed editoriale
Maricla Boggio

Una coedizione:

SIAD
Società Italiana Autori Drammatici

BEAT
Enrico Bernard entertainmentart
direzione artistica ed editoriale
Enrico Bernard

Comitato di Redazione:
Enrico Bernard, Fortunato Calvino, Ombretta De Biase,
Pier Paolo Pacini, Stefania Porrino

Numero 3 / Nuova serie / Settembre-Dicembre 2024

Mensile di teatro e spettacolo
SIAD c/o Spazio 18B, via Rosa Raimondi Garibaldi 18b, 00145 Roma.
La SIAD risponde al numero 06/92594210 nei giorni di lunedì dalle ore 10,30 alle 15,30
e mercoledì dalle ore 16,30 alle ore 19,30. Per informazioni scrivere a: info@siadteatro.it.
Il nostro sito è visitabile alla pagina: www.siadteatro.it
Autorizzazione del tri bu na le di Roma n. 16312 del 10-4-1976 – Poste Italiane Spa ^ Spedizione
in abbonamento postale 70% DCB Roma – Associata all'USPI (Unione Stampa Periodica)
Il versamento della quota può essere effettuato tramite bonifico intestato a SIAD Roma
presso Banco BPM Agenzia n°1002 Roma- Eur - Viale Europa 115 - 00144 Roma - Tel. 06 5422 1708
Coordinate bancarie: CIN X ABI 05034 CAB 03207 N° conto 000000025750
Coordinate internazionali: IBAN IT53X0503403207000000025750 - BIC/SWIFT BAPPIT21A67 Abbonamento
annuo € 50,00 – Estero € 70,00 – Numeri arretrati € 15,00

RIDOTTO

IN QUESTO NUMERO

In copertina: *L'apparenza inganna, con Sandro Lombardi e Massimo Verdastro, foto di Marco Borrelli*

COMUNICATO STAMPA

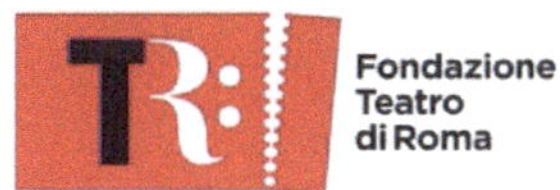 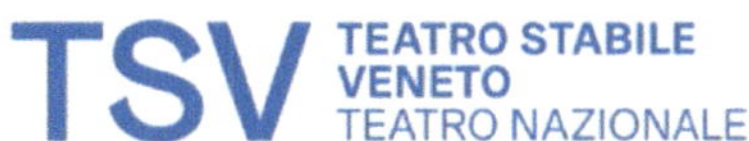

COMUNICATO STAMPA

Fondazione Teatro di Roma e Teatro Stabile del Veneto
insieme per promuovere un confronto pubblico sul futuro del Sistema Teatrale Nazionale.

Roma, 16 ottobre 2024 – I **Consigli di Amministrazione** delle **Fondazioni del Teatro di Roma** e del **Teatro Stabile del Veneto** hanno votato congiuntamente e all'unanimità la proposta di promuovere un **confronto istituzionale** che coinvolga i vertici dei **sette Stabili Nazionali** sul futuro del **Teatro Pubblico Italiano**, attraverso due incontri che si terranno uno a Venezia a gennaio e l'atro a Roma a giugno.

Nel momento in cui il Codice dello Spettacolo dal vivo riprende il suo cammino di revisione, rinnovando le regole di produzione e distribuzione, il Presidente del Teatro di Roma **Francesco Siciliano** e il Presidente del Teatro del Veneto **Giampiero Beltotto** hanno deciso di rendersi capofila di un momento di incontro e discussione attorno alla Riforma teatrale, affinché diventi uno strumento di azione, rilancio e partecipazione culturale per l'intero sistema teatrale nazionale.

«A nostro avviso la riforma pone l'accento su meccanismi gestionali e ripartizioni economiche, proprio per questo ci sembra necessario ritrovare anche la funzione istituzionale e di servizio pubblico che una Fondazione Teatrale nel suo territorio è chiamata a svolgere – commenta il Presidente del Teatro di Roma **Francesco Siciliano** – Crediamo con il presidente del Veneto Beltotto che, mentre il ministero della Cultura si prepara a riscrivere le regole su cui sarà incardinato lo spettacolo dal vivo nel prossimo futuro, la voce istituzionale dei Teatri non possa mancare. Infatti, proprio perché le nuove regole avranno un impatto immediato sul perimetro in cui potranno svolgersi i programmi e le stagioni teatrali, riteniamo che non sia possibile dimenticare il senso profondo e la storia del Teatro Pubblico nel nostro Paese. Insieme abbiamo capito che oggi è più che mai necessario aprire un confronto con il Ministro della Cultura, Alessandro Giuli, per riportare all'attenzione il nostro lavoro, in virtù anche del fatto che lo spettacolo dal vivo, e in particolare quello della prosa, è tornato a essere premiato dal pubblico, sempre più numeroso nelle sale.»

«Roma, Venezia e il Veneto sono territori vocati all'accoglienza di popoli, di culture e di economie diversi e segnati da flussi turistici importanti – dichiara il Presidente del Teatro del Veneto **Giampiero Beltotto** – Di conseguenza, le due Fondazioni hanno maturato una indiscutibile vocazione all'internazionalizzazione e alla relazione con realtà artistiche che consentono già oggi di esportare il nostro stile di vita e accompagnare le nostre realtà imprenditoriali in giro per l'Europa. Le nostre Fondazioni stanno costruendo all'interno del mondo del teatro italiano un modo, se non nuovo, certo originale di intendere la responsabilità di servizio pubblico, con gli spettatori al centro di visioni culturali trasversali rispetto ai gusti, alle generazioni e alle idee. Sarà decisivo per chi rappresenta le istituzioni pubbliche e private avviare, assieme a tutti gli altri Presidenti di Teatri nazionali, una corretta relazione col Ministro della cultura, Alessandro Giuli, con l'obiettivo di rompere il soffitto che rende il teatro italiano la cenerentola dello spettacolo dal vivo. I risultati dei Teatri nazionali in termini di produzione, di abbonati, di spettatori e di servizio sono un volano indiscutibile per lo sviluppo culturale del nostro Paese».

FONDAZIONE TEATRO DI ROMA
www.teatrodiroma.net
Ufficio Stampa Teatro di Roma:
Amelia Realino: tel. 06. 684 000 308 I 345.4465117
e mail: ufficiostampa@teatrodiroma.net

Teatro Stabile del Veneto – Teatro Nazionale
____
Diletta Rostellato
Addetta alla Comunicazione
tel. + 39 3664737447
diletta.rostellato@teatrostabileveneto.it
teatrostabileveneto.it

RISPONDE
MARICLA BOGGIO
SEGRETARIO GENERALE
SIAD E DIRETTORE
RIDOTTO

**Sull'iniziativa della Fondazione del
Teatro di Roma e del
Teatro Stabile del Veneto**

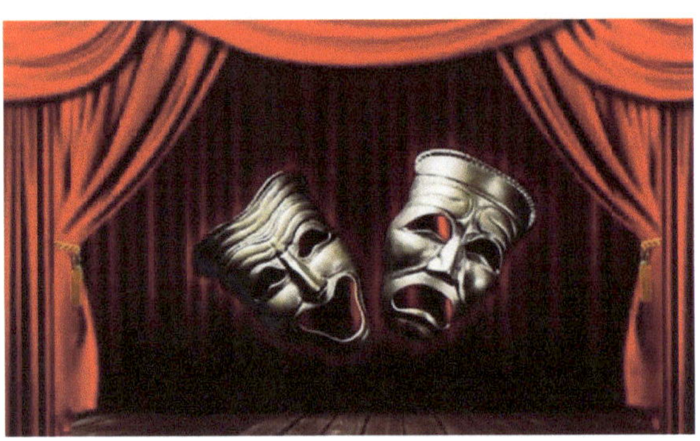

I **Consigli di Amministrazione** delle **Fondazioni del Teatro di Roma** e del **Teatro Stabile del Veneto** hanno votato congiuntamente e all'unanimità la proposta di promuovere un **confronto istituzionale** che coinvolga i vertici dei **sette Stabili Nazionali** sul futuro del **Teatro Pubblico Italiano**, attraverso due incontri che si terranno uno a Venezia a gennaio e l'altro a Roma a giugno. Che ci sia da parte dei vertici dei sette teatri stabili attivi in Italia una volontà comune di riflettere, e risolvere, sulle situazioni decadute nel corso degli anni, è un fatto positivo, ma esso non è sufficiente a dare forza e soprattutto coerenza all'attività che ciascun teatro deve svolgere nell'ambito del proprio territorio.

Non si tratta di far rivivere le stagioni del Piccolo Teatro, coerentemente ancorate a una cultura di base territoriale e a una scelta culturale emergente dopo anni di chiusura verso l'esterno; anche il Teatro Stabile di Catania aveva scelto una cultura di base che si richiamava al territorio. Ma le altre città spaziavano nelle scelte più estemporanee, legate ai gusti di un regista o di un direttore, specie poi costrette a rispettare scambi di programmi fra città le cui culture non avevano niente a che fare l'una con l'altra, se non il vantaggio di un profitto reciproco nel costo di un allestimento comune, che avrebbe potuto permettere parecchi allestimenti anziché uno solo.

Questo genere di scelte di base per rendere coerente la cultura di un popolo non significa evitare di prendere in considerazione il teatro di altre culture, ché anzi occorre il confronto con tradizioni e novità altre rispetto alle nostre: ma ciò deve avvenire quando la propria cultura è salvaguardata.

Queste osservazioni portano alla necessità di realizzare un tipo di organismo culturale che tenga conto del territorio, dei rapporti con l'Università, con enti culturali, con studiosi delle opere e degli spettacoli andati in scena negli anni passati. Occorre, secondo noi, far valere un discorso di linguaggi anziché un discorso prevalentemente determinato da elementi organizzativi ed economici, che devono comunque essere risolti in maniera precisa prima dell'avvio all'attività.

Occorre poi pensare al futuro, non fermarsi a chi appartiene già a un contesto culturale sviluppato; è importante che si creino nuove generazioni che portino avanti – o contestino – ciò che è già realizzato. Scuole autentiche non solo di recitazione – volute soprattutto da giovani spesso più ambiziosi che bravi -, ma di regia, di scenografia, di costume, di cultura teatrale che sappiano esistano libri che possono dare molto al teatro, anche se come persone non esistono più ma il loro pensiero è vivo, come Vito Pandolfi, Silvio D'Amico, Gerardo Guerrieri.

È quindi sotto un auspicio di reale rinnovamento che attendiamo gli incontri dei due Teatri propositori, augurandoci che l'iniziativa vada allargandosi anche agli altri Teatri Stabili.

*Pubblichiamo un estratto delle prime due pagine
di un intervento di Luigi Pirandello,*
10 giugno 1906, *Saggi e interventi, Articoli in Il Marzocco,
Meridiani Mondadori, p. 452.*

IL TEATRO STABILE DI ROMA
(A CONTI FATTI E DA FARE)

di Luigi Pirandello

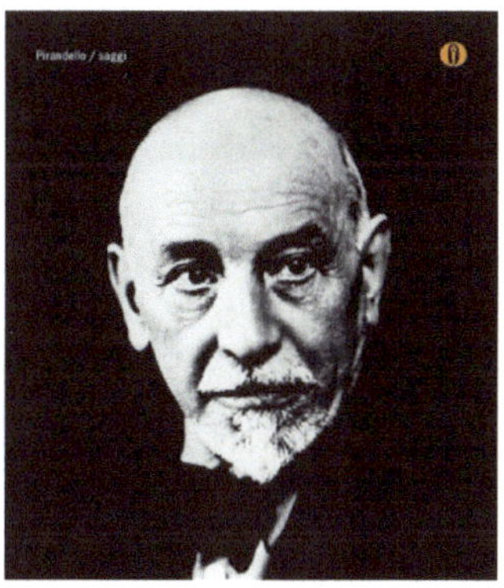

Come una fiaba, quest'articolo si potrebbe incominciare così: *C'era una volta...*

Per dire che il Teatro Stabile fu e non sarà più?

No. Ma per spiegare in qualche modo perché e come esso sia stato, bisogna proprio cominciare così: - *C'era una volta a Roma* una «Società degli autori drammatici e lirici» anzi «degli autori e attori drammatici e lirici» alla quale toccò un giorno una fortuna che non parrebbe più verisimile neanche in una farsa: il cospicuo provento di una tombola telegrafica.

Questa fortuna oppresse, schiacciò quella Società, diventò come un incubo pei soci, qualcuno dei quali aveva scritto veramente, a tempo perso, qualche monologo, qualche dramma, qualche commediola; diventò un incubo segnatamente per quelli deputati alla custodia del formidabile tesoro. Lo so ben io, che fui tra questi.

Nelle rare adunanze, non più di due o tre l'anno, i soci si guardavano angosciosamente negli occhi, quasi non fossero ben sicuri d'esser persone e non ombre, e parlavan timorosi d'offendere il silenzio gelido della sala vegliata da quattro o cinque mezzibusti di gesso e dagli occhi chiari e arguti dell'alto e biondo Cirilli, usciere e donno.

«Ma non dobbiamo far proprio nulla» si chiedevano i soci smaniosamente, «per dimostrarci vivi in qualche modo? Un balletto almeno, qualche ricevimento di tanto in tanto alle nostre famiglie, o a qualche comico illustre, socio onorario, o a qualche "collega" autore milanese venuto a Roma per la prima rappresentazione d'un suo lavoro al Valle o al Costanzi?»

Sì, illuminazione, marsala e biscottini, per trattamento. E non si doveva far altro? Ma sì, qualche conferenza, un ciclo di conferenze; oppure una rappresentazione a teatro, commemorativa, per il centenario di Raffaello, per il centenario di Vincenzo Bellini; e poi bandire qualche concorso, due concorsi, tre concorsi...

Preso l'abbrivio, non si sa quanti concorsi bandì la Società: concorsi drammatici e musicali; tutti senza frutto, perché nessuno dei lavori premiati riuscì mai ad esser messo in scena per virtù e opera della Società stessa. Cioè, no, diciamo la verità: uno, anonimo, intitolato *L'aspide,* se non m'inganno, fu rappresentato al teatrino Metastasio. Si seppe poi ch'era della signora Tartufari. Nessun profitto morale. Solamente il tesoro, con quei premi improduttivi, con quelle rappresentazioni commemorative, con quei trattamenti di marsala e biscottini, si assottigliava man mano; miseramente. E la Società non riusciva a scuotersi dal letargo mortale.

Ma vennero alla fine gli scotitori.

Gli antichi soci quasi con terrore li videro irrompere nella sede della Società; oppressi di stupore li sentirono parlar forte là dentro, senz'alcun rispetto al silenzio sovrano della sala.

«Avete del denaro?» domandarono fieramente costoro. «E che ne avete fatto? Che volete farne? V'impacciate nella contabilità, vi angustiate, escogitate il modo e la maniera di farlo meglio fruttare... Ma perché lo avete avuto, questo denaro? Per tentare qualcosa in favore dell'arte drammatica! E vorreste sprecarlo in altri concorsi a premio? Ma i concorsi, lo avete veduto, non giovano a nulla se non si arriva al teatro. Tentare un teatro d'esperimento? Non sarebbe preso sul serio. degna impresa.» [...]

La parola di Napoli
La Nuova Drammaturgia napoletana in Italia

di Luciana Libero

Convegno 5 Novembre 2024,
Ridotto Teatro Mercadante,
Teatro di Napoli Comune di Napoli, Fondazione
Premio Napoli Fondazione Valenzi

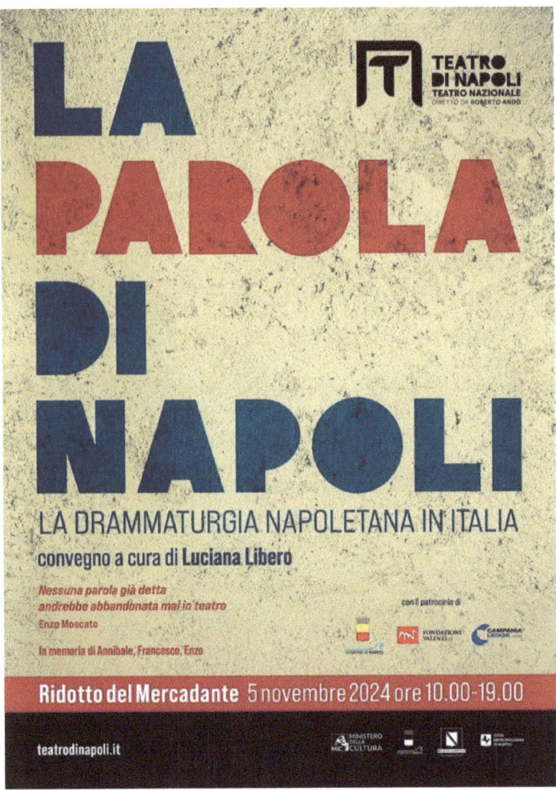

Sono passati quarantacinque anni da "Uscita di emergenza ", il testo di Manlio Santanelli che diede l'avvio nel '79 alla nuova drammaturgia napoletana. L'espressione suscitò all'epoca molti commenti, venne considerata un'etichetta restrittiva che, per alcuni, non teneva conto della tradizione nella cui scia in ogni caso essa si collocava; per altri, l'espressione non valorizzava abbastanza il carattere sperimentale di una scrittura inedita e assolutamente innovativa. Altra questione fu quella del "dopo Eduardo", discendenza da alcuni considerata una gabbia nella quale si voleva rinchiudere quel carattere sperimentale delle opere di Santanelli, di Enzo Moscato e di Annibale Ruccello. Anche la stessa triade fu oggetto di critiche: Santanelli era ritenuto un autore classico, con i suoi personaggi disturbati e le sue storie improbabili, più vicino al teatro dell'assurdo e ad autori come Ionesco o Beckett che ai futuribili '80. Ciononostante, quelle espressioni, frutto di una intuizione felice degli esordi di un lavoro critico, sono entrate nella storiografia del teatro contemporaneo, ne caratterizzano tuttora la loro complessità e restano indicative di un repertorio che negli anni si è arricchito oltre che di ulteriori autori, di infinite e differenti messe in scena. Letture, interpretazioni, regie che hanno costituito lo straordinario successo di un corpo teatrale carismatico e seduttivo, sul pubblico e su uno stuolo di registi e attori che hanno trovato ciascuno una diversa angolazione interpretativa. Così come attrattivo è stato lo studio e la ricerca su questi autori da parte di docenti di diverse città italiane che hanno dedicato alla drammaturgia del "Dopo Eduardo", seminari, corsi, pubblicazioni. Tra questo notevole patrimonio della ricerca italiana, spicca certamente il lavoro condotto da Antonia Lezza all'Università di Salerno dove un archivio degli autori dà conto delle biografie, dei profili e dei materiali critici. In realtà la polemica aveva più ragioni di essere; Eduardo in quegli anni era considerato una sorta di monumento non proprio benvoluto della città che aveva egli stesso ripudiato per la sua ingratitudine e per quella singolare inclinazione alla cancellazione di quanto di meglio vi fosse nato nei secoli. Eduardo era considerato un autore della piccola borghesia moderata che aveva trascinato una tradizione stanca anche se popolare e forse proprio per questo discutibile; un reperto storico che aveva italianizzato il dialetto rendendolo inefficace, finanche privo di quella carica sbrindellata ed esilarante - e in qualche modo eversiva- del padre Scarpetta. Erano gli anni contigui ad una grande rivolta nel mondo del teatro italiano; dal Convegno di Ivrea al Manifesto del Nuovo Teatro di Pasolini, il teatro non era più un intrattenimento della borghesia ma un'arte potente con la quale si poteva cambiare il mondo; con la quale si strappavano i testi sacri della sua stessa storia per comporre partiture complesse, composte di musica, brandelli di parole, suoni, immagini, schermi. Un teatro di segni che si era lasciato alle spalle le teorie di Szondi sul dramma moderno per abbracciare le più ardite indicazioni del postmoderno di Lyotard fino a lambire le liturgie della nuova spettacolarità che a Napoli - dopo gli anni di Gennaro Vitiello, dei Santella e del Teatro ESSE - aveva come protagonisti i giovanissimi Mario Martone e Toni Servillo, con Falso Movimento e Teatro Studio di Caserta. C'erano inoltre filoni più silenziosi come il Teatro dei Mutamenti di Antonio Neiwiller e Renato Carpentieri e una miriade di gruppi che sorgevano come funghi passati dal teatro politico alle cantine. Così quando arrivano questi testi, vengono guardati con una certa diffidenza, come un rigurgito degli anni Cinquanta (che pure aveva dato belle prove con Gennaro Pistilli e Patroni Griffi), accolto con snobismo da parte della critica schierata sul teatro di ricerca e che considerava Eduardo roba dell'ottocento vernacolare. Eppure, nonostante queste premesse, dopo cinquanta anni, alla luce dei brillanti risultati, non possiamo non chiederci e non indagare su quali siano le ragioni di tanto successo. Probabilmente difficile dare una sola risposta mentre certamente si apre una poliedricità di domande. La bellezza delle opere, certo, ma non basta a spiegare un fenomeno così vitale e così sorprenden-temente attuale. È il tema, il nodo, le implicazioni intorno a cui si muove il Convegno programmato a Napoli il 5 novembre 2024 al Teatro Mercadante, "La parola di Napoli. La Nuova Drammaturgia napoletana in Italia" promosso dal Teatro di Napoli, il quale cercherà di aprire ulteriori prospettive e indicazioni di ricerca. Dal confronto - scontro con la tradizione per negarla e superarla e le relazioni estetiche tra nuove opere e analoghi innovatori sul piano della regia, della recitazione, della produzione pubblica e privata, per un rinnovamento anche del mercato e del pubblico. Una storia di contrasti, polemiche, discussioni; una irripetibile stagione che era partita da Napoli e aveva ridato nuovo orgoglio alla figura dell'autore relegato nelle angustie del "rischio" e della novità italiana. Una epica epopea che ha superato nei fatti l'angustia delle scelte produttive italiane rinnovando la centralità dell' autore e mettendosi alla pari con l'Europa.

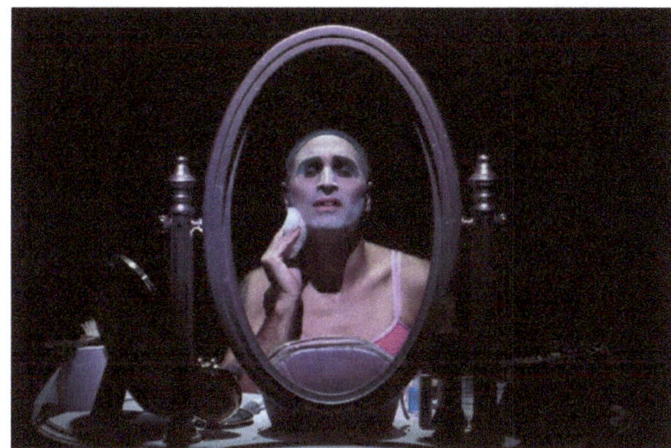

Sono stati chiamati ad affrontare l'argomento alcuni docenti italiani che si sono occupati ciascuno del teatro napoletano. Ferruccio Marotti decano di La Sapienza, per i suoi studi su Eduardo che con il Centro Internazionale di Spettacolo di Montalcino. ospitò Eduardo per la traduzione di "La tempesta"; Anna Barsotti dell'Università di Pisa che ha curato le Cantate eduardiane e indagato il rapporto lingua-dialetto, autrice di "Eduardo drammaturgo"; Laura Mariani porterà oltre che la propria, la testimonianza di Claudio Meldolesi che si era curato del lavoro di Leo De Berardinis e di una drammaturgia della lingua, con le pubblicazioni "Tra Totò e Gadda", Teresa Megale ha dato sistematicità all'universo di opere di Manlio Santanelli; Annamaria Sapienza dell'Università di Salerno che ha curato saggi su De Simone e Francesco Cotticelli, anche egli studioso della nuova drammaturgia. Eduardo e De Simone. Un teatro di cui si susseguono messe in scena particolari, come il premiato "Scannasurece" di Enzo Moscato nella versione di Imma Villa; il " Ferdinando" di Ruccello riproposto da Arturo Cirillo o il recente "Le cinque rose di Jennifer" di Gabriele Russo. Come si è detto più volte, le opere rappresentano ormai un repertorio consolidato, una storia teatrale del Novecento con i suoi testi, i suoi copioni, i suoi autori, la critica che l'ha accompagnata negli anni; dai critici "di prima generazione", come Ghigo de Chiara o Aggeo Savioli che se ne occuparono agli esordi; il primo anche alla guida dell'Istituto del Dramma Italiano che con il suo premio è stato una colonna portante dei nuovi autori; agli sviluppi in altre regioni italiane; come in Toscana con il Centro di Drammaturgia di Fiesole di Siro Ferrone; o al Teatro di Rifredi diretto da Angelo Savelli dove nacque un primo confronto tra lingue e dialetti; il Festival del Teatro delle Regioni fondato con l'Arca Azzurra a San Casciano. Proprio in questo luogo, dopo la chiusura dell'IDI, nacque il Comitato di San Casciano, trenta tra i migliori autori italiani promotori di alcune proposte di riforma per la prosa al Ministero Melandri. Una vicenda siglata dai novanta anni compiuti quest'anno di Roberto De Simone, spirito e guida di molte di queste trame "contaminate". Le questioni poste dalla nuova drammaturgia non hanno riguardato soltanto l'immissione sul mercato di inedite scritture ma hanno lanciato l' esigenza di una rifondazione complessiva di una drammaturgia nazionale che si è incrociata con altre scritture, quelle di autori come Chiti, Paolini, Tarantino, Manfridi, Palladino, Lupaioli; di ultime generazioni di area napoletana come Fortunato Calvino e Mimmo Borrelli; di Davide Iodice che sembra aver ereditato più di tutti la grande lezione di Kantor e di Leo. Come non mancano figure di registe che si insinuano nella linea di un teatro a forte valenza linguistica, come Emma Dante, Saverio La Ruina, Lisa Ferrazzo, Giorgina Pi e Licia Lanera che ha riproposto "Altri Libertini" di Pier Vittorio Tondelli.

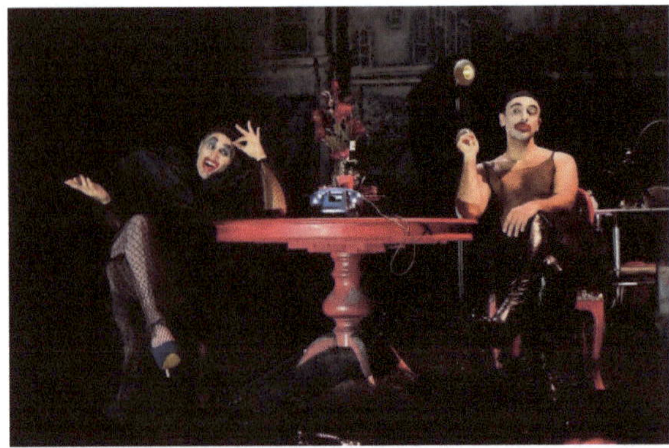

Il recupero di materiali linguistici di alcuni grandi maestri della tradizione letteraria teatrale italiana è stato alla base del lavoro dei nuovi autori, una lunga storia di sperimentazione che ha attraversato Goldoni, De Filippo, Giovanni Testori, Dario Fo. Il risultato è stato ritrovare una originaria integrità, riappropriarsi di una vitale energia comunicativa, affidata alla parola, all'affabulazione, al racconto, al rapporto tra autore e pubblico attraverso la memoria e la relazione con la propria comunità.

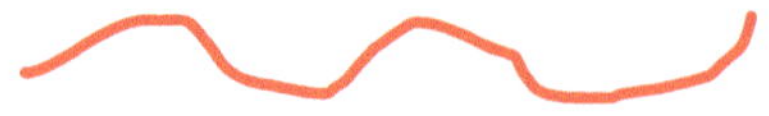

CARMELA LUCIA

IL CORPO, IL SUONO E LA SCENA

Per una drammaturgia sui corpi e sui suoni

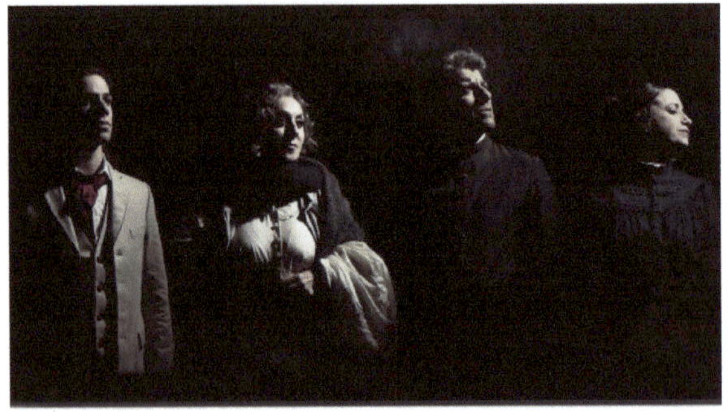

*Analisi della lingua di scena del teatro di
Annibale Ruccello*

B e a T

*PREMIO "CALCANTE" PER LA SAGGISTICA
Società Italiana Autori Drammatici 2018*

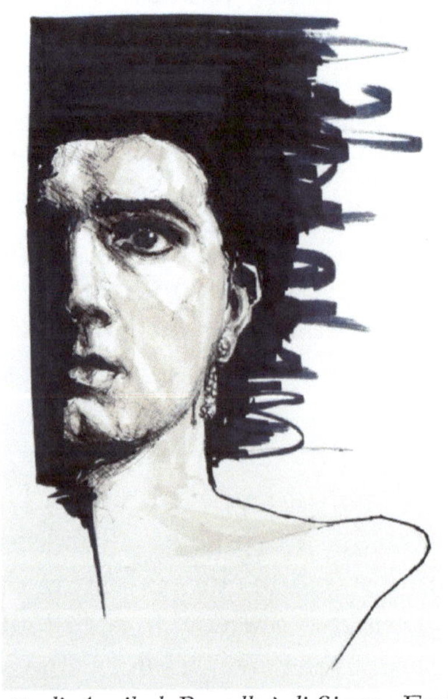

Il ritratto di Annibale Ruccello è di Simona Fredella.

IL CENTRO DI AVVIAMENTO ALL'ESPRESSIONE E IL CORSO PER ATTORI "ORAZIO COSTA" DEL TEATRO DELLA PERGOLA DI FIRENZE. COSA È , COME FUNZIONA OGGI, PROSPETTIVE E SVILUPPI.

di Pier Paolo Pacini

"La temperie:
… ciò che è scoccato e apparso,
e ha tentato e chiesto di dire d'esser detto,
si offre come un atto, un gesto di sguardo…
ti sbircia e tu la scegli (la temperie), *parendoti*
scelto e te l'appropri…
in questa inattesa evenienza, quasi per incanto senti
le immagini apparire, tentar di farsi visibili, di dire
la loro, creando, volenti o nolenti,
un paesaggio, quasi una storia segreta."

Orazio Costa

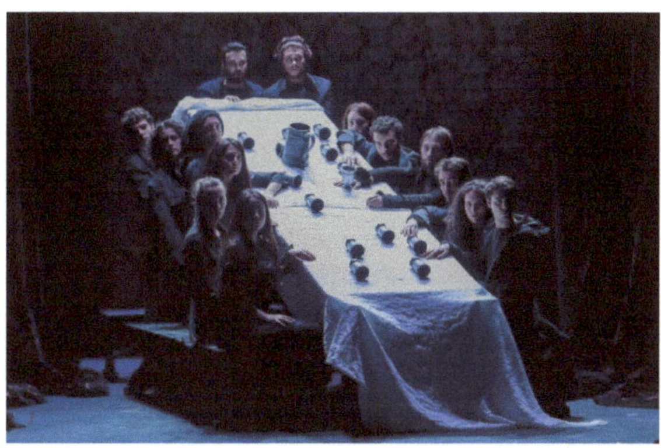

Vorrei per prima cosa ringraziare *Ridotto* e soprattutto la sua direttrice Maricla Boggio per l'occasione offertami da questo articolo per fare un punto sull'attività del CAE, il *Centro di Avviamento all'Espressione* di Firenze.

Maricla Boggio è per il Centro una figura di riferimento fondamentale, non solo per la sua importante e continua frequentazione con Costa, ma soprattutto per il ruolo che ha da sempre come divulgatrice e studiosa del pensiero costiano. Quindi non poteva esserci luogo migliore di questo magazine per fare il punto su come oggi si declina il lascito culturale artistico e pedagogico di Costa.

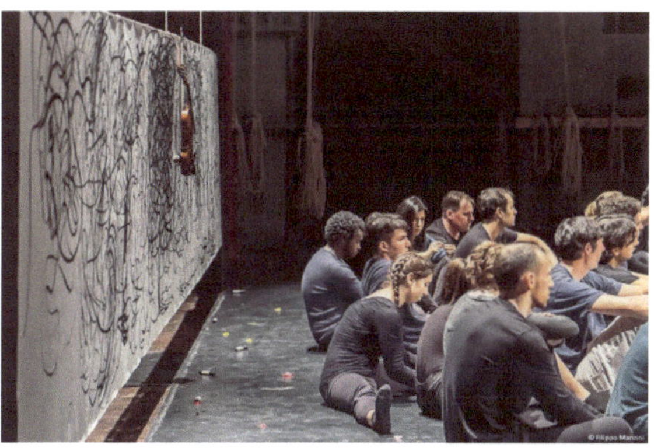

Per prima cosa credo sia necessario spiegare cosa è il *Centro di Avviamento all'Espressione* e come è strutturato il suo lavoro. Il Centro è - come dice il nome stesso - un centro di didattica espressiva fondato a Firenze nel 1979 da Orazio Costa, che fin dall'inizio ha operato all'interno del Teatro della Pergola. Ancora oggi il Centro è il luogo dell'attività pedagogica e formativa della Fondazione Teatro della Toscana.

 Il Centro ha rappresentato il punto di arrivo del lavoro di Costa sulla pedagogia teatrale e in generale sullo studio dell'espressione, della creatività e della comunicazione; un lavoro centrale per Costa, che ha impegnato tutta la sua vita, dalle prime esperienze come assistente di Jacques Copeau fondamentali per l'elaborazione della sua metodologia didattica, e poi attraverso gli anni di insegnamento all'*Accademia di Arte Drammatica Silvio D'Amico*, dove ha formato i più importanti attori della storia del teatro italiano dal dopoguerra agli anni Novanta.

Oggi il Centro realizza in modo compiuto l'idea di Costa di un centro pedagogico come luogo di formazione di uomini prima che di attori; quindi non un organismo scolastico di formazione, una "scuola di teatro" nel senso classico, ma un centro di ricerca per lo studio e la valorizzazione dei processi espressivi e comunicativi di allievi che poi, ma non necessariamente, possono passare ad una pratica più specifica per intraprendere l'attività professionale. Un luogo dove mettere in atto un modo diverso di apprendere e di insegnare, aperto a tutti gli aspetti della creatività e dell'espressività e basato sull'incontro costante tra l'allievo e l'insegnante.

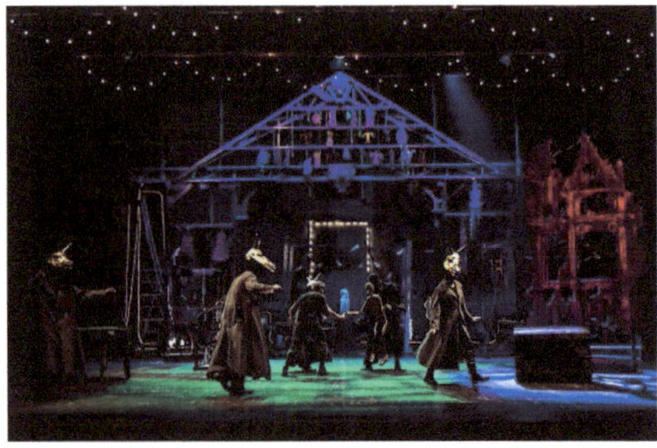

Una scuola di espressività come il *Centro di Avviamento all'Espressione* vuole innanzitutto insegnare che uno strumento complesso come quello costituito da un individuo deve sempre essere considerato nella sua interezza, sia fisica che intellettuale. Il Centro considera primario questo approccio, utilizzando come strumento pedagogico il metodo mimico elaborato da Costa che prevede il recupero dell'espressività generale non limitata al teatro ma indirizzata a qualunque forma artistica e in generale espressiva.

È importante sottolineare questo aspetto, perché fin dalla sua nascita il Centro ha previsto l'applicazione del metodo anche in ambiti diversi da quelli teatrali, con particolare riferimento ai temi dell'emotività e dell'immaginazione e allo sviluppo in genere delle capacità espressive e comunicative.

Per perseguire i suoi propositi, il Centro ha un suo regolamento che li elenca e definisce. Tra essi voglio ricordare: lo studio, la divulgazione e la diffusione del metodo Costa; l'applicazione del metodo Costa, per la formazione di donne e uomini; la ricerca, lo studio e la valorizzazione dei processi espressivi, creativi e comunicativi; l'applicazione del metodo Costa, combinato con eventuali didattiche di altri metodi, per la formazione di attrici e attori.

Con riferimento alla metodologia pedagogica elaborata da Costa, più in particolare il Centro si propone: di applicare il metodo Costa in ogni forma e in ogni aspetto dell'attività umana, per il recupero dell'espressività e della creatività; di perseguire la diffusione del metodo Costa in considerazione della sua valenza educativa e formativa; di promuovere l'utilizzo del metodo Costa anche al di fuori del settore specifico del teatro, con particolare riferimento al recupero dell'espressività naturale dell'individuo e allo sviluppo delle sue potenzialità creative e di apprendimento e comunicazione.

Oggi per realizzare questi propositi l'attività del Centro si orienta in varie tipologie di corsi che vengono effettuati sia al Teatro della Pergola che esternamente presso istituzioni teatrali, centri formativi e culturali, quartieri, associazioni e scuole, in collaborazione con istituzioni pubbliche e private.

Credo che sia giusto darne una breve descrizione per aiutare a comprendere quanto fino ad ora sopra solo teoricamente espresso.

La base dell'attività del Centro sono i "*Corsi di avviamento al teatro e per lo sviluppo dell'espressione, dell'immaginazione, della creatività*". Sono corsi gratuiti offerti a chi è interessato a conoscere i principi del metodo mimico e ad intraprendere un percorso di introduzione sia al lavoro dell'attore che ad altre attività espressive e creative; sono aperti a tutti – senza limiti di età - in considerazione della loro valenza educativa e formativa, e sono finalizzati sia al recupero dell'espressività naturale dell'individuo che ad un primo contatto con il mondo attoriale.

Questi corsi sono anche considerati il primo anno di pedagogia preliminare per il *Corso per attori "Orazio Costa"* e l'averne frequentato almeno uno è obbligatorio per chi voglia accedere al Corso stesso. Prevedono circa 25 incontri settimanali della durata di due ore ciascuno, e sono strutturati in Corsi interni, svolti all'interno del Teatro della Pergola e Corsi esterni, realizzati presso quartieri, biblioteche, associazioni.

Il Centro prevede anche altre attività con finalità specifiche, che in genere nascono sulla base di convenzioni con altre istituzioni o con organismi privati, che vanno da corsi per bambini e ragazzi dai tre anni in su, sia in contesto scolastico che extrascolastico, a corsi per insegnanti con lo scopo di migliorare le loro abilità comunicative ed espressive in ambito didattico, a corsi organizzati a fini riabilitativi in contesti patologici, anche psichiatrici, in collaborazione con aziende sanitarie pubbliche e private.

Il programma didattico di questi corsi, pur con le differenze che vengono di volta in volta valutate a seconda della tipologia di allievi che ne fanno parte, prevede una comune struttura di svolgimento. In termini molto generali è possibile dire che, dopo una introduzione ai processi espressivi fisici e verbali e un primo incontro con il metodo Costa, viene effettuato un lavoro per mezzo del metodo sull'uso dell'apparato fisico e della voce. Di seguito, affrontando il tema della comunicazione fisica e verbale a fini espressivi e creativi, si passa allo studio di un testo, spesso una breve poesia, che viene studiata e poi interpretata sulla base del metodo stesso. Laddove il contesto lo permetta, i corsi si concludono con un primo approccio all'interpretazione attoriale attraverso lo studio della drammaturgia mimica nella sua struttura elementare.

A questi corsi si affianca il *Corso per attori "Orazio Costà"*, un **corso** di formazione professionale per il mestiere dell'attore e l'avviamento al lavoro, destinato a coloro che intendono intraprendere il mestiere dell'attore, finalizzato a sviluppare le capacità tecniche e creative individuali necessarie all'attività professionale.

Quello che è fondamentale sottolineare è che, nel pieno rispetto dell'idea di Costa, questo corso non è una "scuola" di teatro nel senso classico. Citando lo stesso Costa, lo scopo del Corso *"è quello di fare in modo che da*

esso escano attori che portino nella loro fisicità la capacità di comporsi con il personaggio, con la coscienza piena del loro lavoro e della loro funzione"; inoltre si tratta di un corso professionale *"che non ha una posizione estetica definita. Ha una posizione morale, quella di preparare i suoi allievi nel senso di un più alto concetto del bene dello spirito e della umana dignità, ignorando quelle forme di espressione spettacolare che non ne tengono conto"*.

La durata stessa del Corso non è predeterminata e varia per i singoli allievi. Il percorso previsto è di almeno un anno, ma fine di ogni anno gli insegnanti valutano se sia stato raggiunto dal singolo allievo il necessario livello per intraprendere professionalmente il mestiere di attore. In caso contrario sarà proposto all'allievo di continuare il percorso di ricerca e formazione nell'anno successivo. Questa scelta è centrale, perché rientra nel concetto di organicità che è la caratteristica fondamentale del lavoro del Centro. Sempre citando Costa: *"In realtà la scuola non dovrebbe avere una durata definita: dovrebbe licenziare degli allievi maturi, il che per assurdo dovrebbe poter avvenire anche subito dopo l'esame di ammissione, come dopo più di due o tre anni. Inoltre è da considerare che l'insegnamento per un attore non può essere che "ad personam" e che se esistono principi generali non esistono regole identicamente adatte ad ognuno; che per far camminare sulle stesse rotaie un sensitivo e un razionale bisogna condurveli da strade diverse e personali; così se si vuol raggiungere una qualche omogeneità fra temperamenti uditivi, visivi, cinetici."*

Se questo è lo stato dell'arte del *Centro di Avviamento all'Espressione*, volendo parlare delle prospettive e dei suoi possibili sviluppi per i prossimi anni, è importante sottolineare che la sua attività si inserisce completamente all'interno delle attività deI Teatro della Toscana, Teatro Nazionale.

Il Teatro della Toscana infatti opera sui principi di un *Teatro d'Arte* orientato ai giovani, avendo nella Lingua Italiana la materia prima del suo agire. In questo ambito l'attività del Teatro della Toscana ha come punto di riferimento il lascito pedagogico e culturale di Orazio Costa.

Fulcro di questa integrazione di progetto tra il Teatro della Toscana e il *Centro di*

Avviamento all'Espressione è un manifesto che esplicita la volontà di attuare un percorso comune per formare quello che sia Costa che Copeau definivano il *Nuovo Attore*, cioè un attore/attrice che agisca all'interno di una nuova idea di un *Teatro Nuovo* che abbia come scopo quello di ripensare il Teatro oggi e riscoprire il valore profondo del mondo classico per metterlo in relazione con pensieri e suggestioni contemporanee. Un dialogo costante tra presente e passato per comprendere meglio le nostre radici e poter lavorare sul futuro, un *Teatro d'Arte* che facendo riferimento alle grandi teorizzazioni di inizio Novecento (Appia, Craig, Antoine, Stanislavskij, Copeau) parta dalle esperienze di Costa per leggere il mondo di oggi e immaginare e preparare il mondo di domani. Un vero e proprio tentativo di riforma del Teatro che ha le sue basi nei sei punti del *"Manifesto per un attore artigiano di una tradizione vivente"* che credo necessario riportare integralmente:

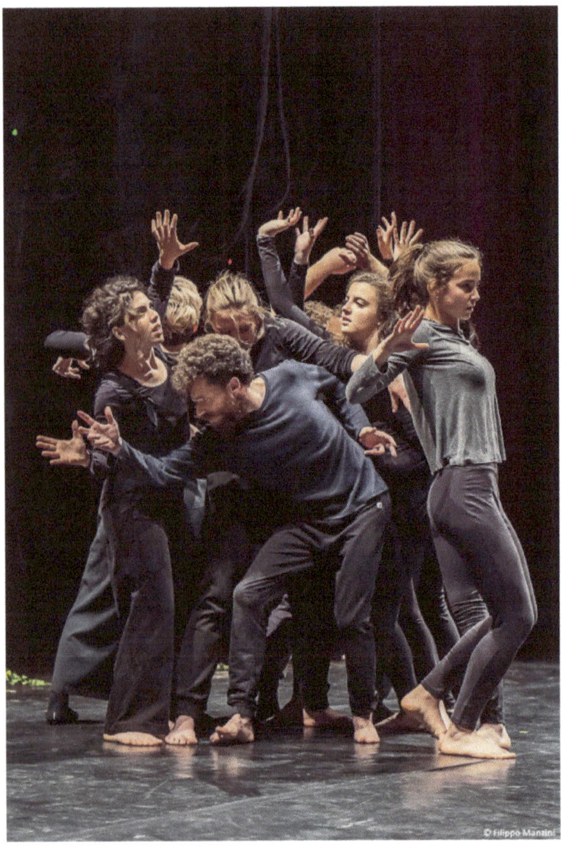

1.   *Il teatro d'arte nasce dal rapporto tra giovani e maestri: trasmissione e scambio sono i principi su cui si fonda ogni realizzazione.*

2.   *La materia prima testuale è la letteratura italiana, la lingua italiana in ogni sua forma e declinazione per un teatro di parola.*
3.   *La dotazione economica per ogni realizzazione sarà delimitata, limitata e sempre uguale.*
4.   *Ogni attore è chiamato a sperimentarsi in ogni mestiere del fare teatro per divenire strumento totale, creativo e consapevole di un nuovo teatro.*
5.   *Costumi, scene e apparati sono realizzati dal Laboratorio d'arte del Teatro della Toscana.*
6.   *Rigore, umiltà, integrità e sincerità sono il metro di valutazione di ogni realizzazione, decisivi per la sua messa in scena.*

Attraverso questo manifesto, il *Centro di Avviamento all'Espressione* evidenzia in modo sempre più preciso il suo ruolo non soltanto di propulsione e diffusione del metodo mimico, ma soprattutto di centro di ricerca teso a superare il concetto classico di formazione, vero e proprio motore culturale delle attività della Fondazione Teatro della Toscana, in una visione condivisa nella quale il Teatro vive in teatri che sono spazi puri e totali, di qualunque tipologia, dalle piazze alle scuole alle biblioteche e così via, in un costante intreccio di arti e mestieri, di dialogo fra le arti e di vera pluridisciplinarità fra musica, teatro, danza, arte figurativa e in generale ogni forma di manifestazione ed espressione artistica.

Tutto questo si attua anche attraverso la ripresa di un progetto che Costa aveva elaborato relativamente alla creazione ad un istituto per l'unificazione delle pedagogie artistiche, il *Progetto Arsuna*, che si proponeva non solo di fare dell'Arte un *"vero strumento di fioritura, di libertà e di creatività, lasciandole il massimo spazio nella formazione individuale"*, ma di fare in modo che per mezzo del metodo mimico si attuasse un percorso per lo sviluppo non solo di ogni espressione artistica, ma anche sulla comunicazione e in generale su ogni bisogno di esprimersi, motore per la ricerca di soluzioni ai nuovi impulsi della contemporaneità. Un percorso sul tema della creatività umana intesa come necessità, un progetto che aveva ed ha ancora oggi come scopo quello di essere un percorso di formazione nel senso più completo, un percorso che pur nascendo in ambito teatrale vuole insegnare innanzitutto che *"uno strumento come quello costituito da un individuo nella sua interezza fisica, intellettuale e morale, è tanto complesso da governare e modulare e anche semplicemente da conoscere che s'illude chi pensa di poterlo condurre a suo piacimento verso tutte le espressioni di cui è capace".*

Da tutto quanto espresso fino ad ora nasce la volontà e l'ambizione di fare del *Centro di Avviamento all'Espressione* in un futuro prossimo una vera e propria struttura "nomade", che non si cioè limiti alle attività in sede, per quanto diffuse nel territorio regionale e anche nazionale, ma che ampli il suo ambito di azione confrontandosi con altre culture e con altre lingue.

Oggi è possibile dire che questa ambizione si sta concretizzando attraverso una serie di importanti attività che sono partite negli ultimi due anni.

La prima di queste attività è stata la realizzazione a Firenze di un laboratorio in collaborazione con il Théatre de la Ville di Parigi proprio sul tema fondativo della formazione dell'attore/attrice europeo. Nel laboratorio, dal titolo *"Il sacro e il rito nel teatro"*, che prevedeva la partecipazione di attori e attrici italiani, francesi ed africani, sono state approfondite alcune questioni relative alle tradizioni rituali africane – con particolare attenzione all'espressione corporea nel canto rituale – per comprenderne il possibile legame con le tradizioni teatrali europee.

Partendo dall'assunto che l'espressione *Nuovo Attore/Nuova Attrice* non dovrebbe limitarsi a un europeismo geografico ma muoversi in un ambito più vasto e generale, si è inteso iniziare ad esplorare le possibili radici comuni tra Africa ed Europa, da cui discendono rispettivamente il rito africano e il teatro classico europeo, considerando entrambi esempi della necessità umana di rendere "visibile" e "leggibile" dalla comunità il rapporto con il sacro e con il mito attraverso un insieme di atti formalizzati, portatori di una dimensione simbolica, che sfocia in entrambi i casi nella "rappresentazione".

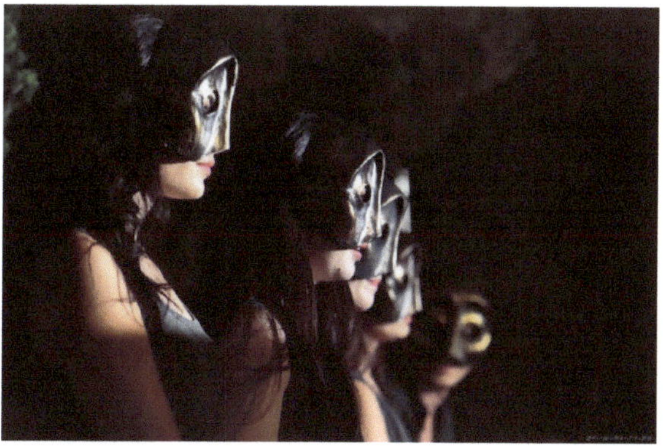

Il laboratorio ha quindi cercato di integrare l'espressione corporea e il canto rituale della tradizione africana con la pedagogia teatrale di Orazio Costa attraverso il suo metodo mimico e il suo concetto centrale di interazione diretta tra espressione corporea ed espressione vocale. I risultati sono stati per alcuni versi addirittura sorprendenti, confermando le intuizioni di Costa sulla capacità umana di divenire ed essere elementi e fenomeni naturali attraverso un percorso di immedesimazione che è una caratteristica connaturata all'essere umano.

La seconda tappa ha riguardato un seminario sul metodo Costa che il Centro ha realizzato al *Festival Internazionale di Teatro di Sibiu 2024*. In particolare in questa occasione è stato affrontato il tema della lettura drammaturgica del personaggio attraverso il metodo Costa, utilizzando il confronto linguistico come possibilità di ampliamento degli spazi interpretativi dell'attore. Il lavoro, che ha coinvolto attori di diverse nazionalità, è partito dalla Divina Commedia di Dante in italiano passando traduzioni in altre lingue che sono state tutte utilizzate da tutti indipendentemente dalla conoscenza della lingua utilizzata, con risultati estremamente interessanti e stimolanti sul tema dell'espressione e con spunti per ulteriori studi e approfondimenti.

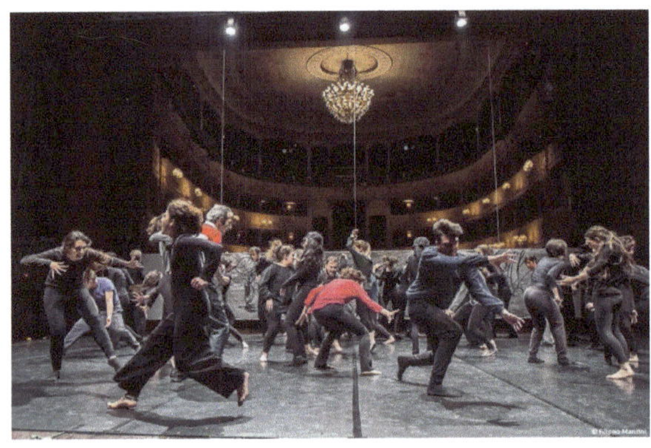

Altre iniziative di questo genere sono in programma, a Parigi, in Grecia, in Spagna. E al di là del prestigio per il Centro derivante da collaborazioni così significative, la cosa più importante è che tutto questo è non solo il futuro ma già il presente del Centro stesso e dell'idea di Costa di una universalità artistica, culturale e linguistica che oggi appare sempre più necessaria.

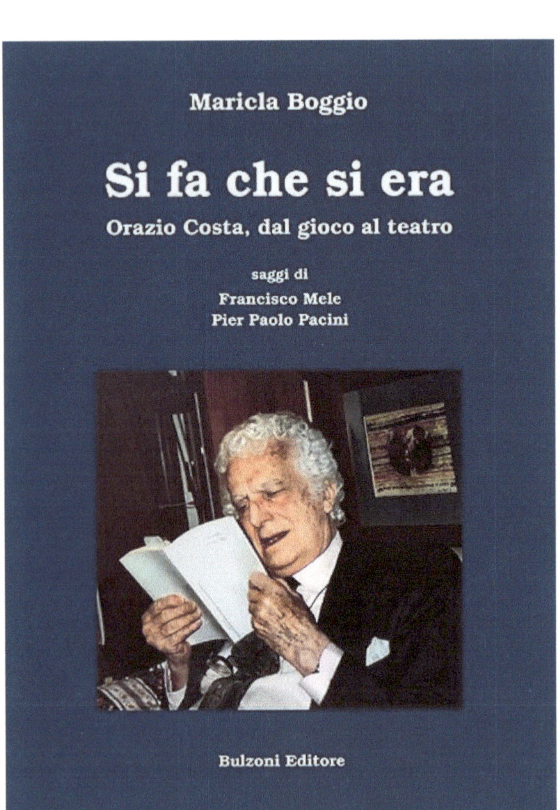

UNO SPETTRO SI AGGIRA DIETRO LE QUINTE: IA

Questo ritratto del matematico Alan Turing, generato dall'Intelligenza Artificiale, è stato venduto

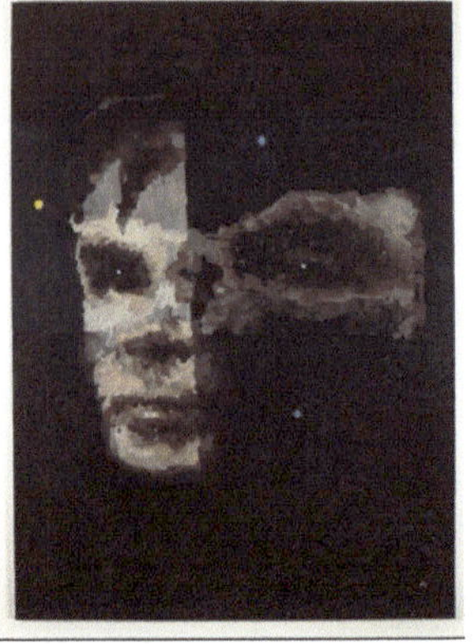

all'asta per oltre 1 milione di dollari.

Il sistema KDP di Amazon ormai richiede dichiarazione di paternità dell'opera letteraria o drammatica senza ricorso all'Intelligenza Artificiale. A nostra richiesta, per metterla alla prova, IA ha generato in pochi secondi un monologo su Cleopatra:

Oh Nilo, antico come il volto del tempo, culla e tempio di genti e dei dimenticati, come specchiati nei tuoi flutti neri sono i miei giorni, i miei amori, i miei sogni che come sabbia scorrono via, tra le dita. Regina son detta, eppure sola regno sopra un trono di scelte e sangue versato. Non fui mai la belva che Roma racconta, né un mito fasullo scolpito nei canti, fui solo il cuore, il cuore che tutto abbraccia, la fiamma che arde, e non teme l'arsura. Marco, tu dormi, ma io veglio sul nostro fato: domani il mare deciderà il nostro nome, se Egitto e Roma splenderanno intrecciati, o divisi come cielo e terra, per sempre. Cesare era il mio sole, la forza, il mio fuoco; di lui ho amato il sogno che spinge avanti, e in te, Marco, ho trovato la carne, il calore che il sogno nutre ma mai sazia intero. Ma cosa sarò io, Cleopatra, nei tempi a venire? Una regina folle, un'amante tradita, o l'ultima eco di un regno che sfuma? Lasciami essere il vento tra i giunchi, il sole che cala sull'acqua dorata, non per la storia o la gloria vana, ma per il Nilo, e per chi in esso, come me, troverà l'eterno scorrere del tempo. Non piango il destino, né l'amore sfiorito, io piango la libertà di scegliere il mio fine, che sia la battaglia o l'ombra di un veleno. Oh, domani, vieni, ché il mio cuore è stanco, e voglio posare il mio sguardo una volta, su ciò che non sfiorirà mai, nell'eterno.

Il recente sciopero di sceneggiatori e soggettisti di Hollywood durato un anno era motivato dall'irruzione dell'Intelligenza Artificiale nella produzione artistica e creativa a discapito dell'attività umana. Abbiamo chiesto ad un esperto del settore i possibili scenari futuri ed eventuali soluzioni.

SE L'INTELLIGENZA ARTIFICIALE VA A TEATRO

di Vanni Rinaldi

Giornalista ha collaborato con settimanali e quotidiani. È stato responsabile nazionale Ambiente, energia e innovazione di Legacoop. È stato presidente di Cooptech la società nazionale di Legacoop per l'energia e l' innovazione tecnologica. Ha contribuito alla redazione del Manifesto "cooperative commons". Ha pubblicato i libri : "Cos'è l' Economia Sociale" e "Dalle Coop alle Co-app: per una condivisione etica dei Big Data". È in uscita con Rubbettino: "Intelligenza Artificiale Sociale: usare l'Intelligenza Artificiale per creare beni comuni digitali"

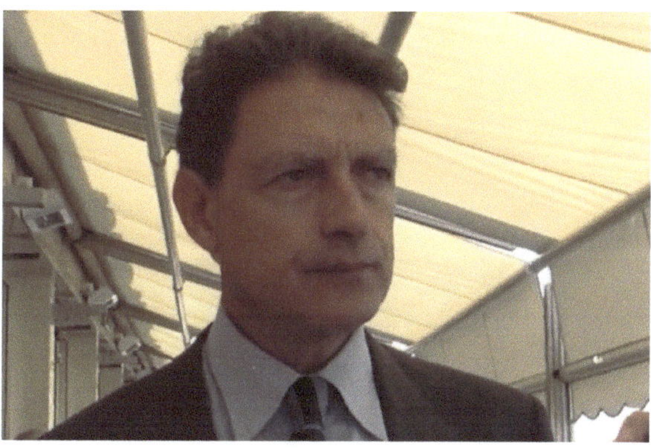

Da alcuni anni il Teatro, ma anche il cinema, la televisione, e perfino la radio, sta sperimentando le diverse forme di Intelligenza Artificiale (IA) messe a disposizione dal mercato.

Recentemente sono stati utilizzati attori virtuali in scena, sistemi di generazione text-to-image per le scenografie e prompt di chatGPT per la scrittura testuale.

Uno degli esperimenti più completi è stato realizzato con il progetto THEaiTRE, realizzato tra il 2020 e il 2021 dall'Università Carolina di Praga in collaborazione con l'Accademia delle Arti performative di Praga e il teatro Svanda, che offre un esempio provocatorio di come l'IA possa influenzare la drammaturgia e la regia teatrale. Utilizzando il modello generativo GPT-2, i ricercatori hanno creato un'intera sceneg-

giatura generata dall'intelligenza artificiale, successivamente messa in scena da attori professionisti.

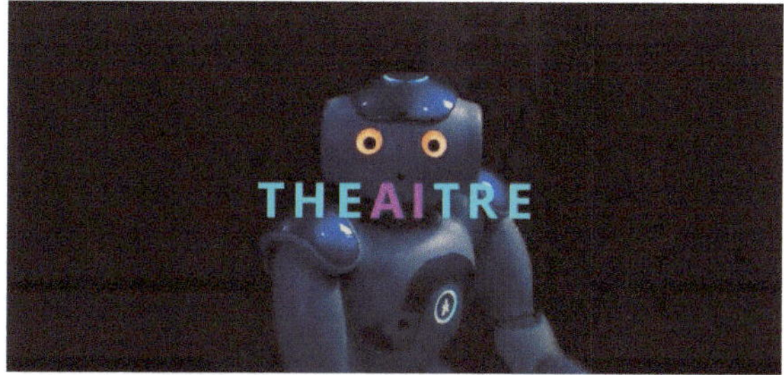

Questo approccio innovativo ha prodotto risultati inaspettati, generando temi come la solitudine, l'amore e la sessualità, ma con una prospettiva unica e a volte distorta. Probabilmente il risultato è stato determinato dalle informazioni immagazzinate, "il che potrebbe non essere sorprendente, data la prevalenza della pornografia su Internet". I risultati, come prevedibile, non sono stati certamente quelli di un prodotto finito, completo, raffinato, quanto, piuttosto, quelli di un prodotto "grezzo" che ha bisogno di essere "indirizzato" verso una scrittura maggiormente affine alla creatività umana. Emozioni ed algoritmi restano, ancora, parti di un binomio davvero difficile da fondere, ma non impossibile, nella misura in cui si accetti l'idea che un'emozione generata mediante l'uso di un algoritmo avrà sempre e comunque connotati ben diversi da quella che può nascere dalla penna sapiente di uno scrittore.

Un altro esempio di questa tendenza ad utilizzare l'IA in campo artistico viene da un recente esperimento realizzato da una radio di Cracovia in Polonia, per una settimana ha infatti realizzato programmi inventati da un IA e condotti da avatar di giornalisti. L'esperimento, raccontato dal Manifesto, è stato condotto dall'ex direttore della radio che era stato rimosso dal vecchio governo di destra e che nella nuova veste di "Liquidatore" della radio, un po' per provocazione per attrarre l'attenzione, e un po' per sperimentare con risorse pari a zero la possibilità di trasmettere, ha avviato le "trasmissioni artificiali" salvo interromperle dopo una settimana a causa delle proteste. Avendo però ampiamente dimostrato che è possibile creare un intero palinsesto radiofonico, giornalistico e trasmettere per ore, senza l'apporto umano.

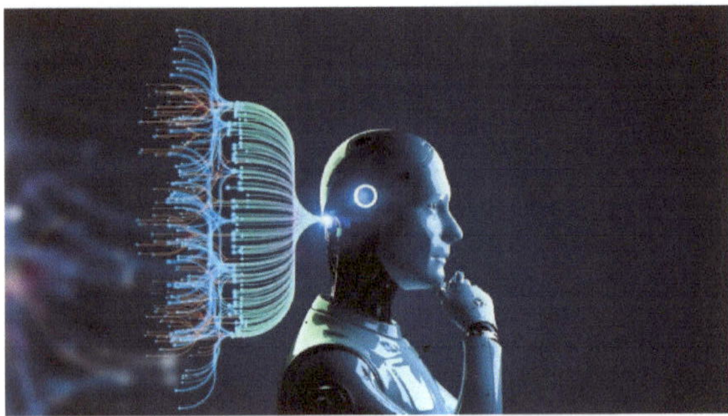

Ma qualsiasi tecnologia produce effetti a partire dal modo in cui viene recepita nelle istituzioni e nella società. E questo modo dipende da un lato dalla capacità delle classi dirigenti, in senso lato quindi anche quelle culturali, di interpretare i bisogni delle persone alla luce dei cambiamenti che vengono introdotti dalla stessa tecnologia, e dall'altro però, dalla capacità delle persone di partecipare a questo sforzo epistemologico.

Ecco dunque che questo massiccio utilizzo delle tecnologia digitale sta creando sempre più preoccupazione e malcontento nel mondo della cultura, a partire dagli Stati Uniti dove queste tecnologie sono nate e si stanno più velocemente sviluppando. L'ultimo capitolo di questa reazione contro le società di Intelligenza Artificiale e il mondo della cultura vede oltre 29 mila tra attori, compositori, registi, musicisti e intellettuali, firmare la «dichiarazione sull'addestramento de la IA», che considera una violazione del copyright l'uso senza autorizzazione di testi, opere d'arte e musiche da parte di società come Open AI, Meta, Stability AI. A scendere in campo sono anche nomi importanti del mondo del cinema, della musica, della letteratura come Julianne Moore, Sir Ian Rankin, la fotografa Lynn Goldsmith, Kevin Bacon, Thom Yorke, Kate Mosse. Il promotore dell'iniziativa Ed Newton-Rex, compositore britannico ed ex dirigente d'azienda AI ha dichiarato, «l'uso senza licenza di opere creative per l'addestramento dell'IA generativa è una minaccia grave e ingiusta per la sussistenza delle persone dietro tali lavori e non deve essere consentito». «Ci sono tre risorse di cui le aziende hanno bisogno per costruire modelli di intelligenza artificiale: ingegneri, potenza di calcolo e dati. Spendono ingenti somme per le prime due ma si aspettano di prendere la terza gratuitamente», ha affermato Newton-Rex. I modelli di intelligenza artificiale come Chat-Gpt, infatti, non funzionerebbero senza un gigantesco "archivio" di informazioni da cui partire per rispondere alle nostre domande, generare un'immagine o un brano musicale. Archivio composto anche e soprattutto da opere di qualsiasi tipo coperte da copy-right. Ciò che contestano gli artisti (e anche case discografiche come Sony Music, ordini professionali come la Authors Guild, sindacati come SAG-AFTRA) è che questi "dati" siano stati trattati senza permesso.

Abbiamo quindi di fronte a noi due genere di problemi. Il primo riguarda la natura stessa delle tecnologia digitale, e in particolare l'IA, che è basata sull'acquisizione e l'utilizzo di enormi quantità di dati (i Big Data), da cui i computer (le macchine i chip), seguendo le istruzioni di un algoritmo, producono un output, un artefatto.

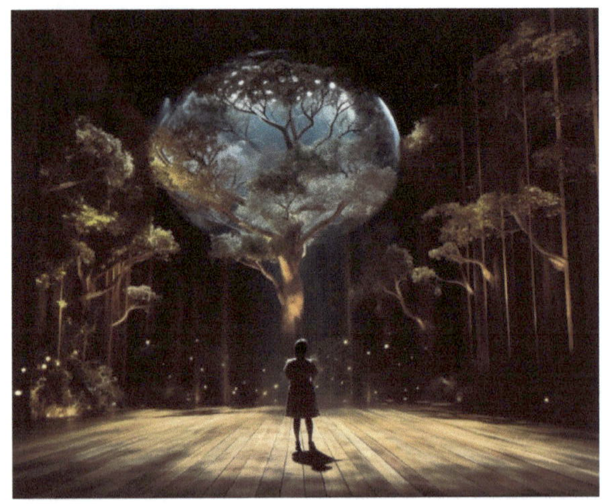

Questo processo macchinifico si svolge tutto nel regno del discreto, del digitale, che per sua natura ontologica è esatto, è dato. Siamo quindi fuori dal campo della produzione artistica intesa in quanto atto senza altri fini che se stessa, al di là di ogni preoccupazione morale o utilitaristica (secondo la teoria di V.Cousin).

Aver "letto", "acquisito", immagazzinato, da parte di una macchina, milioni di copioni teatrali o cinematografici, libri, racconti, novelle, ed elaborare a fronte di una richiesta (prompt) una ricerca statistica basata sulla media gaussiana degli input, potrà forse creare una trama "alla Moliere", o un dialogo "simil Shakespeare", riducendo i costi di produzione, ma potrà per questo essere considerato arte?

Tra i problemi che pone lo sviluppo della I.A. e in particolare di quella cosiddetta generalista, c'è anche in prospettiva quale effetto cumulato del suo utilizzo, una vera e propria "omogeneizzazione digitale" della conoscenza e della produzione culturale.

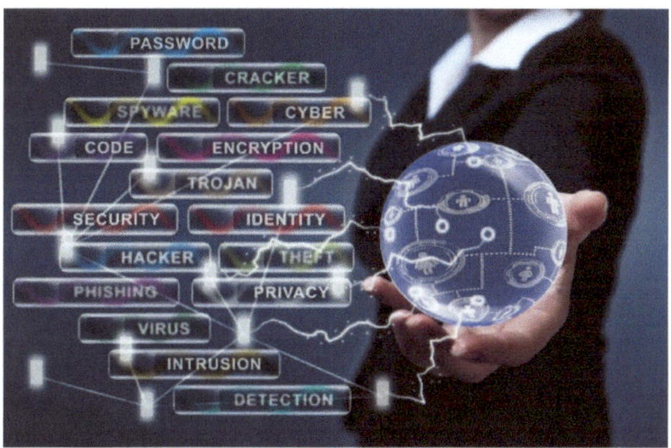

Se infatti il linguaggio della nuova disciplina è oggi quello della statistica e dell'ottimizzazione, e se come scrive il Prof. Ferraris «quanto più cresce la conoscenza dei comportamenti umani attraverso i dati generati dai nostri comportamenti, tanto più questi comportamenti si rivelano prevedibili e uniformi»[1] bisogna allora incominciare a porsi il problema di un effetto progressivo di appiattimento ed omologazione culturale e cognitivo prodotto dai risultati generati dalla IA. Il rischio è che un ripetuto e prolungato apprendimento da parte dell'IA su data set analizzati con principi statistici potrebbe portare nel tempo a una sorta di "dittatura della gaussiana". Infatti i modelli probabilistici di analisi dei dati lavorano sulle possibilità che un certo risultato sia statisticamente più valido e cioè più probabile. Operano di fatto eliminando i risultati statisticamente posti agli estremi di una qualsiasi curva dell'apprendimento. Ora se questo metodo è sicuramente "una scorciatoia" che permette a questi agenti di arrivare rapidamente a risultati accet-tabili

statisticamente, ciò naturalmente non significa che questi risultati siano desiderabili, al di là di un loro uso immediato, in risposta ad una determinata richiesta. Infatti verrebbero tagliate tutte le ipotesi statisticamente meno frequenti creando dei bias omologativi nei percorsi della creazione della conoscenza nelle macchine.

Il filosofo Sebastiano Maffettone interrogandosi nel suo ultimo libro con Padre Benanti su "noi e la macchina", fa notare che "l'utilizzo dei computer e delle tecnologie informatiche nello sviluppo tecnologico di fatto mette in evidenza una sfida linguistica che avviene al confine tra uomo e macchina. Nel processo di interrogazione reciproca tra uomo e macchina sorgono proiezioni e scambi finora impensati: la macchina si umanizza mentre l'uomo si macchinizza. Dal nostro punto di vista , ciò che occorre, è umanizzare la tecnica e non macchinizzare l'uomo".

Ma non si tratta solo di una questione etica o morale, o di diritti d'autore e di sostituzione di comparse con avatar digitali, il problema di fondo riguarda una questione più generale di privatizzazione e omogeneizzazione dell'arte e più ancora della conoscenza.

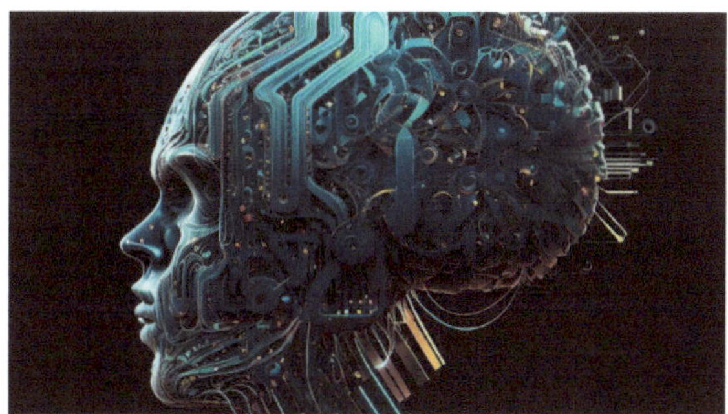

Fino ad oggi non c'è stato alcun incentivo, economico o politico, affinchè qualcuno possedesse tutti i contenuti e tutta la conoscenza esistenti al mondo. Oggi però potendoli immagazzinare digitalmente in un super computer, si è creata la possibilità che qualcuno utilizzi questa opportunità per dare con l'IA una risposta a qualsiasi domanda gli venga posta, prima di chiunque altro, traendone personale vantaggio.

---

[1] M. FERRARIS, *op. cit.*, p. 135.

Il punto è che si tratterebbe della sua risposta, della sua verità, ma della nostra realtà.

Non si tratterebbe più solo di profitti, o di influenza culturale, si tratterebbe di un futuro "totalitario" come dice Hanna Arendt: "se la filosofia occidentale ha sempre sostenuto che la realtà è verità… il totalitarismo ne ha tratto la conseguenza che noi possiamo fabbricare la verità nella misura in cui fabbrichiamo la realtà; che non dobbiamo attendere fino a quando la realtà si rivelerà e ci mostrerà il suo vero volto, ma che possiamo creare una realtà le cui strutture ci saranno note sin dal principio poiché essa è integralmente un nostro prodotto".

Siamo quindi di fronte ad un cambiamento molto profondo della società e della cultura in generale ed esistono, come sempre nella storia, solo due modi per affrontare qualsiasi cambiamento significativo: o subirlo o governarlo.

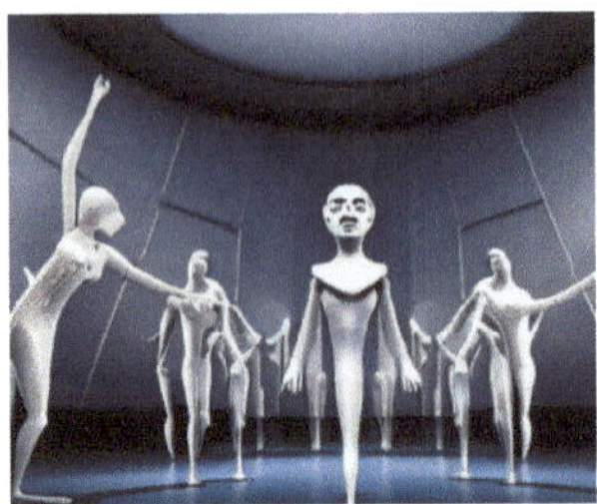

Un cambiamento che peraltro, nel nostro paese mette direttamente in discussione l'art. 33 della Costituzione quando dice con chiarezza che: "L'arte e la scienza sono libere e libero ne è l'insegnamento.

Ma per affrontare qualsiasi fenomeno sociale, parafrasando Antonio Gramsci, bisogna prima conoscerlo, poi agitarsi e infine organizzarsi.

Oggi la tecno-censura insita in questo modello di privatizzazione della conoscenza è favorita dalla potenza tecnologica che a sua volta è alimentata dalla forza dei capitali finanziari che si riversano copiosi in questo nuovo settore.

Ecco dunque il bisogno di costruire una diversa interpretazione e un diverso uso delle tecnologie digitali, a partire dall'IA, rispetto a quelli che ci vengono oggi offerti e che tengono conto solamente delle logiche di profitto del capitale e tuttalpiù delle dinamiche di efficientamento produttivo, mettendo in campo una interpretazione di senso diversa, che invece crei valore, anche dai valori etici di riferimento delle persone.

C'è bisogno dell'impegno di tutti per costruire un nuovo possibile modello alternativo, quello dell'Intelligenza Artificiale Sociale (IAS).

L'IA Sociale è un uso possibile delle tecnologie di analisi dei dati digitali che risponda ai bisogni dei cittadini/utenti, la cui proprietà è democratica, e che valorizza il fattore umano.

Quindi potremmo definirla come un "bene pubblico digitale", così come viene riconosciuto anche dal Global Digital Compact delle UN[2], in contrapposizione all'utilizzo dominante delle IA gestite da società capitalistiche il cui fine ultimo è il profitto e il "controllo".

Le IAS sono dunque un "bene pubblico digitale" che si può sviluppare a partire dai dati, un bene che produciamo nell'interazione con queste tecnologie e di cui queste si nutrono, ma il cui utilizzo ci è stato sottratto a favore di un gruppo ristretto di entità che si nascondono dietro "nuvole" digitali, giocando a rimpiattino con leggi e regolamenti. Di queste tecnologie abbiamo bisogno perché decideranno il nostro futuro, in un modo o in un altro. Alcuni dei "beni comuni digitali" che le IAS potrebbero aiutare a produrre, sono quelli che servono a raggiungere gli SDG'S, gli obiettivi di sviluppo sostenibile approvati nell'Agenda 2030, come descritto nel quinto capitolo. Sono le linee guide con cui la maggior parte delle nazioni al mondo ha deciso di affrontare in maniera concreta alcune delle sfide più importanti del mondo di oggi, dalla crisi climatica, alla lotta alla povertà e alla fame nel mondo, alla realizzazione di città sostenibili, alla transizione alle energie rinnovabili. Sono 17 macro temi e oltre 296 target, e molti studi dimostrano che

---

[2] GDC REV3 Punto 14: Riconosciamo che i beni pubblici digitali, che includono, tra l'altro, dati aperti e software open source, piattaforme, modelli di intelligenza artificiale, standard e contenuti che possono essere liberamente utilizzati e adattati, consentono alle società e agli individui di indirizzare le tecnologie digitali alle loro esigenze di sviluppo e possono facilitare la cooperazione e gli investimenti digitali; https://www.un.org/techenvoy/sites/www.un.org.techenvoy/files/general/GDC_Rev_3_silence_procedure.pdf

l'IA potrebbe contribuire al raggiungimento di una parte di questi obiettivi, se adeguatamente nutrita di dati sociali di qualità e se governata in maniera democratica: quindi se l'Intelligenza Artificiale fosse sì artificiale, ma anche Sociale.

Per ottenere questo cambio di senso nell'uso della tecnologia dell'IA nell'Arte, e non solo, bisogna ripartire da quanto diceva nel suo appello intervista Ed-Newton Rex: "Ci sono tre risorse di cui le aziende hanno bisogno per costruire modelli di intelligenza artificiale: ingegneri, potenza di calcolo e dati".

Affinchè si possano sviluppare delle IAS si deve partire da un bene essenziale per lo sviluppo dell'IA, un bene che è a disposizione delle persone che ne sono i produttori, anche se non ne dispongono autonomamente: i dati digitali.

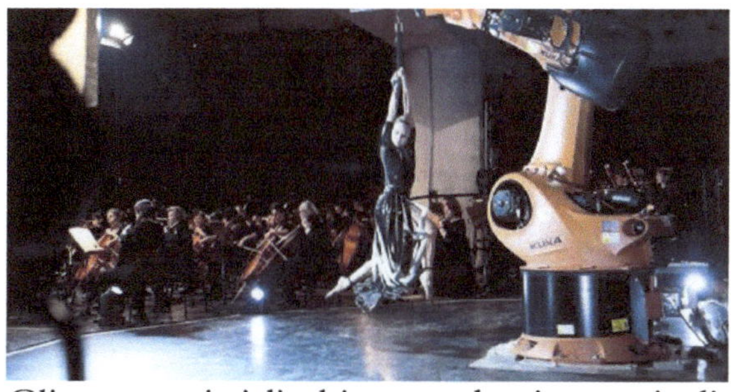

Gli economisti li chiamano beni non rivali, per cui il loro riutilizzo crea ulteriore valore, soprattutto se vengono utilizzati per scopi e in modi diversi, da soggetti diversi.

Sull'utilizzo dei dati digitali per scopi sociali ha dato un importante contributo Alex Pentland, professore del Mit (Massachusetts Institute of Technology) di Boston, che ha lanciato a Davos nel 2007 un vero e proprio *"New Deal* dei Dati", basato sul fatto che "i dati vanno riconosciuti come beni dell'individuo". Per lui la soluzione migliore per rendere la condivisione di dati alla base del miglioramento del sistema pubblico è quella di creare "reti fiduciarie"[3]: la combinazione di un sistema informatico che registra il permesso dell'utente per tutti i dati raccolti e un contratto che specifica quello che si può fare con quei dati.

Oggi questo è possibile in Italia grazie alle regole che l'Unione Europea ha messo in

campo in questi anni per favorire appunto la creazione di un mercato europeo digitale competitivo ma anche attento ai valori della persona e soprattutto plurale. Ha iniziato nel 2018 con la nuova normativa sulla privacy, il GDPR. All'art 20 del regolamento veniva infatti creato un nuovo diritto per tutti i cittadini europei, di avere indietro una copia digitale di qualsiasi dato in possesso di un qualsiasi portale o sito a cui noi lo avessimo concesso in cambio di un qualsiasi servizio digitale. Un vero e proprio "porto dati", teso a consentire ad ogni utente di poter avere una copia dei propri dati e poterla quindi conferire ad un soggetto diverso da quello da cui l'aveva ricevuta, in modo da far rientrare i cittadini europei in pieno possesso dei propri dati e consentire che ne facesse l'uso desiderato. In questo modo si sono gettate le basi di quello che successivamente l'UE ha definito come il "mercato digitale europeo", con le sue strategie e le sue regole tese a smarcarsi dal modello "capitalista espropriativo" con cui gli USA erano di fatto divenuti, almeno in occidente, leader di internet. Un modello di "sovranità digitale" europea, che nel2024 ha visto un altro tassello fondamentale nel *Digital Government Act (DGA) che ha finalmente regolato la poss*ibilità di cedere i propri dati a terzi ,anche per fini "altruistici", come sono quelli artistici.

Ecco quindi come è oggi possibile che attori, scrittori, sceneggiatori, maestranze e in genere tutti lavoratori del comparto culturale, oltrechè rivendicare i loro diritti d'autore, si possono unire in "corporazioni digitali" dove far confluire tutti i dati digitali che derivano dal loro lavoro (testi, immagini, video, musica, fotografie, etc) in modo da poter gestire autonomamente, e se possibile in forma democratica e aperta (open) questa enorme massa di dati. Grazie al DGA e alle regole di recepimento, da pochi giorni pubblicate in *Gazzetta* dal governo italiano, oggi gli artisti e gli intellettuali italiani possono creare dei soggetti autonomi e autogestiti che possono gestire i dati digitali delle loro opere di

[3] A. PENTLAND, *Fisica Sociale*, UBE, Milano, 2015; g. 163-166

ingegno a " fini altruistici", conferendogli a terzi per creare prodotti artistici.

Esistono già realtà di questa natura funzionanti all'estero, Stocksy[4] ne è un esempio perfetto. Si tratta di una cooperativa di fotografi che hanno costruito un archivio estremamente curato con immagini da tutto il mondo di grande livello: centinaia di migliaia di scatti disponibili sull'omonimo sito di foto d'archivio con licenza d'uso a titolo gratuito. I fotografi che aderiscono alla cooperativa ricevono un compenso per ogni licenza sottoscritta.

Fondata a Victoria, British Columbia, in Canada nel marzo 2013 da Brianna Wettlaufer e Bruce Livingstone, ha sede a Victoria BC. I fotografi, mantengono il 50% dei profitti generati dalla vendita dello foto (il 75 per cento per vendite di più foto) e, soprattutto, ricevono un dividendo dei guadagni alla fine di ogni anno. Con il risultato che, alla fine del 2015, Stocksy aveva redistribuito oltre 4 milioni di dollari in royalties ai suoi circa mille fotografi e raddoppiato il fatturato fino a 7,5 milioni di dollari.

"Il momento è giusto per andare nella direzione di una comunità solidale, in cui tutte le voci sono ascoltate e in cui un'equa distribuzione dei profitti consenta al maggior numero possibile di persone di beneficiarne, non solamente ai soliti pochi prescelti. Il modello cooperativo rende i fotografi organizzati come un'agenzia, il che significa che non c'è nessuno che li possa sfruttare.

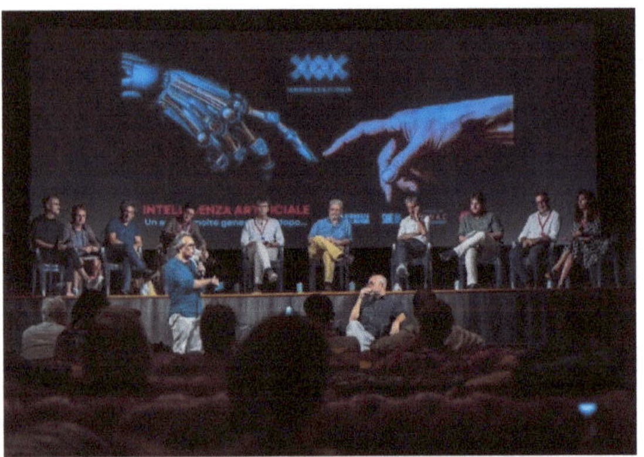

Una volta che venissero creati questi "Big Data" democratici, andrebbero resi "aperti" e "condivisi", in modo da poter generare,

anche con l'interazione di start up profit dell'IA, prodotti e servizi "artistici" le cui finalità verrebbero però determinate non dalla ricerca del profitto, ma democraticamente dalla ricerca di forme di arte da parte degli intellettuali e degli artisti che avrebbero fornito i dati per far funzionare queste IAS.

Si tratterebbe dunque di una riappropriazione di senso e di valore della tecnologia digitale operata con il fine di continuare a mantenere "libera" l'arte, come prescritto dalla nostra Costituzione.

Per raggiungere concretamente questo obiettivo bisognerebbe attivare una "alleanza" per l'uso delle tecnologie digitali nell'arte, a partire dai corpi intermedi che ancora operano nel campo artistico. Penso ai sindacati degli attori, degli scrittori, dei giornalisti, degli autori in genere, ma anche le cooperative culturali che gestiscono i teatri, piccole case editrici, radio e giornali come il Manifesto. Ma anche le piccole associazioni teatrali , gli enti pubblici come gli enti lirici o i teatri stabili. Per finire poi ad una chiamata in causa della più grande azienda pubblica produttrice di contenuti artistico: la RAI.

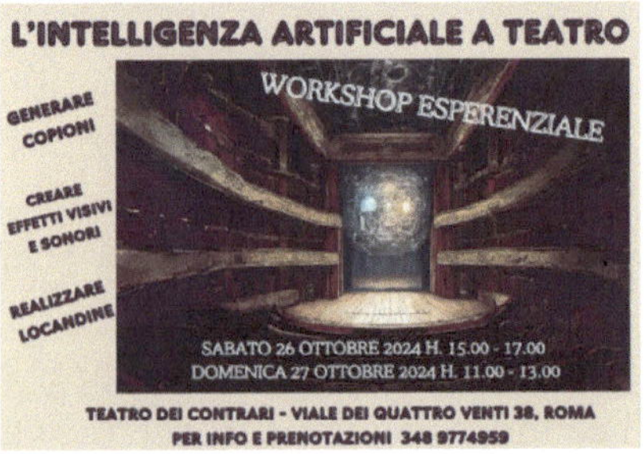

Questa grande "alleanza" dovrebbe a partire dai dati digitali delle opere e dei lavori degli artisti , dare l'avvio a questa grande opera di trasformazione di senso delle tecnologie digitali per consentire di renderle uno strumento utile e funzionale alla libera produzione artistica, piuttosto che uno strumento funzionale all'estrazione di profitto anche dall'arte. Un'azione non solo in difesa dell'arte, ma anche della stessa democrazia.

---

[4] Il testo è una rielaborazione del materiale che si trova su www.stocksy.com e di eventi del "Platform Cooperativism".

IL TEATRO DI ALBA DE CÉSPEDES

di Massimiliano Perrotta

Alba de Céspedes, nata a Roma l'11 marzo 1911 e morta a Parigi il 14 novembre 1997, per tutta la vita corteggiò il teatro. Affermata romanziera e direttrice della rivista *Mercurio*, la de Céspedes considerava il linguaggio drammaturgico il mezzo migliore per parlare al pubblico, ma con il sistema teatrale dell'epoca ebbe un rapporto contrastato.

Daniela Cavallaro, docente di letteratura italiana alla neozelandese University of Ackland, ha dedicato diversi studi alle donne che hanno scritto per la scena: Bulzoni Editore ha pubblicato il suo volume "Il teatro di Alba de Céspedes. Testi e materiali d'archivio", nella collana "La fenice dei teatri" diretta da Carmelo Alberti e da Maricla Boggio. Si tratta di un volume di oltre 500 pagine che propone uno studio rigoroso e di piacevole lettura in cui si ricostruisce l'attività teatrale della de Céspedes, seguito da molte pagine inedite. Alcune sorprendenti.

Raccontando gli intensi scambi di Alba de Céspedes con diversi protagonisti del teatro del Novecento, di quel secolo viene fuori un ritratto vivacissimo. Per esempio ho trovato emblematico lo scrupolo del grande critico Silvio d'Amico in una lettera alla drammaturga: nel 1950 lei gli chiede un parere sulla commedia "Gli affetti di famiglia" (firmata con Agostino degli Espinosa), e d'Amico fa precedere i suoi suggerimenti da un riassunto della trama dell'opera «perché Lei possa dirmi se l'ho capita, oppure l'ho fraintesa».

Alba de Céspedes aveva ben chiara la specificità dei diversi linguaggi artistici, come testimonia quanto scrisse nel programma di sala di "Quaderno proibito", versione scenica di un suo romanzo di successo che debuttò al Teatro Eliseo di Roma il 16 dicembre 1961, con la regia di Mario Ferrero. Alba cura personalmente l'adattamento perché i riduttori tendono a una eccessiva fedeltà all'opera originale, mentre l'autore «è l'unico che abbia il diritto di dare alla propria opera un'altra dimensione mediante un'espressione nuova». Mi piace ricordare che la de Céspedes fu anche sceneggiatrice per "Le amiche" di Michelangelo Antonioni, adattando per il grande schermo - con il maestro ferrarese e con Suso Cecchi d'Amico - il romanzo "Tra donne sole" di Cesare Pavese.

Il terzo capitolo del saggio di Daniela Cavallaro racconta il rapporto conflittuale che Alba ebbe con Raf Vallone, regista e attore protagonista dell'adattamento del romanzo "La bambolona". Un'esperienza che le lascerà l'amaro in bocca.

La chicca del volume è rappresentata dall'Appendice V, che propone quattro brevi testi inediti - colti e leggeri - scritti per delle recite domestiche che avevano luogo soprattutto per i festeggiamenti di fine anno. Si tratta di testi ("Il Concilio degli Dei", "Cuore", "Barbanera", "Italia letteraria") dal raffinato gusto umoristico, che credo sarebbero piaciuti a Paolo Poli o a Luigi Lunari: quattro monellerie culturali che meriterebbero di andare in scena, per avvicinare la figura di Alba de Céspedes al pubblico odierno.

Tra i quattro testi brillanti del volume, spicca la parodia in versi del romanzo "Cuore" di De Amicis, con protagonisti alcuni scolari di chiara fama: Baldini, Moravia, Palazzeschi, Praz, Savinio e Vittorini.

La parodia inizia con una lettera a Enrico, il protagonista del romanzo, scritta da suo padre, il quale si compiace del proposito di diventare scrittore: «I tuoi colleghi ti daranno esempi di bontà, di generosità, di amicizia. Tra quegli animi eletti non alligna la maldicenza, né alberga l'invidia». Poi, sicco-me il maestro ha assegnato ai sei scolari il tema "Gino piange, perché?", ciascuno di loro lo svolge secondo il proprio stile letterario.

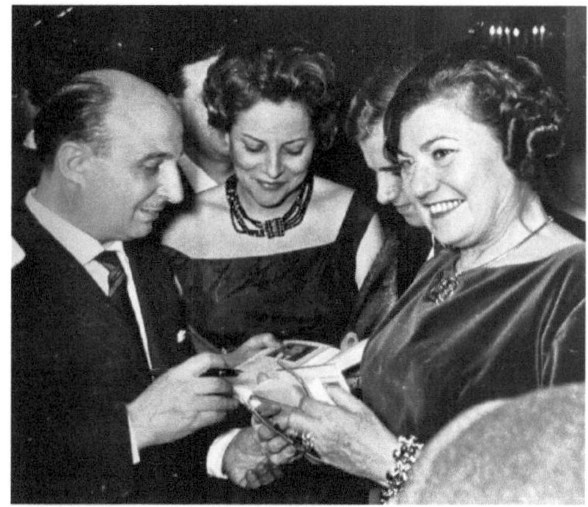

Alba de Céspedes, Maria Bellonci alla presentazione del romanzo " Speranzella" di Carlo Bernari.

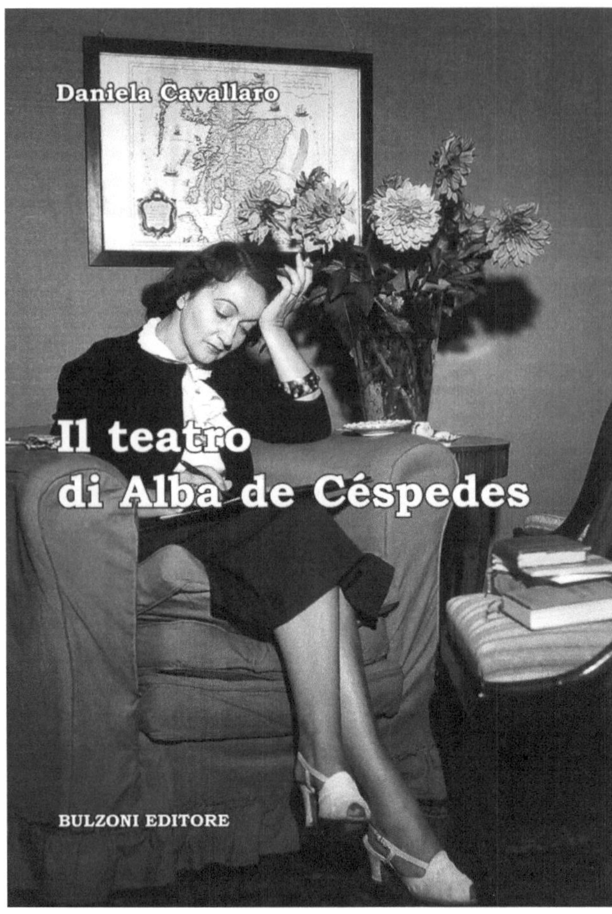

Per gentile concessione dell'Editore Bulzoni.
Tra i quattro testi brillanti pubblicati nel volume, spicca la parodia in versi del romanzo "Cuore" di Edmondo De Amicis, con protagonisti alcuni scolari di chiara fama: Antonio Baldini, Alberto Moravia, Aldo Palazzeschi, Mario Praz, Alberto Savinio ed Elio Vittorini.

CUORE

Lettera ad Enrico
In questi giorni, mentre sboccia la primavera, io penso allo sbocciare della tua fanciullezza, Enrico mio diletto. Tu procedi garrulo e spensierato per i sentieri della vita, o sventatello! E tua madre non sa nulla.
Io avevo sognato per te l'onore e il prestigio della vita militare. Ti vedevo già colonnello, mentre con il groppo alla gola, degustavi il rancio dalla gavetta di quei ragazzoni. Ti vedevo sfilare alla testa del tuo reggimento per Corso Valdocco: brillava l'oro delle tue medaglie nei miei occhi appannati di lacrime. Non mi hai corrisposto. Tua madre non

sappia ancora nulla! Tu mi hai scritto invece che le Muse ti chiamano. Ebbene, Enrico, Dio ti accompagni. Io non sarò l'inciampo sul tuo cammino. La speranza mi detta nuovi sogni per te. Sappi che la carriera del letterato è nobile e austera. I tuoi colleghi ti daranno esempi di bontà, di generosità, di amicizia. Tra quegli animi eletti non alligna la maldicenza, né alberga l'invidia. Dimentichi del cibo, dell'aria pura e del sonno, essi procedono per le spinose vie della gloria. Noncuranti di premi materiali, assetati solo di sapere, disdegnano ogni pompa, respingono la carne, respingono la carne... la carne...

PRAZ
Dammi la carne, diavolo! Era la mia merenda
La carne con il cavolo. Digli che me la renda!
ALDO
Te l'ha presa Agostino.
MORAVIA
     Oppure Michelaccio.
PRAZ
Sei stato tu, Nivasio. Sei proprio un cattivaccio.
Lo dirò al professore, chi l'ha presa è un ribaldo.
SAVINIO
Non sono stato io. Domandatelo ad Aldo.
VITTORINI
È inutile, Albertino, che fai l'indifferente
Tira fuori il panino.
MORAVIA
     Io non ho preso niente.
Il torto è sempre mio.
VITTORINI
     Allora confessate:
Siamo uomini o no?
ALDO
     Ebbene sì, son io!
BALDINI
Bisogna dargli un penso.
VITTORINI
     Un castigo severo.
SAVINIO
Diciamo un carme intiero.
ALDO
     "M'illumino d'immenso".
MORAVIA
Ha barato, ha barato! Che ci credi ignoranti?
BALDINI

Quando viene il maestro denuncio tutti quanti.
VITTORINI
Denunciare un compagno? Ohibò, che brutta cosa!
PRAZ
Ieri ha copiato il tema, che condotta schifosa.

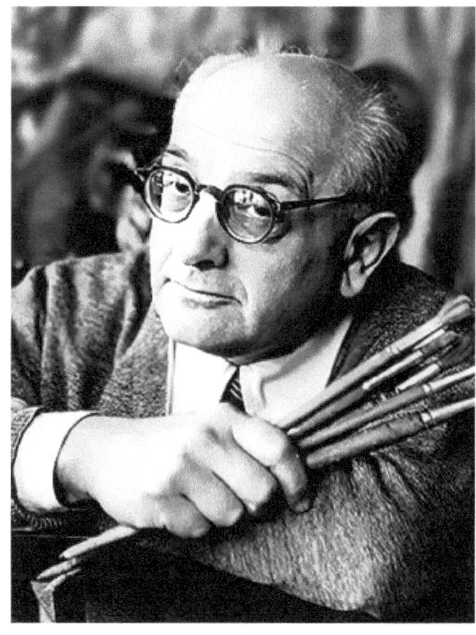

SAVINIO
Se l'ha detto il maestro che il plagio letterario
È una cosa da nulla, un fallo immaginario!
PRAZ
Di cuore io gli perdono.
VITTORINI
          Animo generoso!
ALDO
Sulla tua fronte amica un dolce bacio poso.
(mentre Praz e Aldo si baciano gli altri sghignazzano)
MAESTRO
Figlioli miei diletti, non fate i cattivelli,
Che ho perso, poveretti, gli ultimi tre fratelli.
CORO
Oh, signor professore, ne siamo costernati!
MAESTRO
Grazie, passiamo ai compiti. Li avete preparati.
Dunque, il tema qual è? Dimmelo tu, Tonino.
MORAVIA
Alzate, Rugantino.
BALDINI
      "Gino piange, perché?"
MAESTRO
Il tema ben s'adatta all'animo infantile.
Si darà al vincitore, oggi, il premio mensile.

Cominciamo da quello men forte in italiano:
Te, mio caro Tonino. Leggi scandito e piano.
BALDINI
Legata al duro scoglio, e senza lini
Offerta al drago, sta Angelica bella;
Treman le poppelline, e i biondi crini
Si spargono lievi all'aura novella.
Dietro la folla muta, a occhi chini,
Dolente d'una sorte così fella,
Gino piange perché, destino crudo,
Non gli riesce di vedere il nudo.
MAESTRO
Bene bene davvero, ne sono sbalordito!
PRAZ
Ha copiato due testi!
MORAVIA
      È il solito impunito.
MAESTRO
Vedo per te dischiudersi mille fulgide vie.
Figurerai, può darsi, in nuove antologie.
PRAZ
Perdona il mio sospetto ed accetta un abbraccio.
MORAVIA
Ricordati di me, mio caro Michelaccio.
MAESTRO
Cari cari figlioli, la vostra fratellanza
Mi solletica il pianto e m'empie d'esultanza.
Savinio sempre savior, leggi il componimento.
A te che sei straniero raccomando l'accento.
SAVINIO
Son contento se di Gino
Contar devo la storiella
Or mi metto al tavolino
Con la penna mia novella.
Ma la penna s'è spuntata
Cosa mai ciò vorrà dire?
Questa pista inusitata
Mi conviene d'inseguire.
Tutto è un caso e nulla è un caso
Lo diceva la zia Irene:
C'è chi a Samo porta un vaso
E chi nottole ad Atene.
Or torniamo al nostro Gino:
Perché piange? Che sarà?
Sulla testa, poverino,
Gli è caduta la Mammà.
La mammà, la gran poltrona,
Detta, infatti, poltronmamma.
Fu malvagia oppur fu buona?

Ecco il nocciolo del dramma.
Gli è caduta sulla testa.
Gino piange? Ben gli sta.
Ma il ribelle, per protesta,
Annaffiar vuole il sofà.
Poltronmamma, poltronbabbo,
Poltronnonna, poltronzia,
Dite la vostra che ho detto la mia.
MAESTRO
Ottimo come stile, moderno di pensiero;
Il senso è un poco oscuro, ma bello
perdavvero.
ALDO
Tò, prendi un francobollo, l'ho tenuto sul
petto,
È ancora caldo, senti? All'uscita t'aspetto.
MAESTRO
Or leggi tu, Mariuccio, il tuo tema sul cigno
Mi piacque, l'altro giorno, sì candido e
benigno.
PRAZ
Alle sfingi immortali,
Alle aquile, ai grifi, alle corone,
Sacra è la casa ed allo stile impero,
Gaio, festoso e del bennato animo
Vera testimonianza.
In questa landa lieta ove si chiude
Congelato nel cuor d'un tavolino
Il senso d'una arcana
Prefigurazione
Perché il fanciullo piange?
Forse non sa l'ignaro, della carne
I segreti diabolici? Non sa
Dei macrocosmi e microcosmi il ritmo
Di danza? Vide
I grovigli simbolici di Bosch?
Ah, che più grave pena ha quel fanciullo.
Io so qual è. Là, nella casa impero
Simile (ma di quanto, ohibò, inferior)
A quella ove io m'annido
Tra consoles vitrine e tavolini
Snelli e leggeri come puledrini
Un oggetto gli manca e da me c'è.
Appartenne a Giulietta o a Paolina;
Bello, conchiuso in mogano ed argento,
Dalla sagoma esigua di violin
L'esemplare neoclassico bidet.
MAESTRO
Questo componimento è una lezion d'igiene
E l'ordigno citato in casa ci sta bene.
Il tema inoltre è svolto con molta maestria

E dall'arredamento trae la filosofia.
VITTORINI
Compagno m'hai commosso! Nel tuo tono
realista
Io sento palpitare lo spirito Marxista.
MAESTRO
E adesso viene il turno dell'ottimo Albertino
È piaciuto a mia madre il tuo tema Agostino.
MORAVIA
A me che me ne importa? Io non mi voglio
alzare.
Io il tema non lo leggo. Voglio andare a
giocare.
MAESTRO
Che dici, figlio mio? Tu sempre mite e
buono?
ALDO
Che modi duri e ingrati!
MAESTRO
      Leggi che ti perdono.

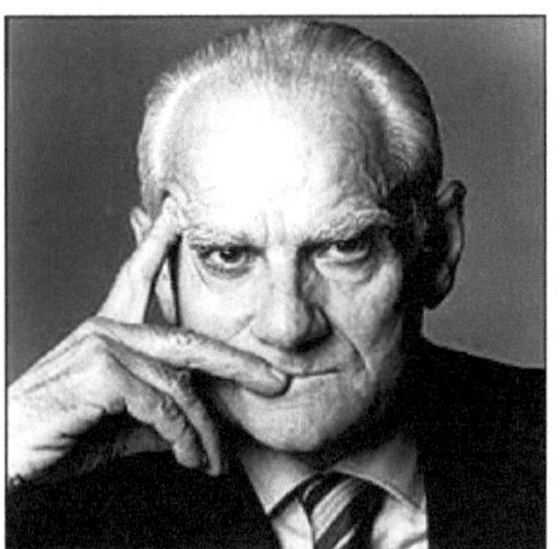

MORAVIA
Nella stanza al villino dei Parioli
La cugina si sfila lentamente
Le lunghe calze di color nocciola
      Indifferente.
Prima la coscia e poi il polpaccio grasso
Gino sorprende mentre cautamente
L'amico in frack parlotta in tono basso
      Indifferente.
Parla di brutte cortigiane bionde
Di marchesi e banchieri suadenti
Protagonisti dalle occhiaie fonde
      Indifferenti.
L'amico se ne va. Gino s'appressa
Alla cugina che languidamente
Dice che andare o no dalla contessa
      È indifferente.
Ella si spoglia. Tocca qualche tasto
Della radio, rimane senza niente.
E Gino piange perché a tanto pasto
      È indifferente.

MAESTRO

In questo breve scritto, saggio ed originale
Dirò che soprattutto mi piace la morale,
poiché garbatamente in poche righe addita
l'eticità profonda di questa bella vita.

BALDINI

Dammi la mano, Alberto, fu una cosa divina,
A te spetterà il serto. Ma ce l'hai la cugina?

MORAVIA

In quanto alla cugina tu non te ne impicciare
Io non so' mica Gino, io me la so cavare.

MAESTRO

Non litigate, avanti, su, da bravi, bambini.
Ora leggerà il tema l'alunno Vittorini.

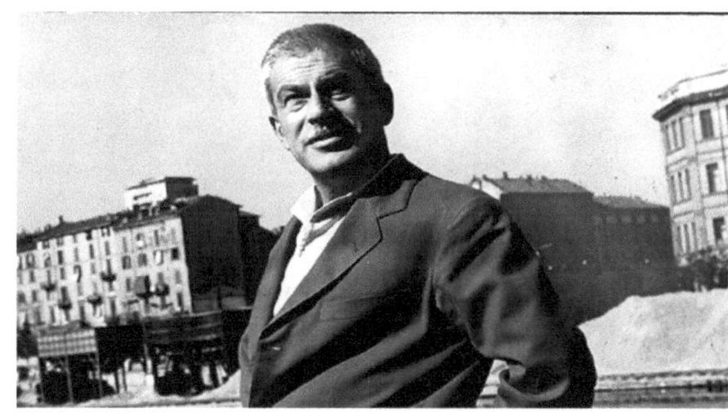

VITTORINI

Dice la mamma: perché piange Gino?
E poi ridice: Gino perché piange?
Oh, dice Gino, perché perché piango?
Dice la mamma: ceto perché piangi?
La mamma dice: Piange? Piange Gino?
Non è vero che Gino è quel che piange?
Che altro mai farebbe se non piange?
Piangere forse non è cosa di Gino?
Gino piange, perché? Grande problema.
La società l'offese. Gino piange.
(Guai se Gino cessasse questo pianto
La pagina sarebbe già finita).
Ma Gino piange. Certo, Gino piange.
Non è un mistero perché piange Gino?

MAESTRO

Un clima affascinante dal tema si sprigiona.
Vocaboli variati, composizione buona.
E quel che devo dire in verità e coscienza
È che mi pare scevro di qualsiasi influenza.

SAVINIO

Amico mio diletto, sono proprio commosso
Ti prego di accettare un garofano rosso.

VITTORINI

Non amico, compagno, questo è il fior che
mi piace
In questo segno al mondo predicherò la pace.

MAESTRO

Ora sentiamo l'Aldo, il più bravo in sintassi.
Le sue care sorelle cuciono materassi
E il padre suo – un vegliardo che si sorregge
a stento –
Vende sul Ponte Vecchio stampe
dell'Ottocento.
È povero, stracciato, e quasi non bastasse
Vedete, Palazzeschi è il primo della classe.

PRAZ

La storia tua m'angoscia. To', prendi il mio
solino.

ALDO

Grazie ti dice il piccolo scrivano fiorentino.

MAESTRO

Scusate miei ragazzi, quest'atto di bontà
M'ha ricordato un bacio ch'ebbi da Sua
Maestà
Quando nel settantotto visitò il mio convitto.
Che tempi prestigiosi! Basta, leggi il tuo
scritto.

ALDO

Gino piange.
Paff!
Paff!
Una lacrima
E un'altra
Fanno una pozzettina
L'iride ci si specchia,
oh, quella piccola iridina,
arcobaleno in sordina!
Paff!
Zuff!
Tin!
Gino piange.
Perché?
Non chiedete!
Piange perché ha sete
di piangere,
che v'importa?
Paff!
Zuff!
Tin!
Vedete?
Piange perché gli piace
La pozzettina
Con l'iride dentro,
una pozzettina calda,
uscita da lui,
proprio sua, piccolina,
una scodellina
di lacrime d'argento!

Paff!
Zum!
Tin!
E lasciatelo divertire!
MAESTRO
Quanta delicatezza! Quale senso sottile
Degli acquatici umori! Che spirito gentile!
Bono, direi, ma bono, bonissimo. Peccato
Che in taluni passaggi lo stile sia leccato.
Insomma avete fatto tutti proprio benone
Ora è giunto il momento di darvi il guiderdone.
A chi assegnare il premio? Ecco un arduo problema!
Non saprei proprio scegliere tra l'uno e l'altro tema.
Forse Moravia… O Mario… Forse Tonino tu…
BALDINI
No, maestro, giammai, tutti valgon di più!
Lo dia invece a Nivasio, oppure a Vittorini.
VITTORINI
No, compagni, rifiuto, lo merita Baldini
Oppure Alberto!
MORAVIA
       Come? Domani! State freschi!
SAVINIO
Io penso che lo meriti il caro Palazzeschi.

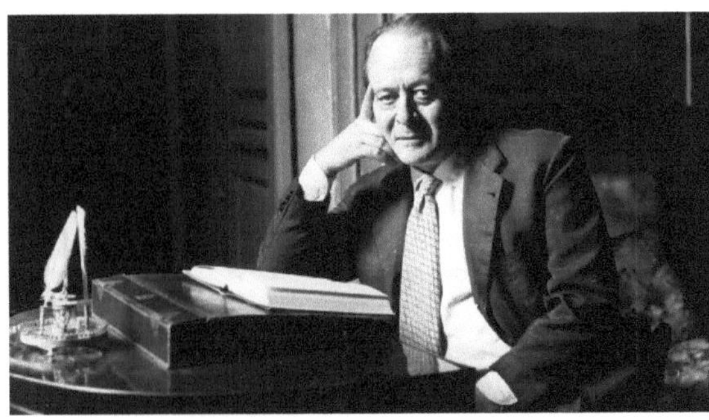

PRAZ   Anche per la condotta ch'egli ha sempre serbato.
ALDO
Maestro, mi risparmi l'onore inadeguato!
MAESTRO
Quale splendida gara! Nobile emulazione!
Ecco, ho trovato: il premio sia dato a votazione.
Scrivete su un biglietto – calligrafia ben netta
– Il nome e poi ponetelo in questa mia paglietta.
Bravi e lesti, a modino, procediamo allo spoglio.

Voi state zitti e quieti. Io apro il primo foglio.
Oh, Dio! Ma che? Possibile? Rimango senza fiato.
Ognuno a sé medesimo il premio s'è assegnato.
Ecco, l'ho visto subito: ognun la sua grafia.
Non m'aspettavo simile subdola porcheria.
CORO
Perdono, professore, fu un fallo giovanile!
MAESTRO
M'avete procurato un travaso di bile.

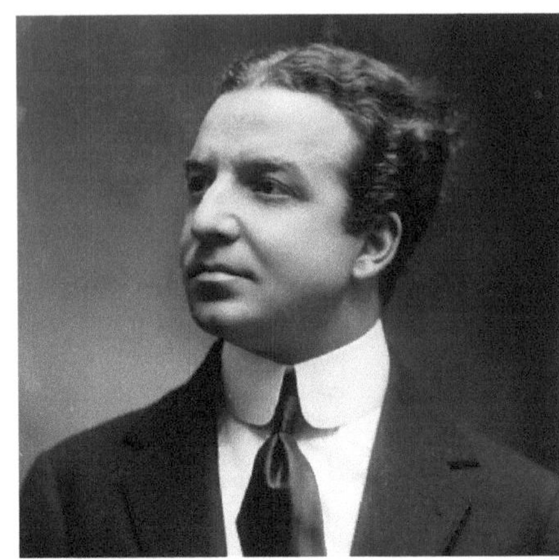

A me, povero ed orfano, avete rotto il cuore;
Però v'ha perdonato il vecchio professore.
Allora scelgo io *(a parte)* la soluzione è savia.
Il premio sia assegnato ad Alberto Moravia.
Su vieni avanti, Alberto. Il premio ti si dà
Perché sia incoraggiata la tua precocità.
Non solo per la scienza, anche per la dottrina.
È un caso di coscienza. Saluti alla cugina.
VITTORINI
Sempre questi romani, questi sporchi terroni!
(dà un calcio a Moravia)
MORAVIA
M'ha dato una pedata! Un sette nei calzoni!
SAVINIO
È stato Vittorini! Ma che sfacciato, guarda!
MAESTRO
Questa è proprio una piccola vendetta lombarda.
BALDINI
Abbiamo pazientato fin troppo ed ora basta!
Con la sua prepotenza la nostra pace guasta.
Lo si punisca, o il caos!
MAESTRO   Calma, calma figliolo
Non ti far trasportare dal sangue romagnolo!
Datevi le manine, su ragazzi, da bravi,
Perdonate i rancor, siate cortesi e savi.
Per festeggiare insieme il premio meritato
Cantiamo il girotondo del lieto letterato.

Mario Luzi, Poeta e Drammaturgo in una recensione di Maricla Boggio

La recensione è raccolta nel volume
IL DRAMMA VIVO DELLA CRITICA
un teatro sparito rinasce attraverso le recensioni (1968-1989) Edito da BeaT

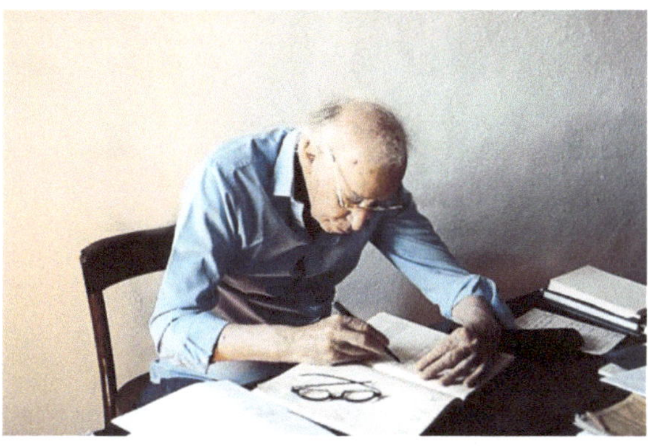

La "prima" a Firenze
"Rosales" di Luzi con Albertazzi
Regia di Orazio Costa

Un'atmosfera sospesa – come se l'attenzione di tutti gli spettatori che gremivano il Teatro della Pergola si fosse concentrata per non perdere nulla di quello che stava accadendo in scena – si era creata ieri sera per la rappresentazione di "Rosales", il testo di Mario Luzi – scrittore di finissima sensibilità poetica, qui alla sua terza esperienza teatrale, dopo "Ipazia" e "Il Messaggero" – che Orazio Costa, con delicatezza ma anche con notevolissima forza espressiva, tutta concentrata sulla parola, ha messo in scena per il Teatro Stabile di Genova diretto da Ivo Chiesa. Da tempo non avvertivo una sensazione simile. Che cioè venisse rappresentato qualcosa di veramente significante, che valesse la pena di essere ascoltato, di cui rimanesse un'interiore risonanza. Non le solite rimasticature di classici, né i fattacci così grossolanamente ad effetto da attrarre l'attenzione superficiale anche del più distratto.

Qui gli avvenimenti sono densi e non raccontabili in una breve cronaca, e i simbolismi complessi. Qui un Don Giovanni ammantato nel personaggio di Juan Rosales, alle soglie della vecchiaia, viene convocato in Messico da un'antica amante, Ester, dedicatasi al terrorismo per desiderio di espiazione e realizzazione di sé; la donna vuole affidargli l'uccisione di Trotzky, anche lui al termine della vita, come sappiamo dalla storia. L'evento storico si compirà inevitabilmente, ma non certo per mano di Rosales, che rifiuta l'infausta delega astratta dell'assassino ideologico. Quello che conta essenzialmente, nel denso poema drammatico di Luzi, è il confronto fra il mito e la storia, tra il personaggio abusato dalla leggenda amorosa e l'altro, consumato dalla logica rivoluzionaria; il loro scontrarsi e il mutarsi, rinnovandosi per l'uno, rimanendo sterilmente immutabile per l'altro. E, ancora più in profondità di lettura poetica e drammatica, conta quello che avviene dentro le maglie mitiche e storiche, l'interrogarsi dell'uomo sulla sua destinazione, la ricerca di un rinnovamento di sé che prelude all'eternità e delude la morte.

Fallito il tentativo di imporgli il delitto di Trotzky, Ester rivela a Rosales la morte di Anna, la figlia di lei che si era sostituita in un amore di indicibile bellezza nel cuore di lui, e alla quale sempre il mitico amatore aveva fatto riferimento come ad una fonte ristoratrice; è sempre Ester a rivelare a Rosales l'esistenza di una figlia di Anna, quasi un dono divino, di cui si lascia sospesa la paternità, che potrebbe anche perfino appartenere a Rosales. Nel colloquio con Alba, la figlia di Anna, Juan Rosales trova la possibilità di una purezza e di un rinnovamento personali che, anche se solo per un attimo, gli fanno intuire il senso meraviglioso di una rinascita. Questa Anna, di cui si parla soltanto, proprio nel vivido sovrapporsi dei ricordi appare come personaggio vivo e palpitante, per la forza di quella poesia, evocativa e intrinsecamente spirituale che è una caratteristica di Mario Luzi. Ampi spazi invasi dall'azzurro dello sfondo rappresentano la scena, al centro percorsa da un segmentato simbolico serpente piumato, che si scompone via via suggerendo tutti gli ambienti, soluzione geniale dello scultore Angelo Canevari.

Felicissime le musiche di Guido Turchi, che echeggiano i languori filmici degli anni '40 per poi mutarsi nei suoni presaghi della tragedia. Giorgio Albertazzi è splendido in questo Rosales, purissimo come mai lo abbiamo ascoltato, tutto compenetrato di questa splendida ambiguità che solo si ritrova in certi personaggi non quotidiani, ma del mito appunto. E l'evidenza, attraverso di lui, del dire, è la prova della riuscita, per Luzi e per Costa, di questo insolito spettacolo che segna, secondo noi, una svolta per il futuro del teatro italiano. Edmonda Aldini è Ester, figura difficilissima e ambigua, passionale e sofferente, fredda e politica quanto femminilmente sentimentale; tutte queste gamme l'attrice ha offerto con sicurezza di interpretazione e ricchezza di gestualità fino all'opposto segno della commozione. Orazio Costa muove ogni cosa, con sereno disegno, misurandosi con quei versi difficili eppure, una volta resi docili dalla fatica con gli attori, afferrabili fino al punto da rimanere fortemente impressi nella mente di chi li ascolta.

Nel fitto numero degli attori, da ricordare assolutamente Mario Feliciani meditabondo dittatore, Camillo Milli antico Sganarello, Elisabetta Pozzi dolcissima Alba, Eros Pagni riconoscibilissimo Trotzky, Tullio Valli misterioso guardiano.

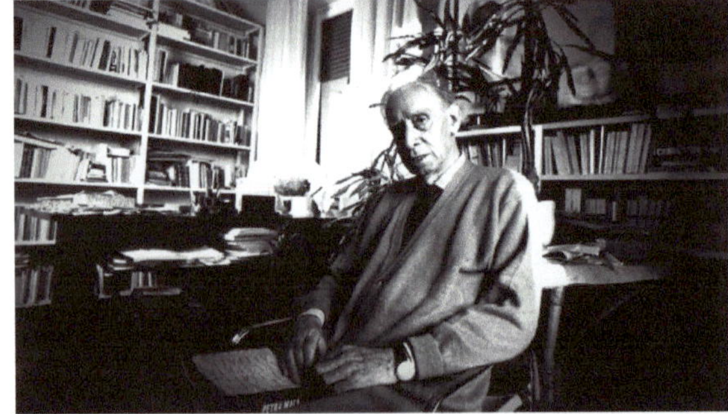

M a r i c l a   B o g g i o

IL DRAMMA VIVO DELLA CRITICA

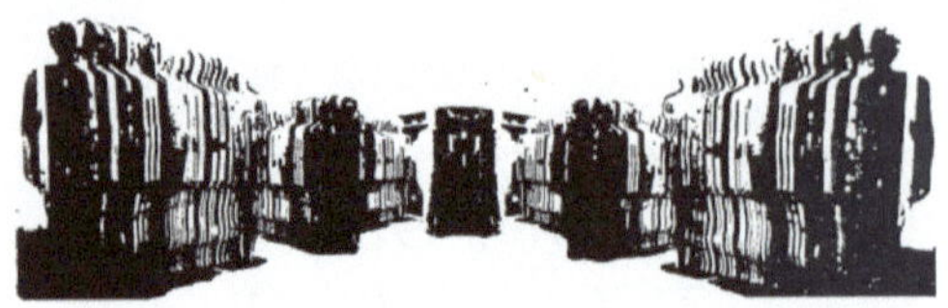

un teatro sparito rinasce attraverso

le recensioni (1968-1989)

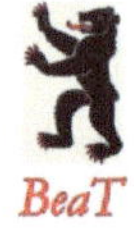

Dall'introduzione di Maricla Boggio

Ho scelto una piccola parte di articoli da me scritti per l'Avanti negli anni che vanno dal '68 all'89, quando il giornale ha smesso di uscire.

Con Ghigo de Chiara e Franco Cuomo andavamo quasi ogni sera a teatro e ci ritrovavamo dopo gli spettacoli in qualche trattoria a scambiarci le impressioni suggeriteci dal teatro appena visto.

Il '68 aveva ridestato il desiderio di vedere quello che accadeva nel mondo, i vari linguaggi nuovi che avevano liberato il teatro dalla rigidità borghese dei linguaggi, che soltanto Orazio Costa aveva destato nelle sue regie e soprattutto nelle sue lezioni sulla mimesica.

Mentre nei teatri tradizionali imperava una drammaturgia conosciuta, o tutt'al più derivata dalla Germania o dall'Inghilterra, si aprivano spazi nuovi, che ospitavano spettacoli spesso simili a lezioni, a scelte espressive: Jerzy Grotowsky approdava a Venezia, poco più tardi Eugenio Barba per anni suo allievo adeguava alla sua nascita meridionale il suo linguaggio; Kantor scendeva dalla Polonia non più solo spettacolo ma visione plastica di un gruppo a lui obbediente; Jean Vilar si apriva ai giovani nel festival di Avignon dove confluivano per sua apertura studenti di ogni scuola del mondo per sviluppare modalità nuove. E Bob Wilson ripeteva all'infinito il suo ralenti. Ogni maestro aveva il suo metodo; più che forme di spettacolo emergeva un sistema di vita, come per il Living in cui pareva prevalere il discorso politico ed era l'impeto delle tematiche a creare lo spettacolo. Noi avevamo Strehler, indomito rispetto alle novità, roccia espressiva ben conosciuto anche all'estero.

In un sottofondo in movimento si muovevano giovani cresciuti da sé, geniali nelle loro realizzazioni, in locali rimediati nel sottosuolo o inventati da cantine o costruzioni precarie. Emergevano il Beat 72 con Carlo Cecchi, la Piramide con Flavio Bucci, Rem e Cap un po' dovunque, e La fede con la Kustermann e Nanni, il Metateatro con Di Marca, l'Orologio con Moretti, la Comunità con Sepe che avrebbe fatto il gran salto coi suoi spettacoli, Vasilicò con le sue giornate di Sodoma e De Berardinis geniale, e un inaspettato Benigni da minuscola cantina assurto a celebrità mondiale.

Ci si domandava che cosa ne sarebbe stato della nostra drammaturgia. Infuriavano i convegni: i critici si staccavano dalla loro posizione di rigidità per entrare nel vivo delle tematiche e dei linguaggi; esistevano ancora l'ETI – Ente del Teatro Italiano, e l'IDI – Istituto del Dramma Italiano, che in qualche modo appoggiavano gli autori; uomini dalla cultura profonda come Ruggero Jacobbi esponevano le possibilità di una rinascita; per qualche tempo la saggezza molteplice di Vito Pandolfi illuminava la possibilità di un rinnovamento delle strutture dei teatri stabili, dirigendo lui stesso il teatro Valle in attesa di recuperare l'Argentina.

E c'era poi un discorso politico che cercava di farsi strada attraverso nuovi circuiti, come quello di Dario Fo, e le iniziative nelle fabbriche, e il tentativo di sostenere le carceri con spettacoli che aprissero le menti a una trovata maturità, e convegni destinati a realizzare reti regionali, cercando di abbinare gli spettacoli agli spazi ad esso destinati.

Tutto questo agitarsi su piani culturali diversi creava una prospettiva di innovazioni, che aveva tuttavia la necessità di trovare il sostegno di una qualche sovvenzione, soprattutto la prospettiva di nuove strutture che credesse al valore culturale di queste iniziative. Poco per volta le grandi presenze europee si sono allontanate, spesso per una loro necessità di ricrearsi. I piccoli teatri non hanno trovato quel minimo di sopravvivenza loro necessaria e talvolta si sono fusi, unendosi fra loro per spettacoli economicamente di peso trasformando le esigenze di un teatro in un unico monstruum teatrale, ma rinunciando a un programma articolato.

I convegni senza sovvenzioni hanno perso le loro possibilità di invitare studiosi e critici, drammaturghi e universitari per un dibattito possibile. La situazione oggi è latente. Nelle mani di fondazioni, spesso intese giuridicamente più che con intenti culturali. In strutture ormai definite, senza la libertà di allora, e senza respiri da fuori, perché anche gli altri paesi, tranne eccezioni, sono a corto di nuove iniziative, che avevano portato l'ossigeno ai nostri spettacoli. Quando c'era una volta il teatro.

Maricla Boggio
Il dramma vivo della critica
un teatro sparito rinasce
attraverso le recensioni
(1968-1989)
448 pp. 26,00 Euro
2024 BeaT entertainmentart
(Trogen, Svizzera)
ISBN 978-3038412229
https://www.amazon.it/dp/3038412228

IL SOGNO DI NIETZSCHE

di Maricla Boggio

personaggi
Friedrick Nietzsche
Lou von Salomé
Paul Rée
personaggi di cui si parla
Malwida von Meysenburg, amica di Lou e di Paul
Rée Richard Wagner
Louise von Salomè, madre di Lou
Elizabeth Nietzsche, sorella di Nietzsche
Franz Overbeck, amico di Nietzsche

LA SCENA
Dal buio percorso da un suono prolungato – quasi ultrasuono –si profila un alone di luce che illumina una nuvola bianca, da cui emergerà Nietzsche brancolante qua e là, con dei fogli fra le mani. Dalla nuvolosità diverranno visibili a poco a poco gli oggetti e le figure.
Intorno libri su scaffali. Una sedia. Un tavolino.

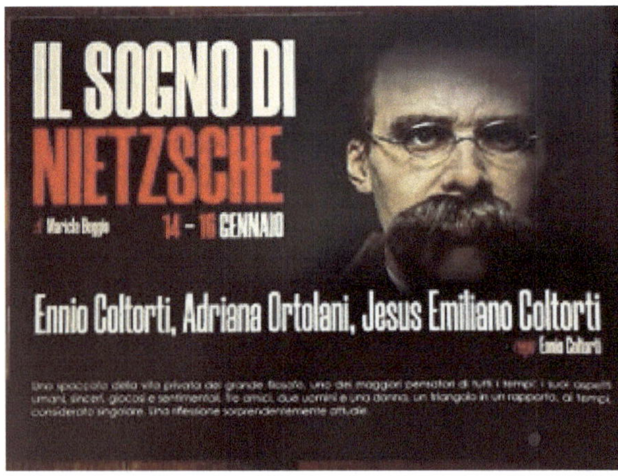

PROLOGO
Nietzsche. Ha un abito scuro, sopra cui si sovrappone un leggero velame fluttuante che gli dà un'apparenza onirica, di realtà immaginata.
Esita a parlare, come se una forza glielo impedisse, ma a contrasto una forza altrettanto potente gli impone di parlare.
Con difficoltà inizia a dire, in un crescendo affannoso, rivolgendosi tutt'intorno.
NIETZSCHE – Fra breve... dovrò presentarmi all'umanità per metterla di fronte alla più grave esigenza che mai le sia stata posta... E allora mi sembra indispensabile dire *chi io sono!* Ma i miei contemporanei non mi ascoltano, e neppure mi vedono...Eppure io ho un dovere contro cui si rivolta la fierezza dei miei istinti, e cioè quello di

dire: *Ascoltatemi! Perché sono questo e questo! E soprattutto non scambiatemi per altro!*
Rovesciare gli ideali, questo è il mio compito. Appassionato, missionario.
La realtà è stata destituita del suo valore, della sua verità nella misura in cui si è dovuto *fingere* un mondo ideale! Fino ad oggi pesava sulla realtà la *menzogna* dell'ideale al punto che l'umanità è diventata bugiarda e falsa facendole adorare i valori *contrari* a quelli che soli le potrebbero garantire la crescita, l'avvenire, il sovrano *diritto* all'avvenire! *Con tono a se stesso.* Quanta verità può sopportare un uomo? Quanta verità può osare? Questa è diventata la mia vera unità di misura, sempre più. Ogni passo avanti nella conoscenza *è una conseguenza* del coraggio, della durezza con se stessi... *Nitimur invetitum:*
Propendiamo sempre per ciò che è vietato: in questo segno verrà un giorno la vittoria della mia filosofia, perché finora solamente la verità è stata proibita sempre, per principio... la verità è stata.... proibita... sempre... per principio...
Nietzsche agita le pagine, ripetendo ossessivamente le ultime frasi. Qualche accenno di un'armonia wagneriana. Un fumo bianco invade di nuovo la scena, facendo quasi scomparire la figura di Nietzsche. Apparirà in quella nebulosità candida Lou Salomè, una sorta di apparizione fantastica. È vestita di colori pallidi, rosati, di velo, della stessa foggia degli abiti che indosserà nelle scene successive, di tipo realistico. Prima che appaia, si sente la sua voce, in un'eco lontana.
LOU *di lontano* - Ricordi... Sentimenti inconsci... L'infantilità dell'essere.... indistruttibile...
Nietzsche era così....
Lou si muove intorno a Nietzsche, fluttuando come un'esile giunco agitato dal vento, attratta e respinta. Nietzsche non ne avverte la presenza.
NIETZSCHE *tono epico* - "Ecce homo - Come si diventa ciò che si è". *riflessivo* Questo libro parla solo di me stesso – alla fine vi compaio con una missione di carattere storico-universale. In esso si fa luce per la prima volta sul mio "Zarathustra", il primo libro di tutti i millenni...
Lou quasi sfiora Nietzsche, che non ne avverte la presenza.
LOU – Il suo turbamento spirituale... la conoscenza razionale si trasformava in lui in esperienza interiore... e la conoscenza scientifica ... non eliminava la capacità di gioire o di soffrire...
NIETZSCHE – Il mio "Zarathustra"!... il primo libro di tutti i millenni...
LOU – Creatività poetica e forza di conoscenza....
Nietzsche era spinto da lotte e sofferenze spirituali a dare il massimo di sé...
Si allontana mormorando.

NIETZSCHE - Ma prima di arrivare al libro... quanti anni di lavoro, quanto tormento... sofferenze, illusioni amare, e perfino... delusioni d'amore! *Sogghigna ammiccando. Tira fuori da una tasca una busta chiusa, da lettere; la agita in aria.* Ah! non devo dimenticare di imbucare questa lettera per il "Professore"! È davvero molto, molto importante! A suo tempo!... *Ripone la busta nella tasca. Si ferma colto da un pensiero.* Delusioni d'amore! Una parentesi breve...Illusioni... e anche il gusto della vita! *Si allontana. L'intensità dello sguardo, il respiro sospeso, il gesto imperativo della mano evocano un passato vissuto o immaginato.*

Buio.

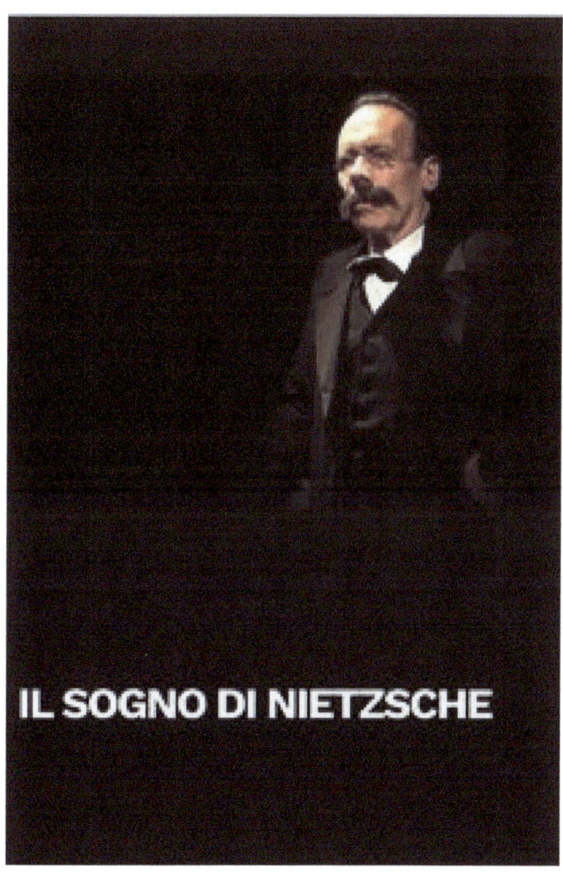

SCENA PRIMA

Brusìo animato di voci. Risate dall'esterno. Un pianoforte accenna una musica ottocentesca. Nietzsche è sempre presente, non visto, qualche volta commentando o ridendo tra sé. Entra Lou, una giovinetta vestita alla moda, con una certa scioltezza. Siede in atteggiamento di ascolto. Entra correndo un giovane. È vestito con eleganza un po' trascurata; tiene fra le mani dei denari. Si ferma accanto a Lou.

PAUL REE – Ah! Lei non è con gli altri ospiti!

LOU – Mi annoiavo...E lei, chi è? Sembra di casa.

PAUL REE – La padrona è Malwida von Meysenburg... Per me è più di una madre... *Mostra il denaro che tiene stretto in mano.* Ho perso al gioco... A Montecarlo! Come tante altre volte. E sono scappato per sfuggire alla tentazione di continuare... Tutto tutto! ho perduto, non avevo neanche più i denari per pagare la carrozza. Me li ha prestati il cameriere. Vado a restituirglieli... Mi aspetta?

Lou fa cenno di sì. Paul esce di scena.

LOU –Paul Rée, un filosofo. Così l'avevo conosciuto. E per molti anni non ci saremmo mai lasciati... Mi aveva colpito quella sua aria da avventuriero, una testa calda che all'improvviso entrava nella mia vita, a Roma... in una placida notte d'estate...

Paul rientra con due calici di champagne.

PAUL – Brindiamo al nostro incontro!

Lou prende il calice e lo fa tintinnare scontrandolo con quello di Paul. Bevono sogguardandosi e ridendo.

PAUL – È una notte bellissima. Andiamo a passeggiare fra le rovine. Le mostrerò le bellezze di Roma...

LOU – Sì, andiamo. Ma mi dica almeno lei chi è.

PAUL – Sono figlio di un proprietario terriero, prussiano. Volevo studiare filosofia.

LOU – Voleva? È quello che desidero anch'io. Ma poi, filosofia, non l'ha studiata?

PAUL – Mio padre insisteva che prendessi diritto. Per compiacerlo avevo accettato.

LOU - Allora è avvocato? *ride*
Un avvocato che perde al gioco!

PAUL - Macché avvocato. Perché poi sono andato in guerra: la Prussia contro la Francia. Sono stato ferito...

LOU – Ma si è ripreso, sembra in forma perfetta!

PAUL – Una pallottola di striscio, niente di grave. E appena guarito, ho deciso di seguire la mia vocazione, studiare filosofia!

LOU – Ah! Finalmente ce l'ha fatta!

PAUL - Sì, mi sentivo al colmo della gioia. Schopenhauer era il mio idolo.

LOU –Lo sa che anch'io amo Schopenhauer? L'ho studiato e studiato... Ho avuto la fortuna di avere un grande maestro.

PAUL –Lei è così giovane e ha già studiato dei filosofi difficili.

LOU – Il mio maestro rendeva tutto semplice. *sospira* Ma voglio dimenticarlo. Cercava di imprigionarmi. Si era messo in mente che dovevo sposarlo.

PAUL – E lei voleva mantenere la sua libertà. La capisco. Le donne quando si sposano diventano le ombre dei mariti.

LOU – (*con impeto)* Io non mi sposerò mai! Ma mi dica di lei. Mi interessa il suo amore per la filosofia.

PAUL – Ero così entusiasta che ho cominciato a scrivere. Ho pubblicato quasi subito un libretto di aforismi, "Osservazioni psicologiche". E, lei non ci crederà, ma questo scritto mi ha fruttato un'amicizia che non avrei mai immaginato di raggiungere!

LOU – Non riesco a pensare a qualcuno di così importante! Mi dica chi è!

PAUL – Il mio testo lo aveva letto Friedrick Nietzsche!

LOU – Nietzsche! Non ci posso credere! Lei, uno studente alle prime armi, ha suscitato l'interesse di Nietzsche!

PAUL – Ci siamo incontrati quasi per caso, a un ricevimento di questa mia amica, Malwida, che adesso mi ha soccorso prestandomi dei soldi. Mi presento a lui, ero molto emozionato. Nietzsche mi guarda; dietro quei suoi baffoni non capivo se sorrideva o se era serio: "Ho letto i suoi aforismi – mi fa -. Lei è molto dotato e riflessivo, mi sembra un continuatore di Schopenhauer".

Di lato Nietzsche ride assentendo.

LOU – Friedrick Nietzsche! Vorrei proprio conoscerlo!

PAUL – Non sarà difficile, in questo periodo sta a Roma. Possiamo invitarlo a una passeggiata.

LOU – Adesso però sbrighiamoci ad andar via di qua! Ho paura che Malwida venga a cercarmi e mi chieda di rientrare.

PAUL - Le mostrerò il Foro Romano. La gente del popolo fra quelle mura si diverte. Ci sono cavità dove si nascondono prostitute, travestiti... e fanno i loro giochi erotici. Ma forse la sto scandalizzando...

LOU – Niente mi scandalizza, della vita. Voglio conoscere come vive la gente. Non mi piace rinchiudermi nei salotti dei ricchi aspettando l'arrivo di un marito. Io non mi sposerò mai!

PAUL – Ci conosciamo da pochi minuti ed è la seconda volta che lei fa questa affermazione. Sembra quasi che tema una domanda di matrimonio da parte mia!

LOU – Conosco gli uomini e prevedo il loro scopo principale. *lo guarda dritto negli occhi* Ma lei è diverso. Sento che fra noi potremmo creare un'amicizia sincera. Un'amicizia alla pari, piena di interessi e di collaborazione. *lo fissa intensamente* Con lei accetterei di andare a vivere, senza problemi di sesso. Come due buoni amici. O due buoni fratelli.

PAUL – Perché non lo facciamo? Io ci sto!

LOU – Ci vuole un terzo che venga a vivere con noi! Un terzo per evitare equivoci di coppia. Tutti e tre come tre buoni fratelli.

PAUL – Lo diremo a Nietzsche!

Nietzsche gli fa eco, con intonazione denigratoria

NIETZSCHE – "Lo diremo a Nietzsche!".... *si allontana. I due escono a braccetto e ridendo buttano via i calici. Rumore di vetri rotti.*

LOU – Come si fa nella mia Russia!

Buio.

SCENA SECONDA

A tratti in lontananza la musica del "Parsifal" di Wagner. Nietzsche è solo in scena. Porta degli occhiali dalle lenti spesse. Sul tavolo appoggia delle boccette di medicinali, dei flaconi con delle pozioni, dei fogli, un taccuino, una matita, dei libri. Prenderà a tratti qualche medicinale. Siede e, toccando quasi un foglio con il volto perché ci vede pochissimo, legge con fatica.

NIETZSCHE –Devo riuscire a mettere a fuoco questa mia teoria.Ogni parola deve contribuire alla definizione della novità che io solo ho pensato... "L'eterno ritorno!" Sì... "L'eterno ritorno dell'eguale è la ripetizione eterna di tutte le realtà e gli eventi del mondo.". E poi... E poi...

legge febbrilmente, poi continua a memoria

"Il fatto che la vita sia dolore, che sia alla fine annullata dal tempo, non giustifica che si viva prigionieri della compassione; quest'ultima, infatti, prende a pretesto la sofferenza per condannare la vita. Il coraggio invece è amore per la vita e per l'uomo e consente di trasformare il passato in un nuovo inizio: 'Questo è stata la vita? Orsù! Da capo!' ".

Con uno scatto di abitudine, tira fuori una pastiglia da una scatolina e la ingoia. Si prende la testa fra le mani, appoggiandosi al piano del tavolo.Ansima.

Ah!... Che dolore!... Che dolore!...

Rialza il capo; torna al foglio, riprendendo a scrivere.

E quindi... "Il tempo è un circolo: passato e presente sono intrecciati, come un cerchio di attimi. Nell'immagine del ciclico ripetersi di ciò che è già stato, troviamo la prima formulazione dell'eterno ritorno: tutto muore, tutto torna a fiorire; eternamente va la ruota dell'essere".

Si arresta.

Sì, ma è troppo semplicistico... Dovrò lavorarci, a questo mio Zarathustra.

Getta i fogli lontano da sé, agitato, al colmo dell'irritazione.

Basta! Basta lavorare! Devo anche vivere!

Inghiotte un'altra pastiglia bevendo da una boccetta. Lentamente si calma, il respiro gli si fa più disteso. Prende in mano una lettera in mezzo ai fogli, estraendola da una busta già strappata. La agita in aria, se la porta al cuore.

Caro! caro Paul! Si preoccupa per me...Che mi consumi cercando di arrivare alla dimostrazione della mia teoria. *rilegge con emozione* "Non ti stancare troppo!". E poi... mi torna in testa come un'ossessione... quel suo accenno a un incontro... *cerca la frase nella lettera* " A un ricevimento della mia amica Malwida ho conosciuto una giovane russa, davvero affascinante..." *ridacchia con un atteggiamento da esperto di donne* Spero che non sia una di quelle solite avventuriere che non pensano ad altro che a farsi sposare. Ma Paul dice poi qualcosa di davvero insolito... Qualcosa che potrebbe interessarmi... *torna a leggere* "... una ragazza davvero colta, che vorrebbe conoscerti ed essere tua allieva... ma questo non è l'elemento più singolare rispetto a quello che vorrebbe fare della sua vita: un'esistenza condivisa con due uomini che abbiano come lei lo scopo di studiare, scrivere, discutere, seguire corsi universitari e incontrare persone di alta cultura da cui attingere per la propria preparazione..." *si ferma, interdetto, incredulo* Una giovane russa...una donna bella e intelligente... senza pregiudizi al punto da voler vivere con due uomini... e soltanto per accrescere la propria cultura! L'idea mi piace. Questa ragazza voglio incontrarla al più presto... Io devo essere il terzo del gruppo, insieme a Paul e a... non so neanche come si chiama e già mi sembra di non poterne più fare a meno!

Nietzsche ride, a lungo, con durezza

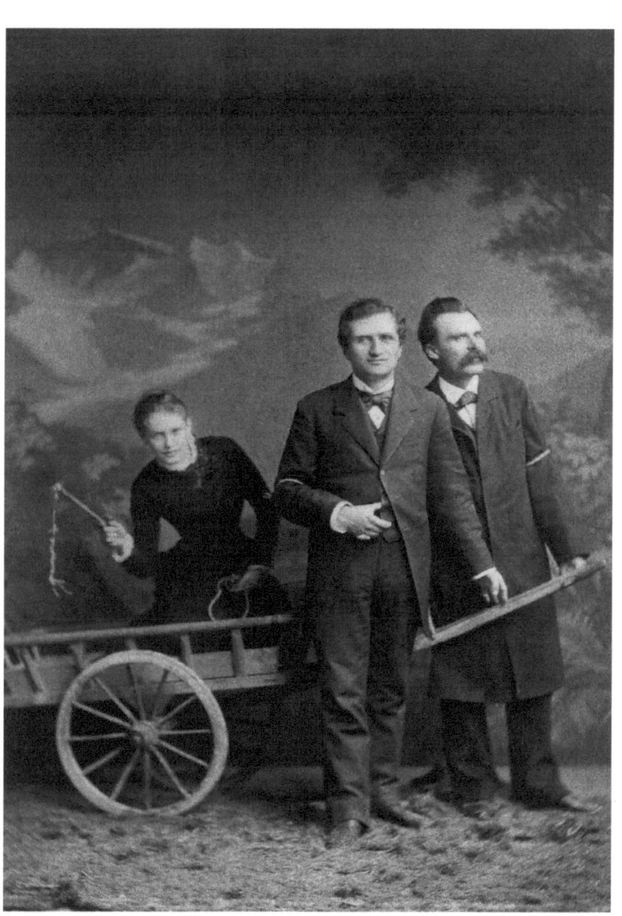

SCENA TERZA
Entra Paul Rée.
PAUL – Questa giovane russa si chiama Lou, è il diminutivo di Louise.
NIETZSCHE – Paul! Da dove spunti? Credevo non sapessi che ero qui.
PAUL – Ti ho inseguito per tutta la penisola. Prima a Genova...
NIETZSCHE – Volevo starci per tutto l'anno. È una città che amo quanto Napoli... Il mare è così dolce... Mi calma i nervi. Ma poi...
allarga le braccia, incapace di trovare una giustificazione
Paul riprende con tono comprensivo
PAUL – Ma poi sei partito. Sei andato a finire a Messina.
NIETZSCHE – Speravo che il clima siciliano mi aiutasse a star meglio, soffro di mal di testa spaventosi, lo sai. Ma tutto quel caldo... Il vento di scirocco mi soffocava.
PAUL – Non c'è che Roma per riconciliarsi con la vita, ma so che a te non piace. Comunque, adesso sei qui. Si è saputo subito del tuo arrivo.
NIETZSCHE – E la Russa? Dimmi di lei!
PAUL – Come sei impaziente! Lou aveva così tanta voglia di conoscerti, che si era fatta accompagnare da me fino a Genova. In tempo perché la padrona della tua pensione ci dicesse che eri appena partito. A questo punto non ci siamo sentiti di arrivare a Messina. E abbiamo fatto bene.
NIETZSCHE – Insomma, parlami di questa Lou! Me ne scrivi come di una creatura eccezionale!
PAUL – Ti avverto che si è molto irritata per la tua scomparsa. Non vedeva l'ora di vederti, di parlarti...
NIETZSCHE – Adesso ci si può incontrare!
PAUL – Attento però! È un temperamento energico. Di un'intelligenza incredibile. Ma ha tutte le caratteristiche di una ragazzina, anzi di una bambina. Ha deciso di passare "un anno piacevole", e ritiene indispensabile la tua presenza, oltre alla mia e a quella della nostra amica Malwida.
NIETZSCHE – Insomma vuole la garanzia di una signora anziana per mantenere la sua onorabilità! Non posso darle torto.
PAUL – Lou ha già incontrato la disapprovazione di sua madre, che vorrebbe riportarla con sé in Russia. È una signora molto religiosa...
NIETZSCHE - Quella che nella società attuale si chiama "la morale" esige simili ipocrisie. In sostanza è un assoggettamento della vita a valori pretesi come trascendenti.
PAUL – Potrei citarti le opere che hai dedicato a questi concetti. Da "Umano troppo umano" ad

"Aurora"... Ma qui il discorso è un altro. Pensiamo a come accontentare la giovane russa e a concertare con lei questo triangolo così intrigante.

NIETZSCHE – Infatti, Paul, non voglio portarti a discutere adesso sui miei principi riguardo alla morale. Questa Lou potrebbe aiutarmi a scrivere... Faccio così fatica con i miei occhi! In cambio potrei darle lezioni di filosofia.

PAUL –Penso che Malwida potrebbe fornirci l'occasione per un incontro. Ogni mercoledì tiene una festa a casa sua.

NIETZSCHE – Allora, la settimana prossima!

PAUL – Terrò da lei una conferenza su di un mio libro. Tra gli ascoltatori ci sarà anche la giovane russa. Ogni volta che parlo, lei ascolta con la massima attenzione. È perfino irritante come prevede quello che poco dopo arriverò a dire e dove andrò a parare.

NIETZSCHE – Più che farti irritare ho l'impressione che tu la adori. Sono davvero curioso di capire se vale tutto il tuo entusiasmo.

PAUL – Potrai constatarlo tu stesso.

NIETZSCHE – Spero che sia come tu dici, io sono avido di queste anime. *Paul se ne va Nietzsche ride amaro.* Oh! sì! Sono davvero avido di queste anime...

È scosso da un tremito. Beve da una boccetta Riprende a scrivere, il volto chino sul foglio.

Con questo libro comincia la mia campagna contro la "morale". Questo libro "che dice sì" irraggia la sua luce, il suo amore, la sua tenerezza su tutte le cose cattive, rende loro "l'anima", la buona coscienza, il superiore diritto e "privilegio" di esistere. La morale non viene attaccata, semplicemente non viene più presa in considerazione...

Buio.

SCENA QUARTA
Ricevimento a casa di Malwida von Meysenburg. Brusio di voci. Un'aria al pianoforte.
Lou entra di corsa ridendo, seguita da Paul e da Nietzsche. Tiene fra le mani un libro che va sventolando.
NIETZSCHE –Mi stupisce la sua capacità di capire anche i concetti più difficili che le sottopongo!

LOU – Mi ero ripromessa di annotare quanto lei andava dicendo, ma è praticamente impossibile. Lei spazia dalle più lontane alle più vicine regioni del pensiero.

PAUL – Non conoscevi ancora il modo di argomentare di Friedrick. Sono discorsi che non si prestano a formulazioni precise.

LOU – (*rivolgendosi a Paul*) Il contenuto dei suoi discorsi non è tanto in quello che viene espresso a parole, ma proprio in qualcosa di misterioso... (*rivolta a Nietzsche*) ... un venirsi incontro dello spirito dell'uno e dell'altro.

PAUL – Non lasciatemi fuori da questa intesa!

LOU – Come potremmo? Tu sei il mio più caro amico, e con te per primo ho pensato a questo mio progetto, di una "trinità" di vita.

NIETZSCHE – Anche per me Paul è il mio più caro amico. Ma lei, Lou, dà senso alle nostre vite. E ciascuno di noi è indispensabile agli altri.

PAUL – Stiamo dimenticando la nostra vecchia amica Malwida, la garanzia della trinità in pericolo a causa dei pettegolezzi.

LOU – Malwida è stata una grande femminista. Ma quanto a rapporti tra uomini e donne, è rimasta con idee un po' antiche. Non ha approvato il nostro piano di vita in comune, me lo ha scritto in una lettera: prevede che susciterò lo scandalo in tutti quanti ne verranno a conoscenza.

PAUL - Sono stupito di questo suo atteggiamento. Quante volte a me ha perdonato il vizio del gioco!

LOU - A voi uomini si perdona tutto. *Maliziosa* Non dimenticate che Malwida è rimasta signorina.

NIETZSCHE – Anche lei lo è, Lou.

LOU – Lo sono perché voglio rimanere così. Io non mi sposerò mai! E non mi sposerò perché non voglio sposarmi.

Nietzsche si inginocchia davanti a Lou
NIETZSCHE - Ma io voglio che lei sposi me! Qui, adesso, in presenza del mio amico Paul, io le chiedo di diventare mia moglie.

Un silenzio carico di meraviglia Poi Lou ride superando l'imbarazzo
LOU – Che le prende, Friedrick?! Prima di oggi non mi aveva mai incontrato e già vuole che diventi sua moglie?

PAUL – Non ho fatto in tempo a dirti, Friedrick, che anch'io vorrei sposare Lou. Gliel'ho chiesto in tutti i modi per riuscire a convincerla. Ma lei è testarda!

LOU – Io non mi sposerò mai! Mai!

NIETZSCHE – Dobbiamo quindi ripiegare su di un "ménage à trois"?

LOU – "Ménage" sì, ma da buoni fratelli. La vostra compagnia, e la mia nei vostri confronti, sarà quella di un'intesa per studiare, discutere, aiutarci a vicenda nel cammino della conoscenza.

NIETZSCHE – È difficile rinunciare a un'unione completa con una donna che ci piace. D'altra parte potrei decidermi per un matrimonio tutt'al più di due anni... E quindi accetto il patto.

LOU – Deve accettarlo, ne va della realizzazione del progetto. Ed è un progetto che non sono stata io a pensare. Mi viene da un sogno. Un sogno che ho fatto più volte.
Rivive il sogno come in trance, con i gesti indicando quanto dice.
Sognavo di dividere un grande appartamento con due uomini, due amici. Al centro della casa… c'era un grande studio-biblioteca, pieno di libri e di fiori… Ai lati di questa stanza si aprivano le camere da letto. Vivevano tutti e tre insieme e insieme lavoravano in perfetta armonia. *con tono deciso e al tempo stesso malizioso* Senza che il mio essere donna fra due uomini turbasse la serenità della loro convivenza!
NIETZSCHE – Forse, senza saperlo, lei desiderava nascere uomo. Si dice che i sogni rappresentino il compimento dei nostri desideri…
LOU – Mia madre mi avrebbe voluta maschio, come i miei quattro fratelli. Una stranezza – non vi pare? - che una madre volesse un quinto maschio dopo altri quattro. In un certo senso ho assecondato questo suo desiderio. *ride* Ma non credo che Maman abbia persistito a volermi maschio. Tant'è vero che anche lei è ostile al nostro progetto.
PAUL – La cosa migliore è renderlo operativo. Dove pensate che si possa andare a vivere?
LOU – A Parigi!
NIETZSCHE – A Parigi, non c'è dubbio. A Parigi nessuno troverà a ridire sul nostro stile di vita.
TUTTI E TRE – A Parigi! A Parigi!
NIETZSCHE – Voglio consacrare questo momento di unione a tre! Deve essere immortalato! Perché rimanga a testimoniare della nostra comune volontà.
PAUL – E come?
NIETZSCHE – Con una fotografia! Amo i simboli, lo sapete. Nella foto ne faremo spuntare qualcuno. I nostri futuri discendenti faranno mille interpretazioni…
Improvvisamente febbrile, si dà da fare aggirandosi di qua e di là per realizzare l'immagine della famosa fotografia. Da un lato della scena tira fuori la sagoma di un carrettino, una frusta e un ramo di lillà.
Ecco. Lou dietro il carretto… con la frusta e il ramo di lillà.
Porterà Lou dietro il carrettino facendola emergere come se vi fosse entrata dentro; le porge poi la frusta su cui avrà inserito il ramo fiorito.
Qui Paul… accanto a Lou.
Accanto a Lou condurrà per mano Paul, piuttosto imbarazzato e quasi reticente, in piedi fuori dal carrettino.
E, dietro a Paul… io stesso!
Si porrà dietro a Paul.

NIETZSCHE – Pronti! Via con il flash!
Il bagliore accecante del flash. Apparirà la famosa fotografia dei tre protagonisti, gigantesca, su di una parete, in piena luce.

Buio.

SCENA QUINTA
Nietzsche è solo. Parla ad alta voce, come se davanti a lui ci fosse qualcuno, ma è a se stesso che si rivolge, facendo a tratti delle pause, come se l'Altro suo Io gli rispondesse.
NIETZSCHE – È ora di smettere di credere alla gloria a buon mercato del genio! *sogghigna, assentendo, poi attacca a parlare come se stesse tenendo una lezione* Si continua sempre a stare inginocchiati davanti alla "forza". Eh! sì! è un'antica abitudine da schiavi… Ma allora, se deve essere stabilito il grado di "venerabilità"… è decisivo, nella forza, soltanto il "grado di ragione". *assume il tono discorsivo, come dell'Altro sé che ha ascoltato ed è d'accordo* Il grado di ragione! La gente è abituata a pensare che tutto dipenda dall'ispirazione! E invece no! *torna al tono da lezione in cattedra* La smodata venerazione della genialità artistica è di ostacolo… alla progressiva, "virile educazione" dell'umanità. All'apparenza, il genio lotta sì "per la superiore dignità e importanza dell'uomo", ma non vuole a nessun costo farsi private delle interpretazioni che alla vita conferiscono splendore e profondità, e si ribella contro metodi e risultati freddi e schietti invece di fare un passo indietro di fronte alla più importante dedizione scientifica al vero in ogni forma, per spoglio che possa apparire. *tono discorsivo* Analizziamo la cosiddetta "ispirazione": è chiaro che l'opera d'arte non è tanto il prodotto del miracolo di una fantasia creativa, ma…. *incoraggiando l'Altro a intervenire con la dignità cattedratica* …ma del giudizio che osserva, ordina, sceglie … come ora, dai taccuini di Beethoven, si vede che egli ha composto le più belle melodie poco per volta e quasi scegliendo da molteplici spunti. *entra Lou e si ferma ad ascoltare senza essere vista tono discorsivo* L'improvvisazione artistica rimane molto in basso rispetto al pensiero d'arte scelto con serietà e sforzo… *d'impeto, Lou si fa avanti. Accorgendosi di lei, Nietzsche ha un sobbalzo*
LOU – Il genio dunque, secondo lei, è qualcosa che può essere appreso… acquisito rispetto al fatto di ritenerlo un dono naturale, un talento innato!
Nietzsche si rivolge a Lou con tono compiaciuto
NIETZSCHE – Sì, lei ha capito quello che intendo dire. A meno che non si tratti di un "vero" genio… ma sono davvero pochi. Ci vuole una solida serietà di mestiere, per imparare pezzo

per pezzo... e poi creare un tutto. Insomma, bisogna lavorare per arrivarci.

LOU – È quello che voglio fare io. Studiare. Lavorare. Accanirsi sui librifinché non sei dentro a un concetto, e non lo hai fatto tuo! Voglio dedicare la mia vita a capire il mondo... e le persone.

NIETZSCHE – Si fermi alle opere. Dalle persone lei rischia di rimanere delusa.

LOU - Ma le opere sono sempre e comunque una biografia. Ciascuno quando scrive racconta se stesso...

NIETZSCHE – La natura della sofferenza fisica si riflette, in una certa misura, nelle opere e nei pensieri di chi scrive.

LOU –Più che delle prove vere e proprie, ho come la sensazione che lo stretto legame tra pensiero e sofferenza emerga in modo ancora più chiaro quando si prende in esame l'insieme della produzione e dello sviluppo intellettuale di un autore.

Nietzsche fissa a lungo Lou .

NIETZSCHE –Lei ha detto cose che mi hanno colpito come se mi avesse visto dentro l'anima. Mi è cara come se la conoscessi da sempre. Ora che l'ho incontrata, non potrei più rinunciare a lei.

LOU – Il mio progetto, Friedrick, prevede un legame fra noi che ci impegna davvero. Già prima di conoscerla, sapevo che lei era la persona giusta per creare con noi il gruppo di lavoro a cui stavo pensando. Ma non dimentichi che saremo in tre, senza nessuna preferenza tra noi. Tre buoni fratelli, il sesso non ci differenzia che per poche considerazioni dettate dal costume. Ma l'intelligenza ci farà scontrare e discutere alla pari.

NIETZSCHE – Non ho mai incontrato una donna come lei. Difficile da raggiungere. Ma non posso che accettarla com'è. La amo e per questo mi sottometto al suo volere. Almeno per ora.

LOU – Per ora e per sempre, Friedrick, per ora e per sempre. Io non mi sposerò mai!

Lou si allontana. Nietzsche rimane qualche attimo in silenzio. A se stesso nella dimensione del ricordo.

NIETZSCHE – Ah! Come mi ero illuso allora! Avevo pensato che questa donna fosse necessaria alla mia vita!

Rimarrà ad assistere alla scena successiva, Quando sarà il suo turno di prendervi parte, farà un salto dentro a questa realtà rendendo il suo tono adeguato al discorso con gli altri.

Buio

SCENA SESTA

Cinguettìo di uccelli. Sciabordìo d'acqua, un lago increspato dal vento. Un lontano suono di mandolino accompagna un'antica romanza italiana Nietzsche appare ancora velato, nel rivedere quella scena di cui sarà protagonista. *Entra Paul affannato con una mantella femminile sul braccio Sbuffa con aria preoccupata*

PAUL – Dov saranno andati... *si aggira nervosamente guardando di qua e di là.*

L'appuntamento era davanti alla basilica di San Giulio, al lago d'Orta. Forse avranno perso il battello per l'isola... o magari sono io in anticipo...

Il suono prolungato di un vaporetto Risate e voci in sovrapposizione di gente all'aria apertaLou e Nietzsche arrivano di corsa in abbigliamento estivo, da gita in campagna.

LOU – Scusaci Paul!... Eravamo talmente presi della discussione che il vaporetto è partito e noi siamo rimasti a terra!

NIETZSCHE – Non sapevamo come avvertirvi. Madame von Salomé sarà furiosa...

PAUL – Ha subito pensato a una disgrazia! Io ho cercato di calmarla, l'ho fatta sedere in una sala tranquilla di un caffè sulla piazza. Le ho promesso di andare a cercarvi... *agita la mantella* ... e lei mi ha dato la sua mantella perché – ha detto – *tono lacrimevole* forse Lou è caduta in acqua... e avrà freddo...

Tutti ridono. Lou afferra la mantella dalle braccia di Paul e se ne avvolge ridendo simulando un brivido

LOU- Stavamo pensando di fare una gita sul Monte Sacro. Ci sono tante piccole cappelle... le stazioni della Via crucis... e statue... e altari... Paul devi venire con noi!

PAUL – Come posso venire con voi, se ho promesso a Madame Salomé di tornare non appena vi avevo trovato!

Guarda Lou e Nietzsche per chiedere aiuto I due tacciono imbarazzati

NIETZSCHE – Tutto questo viaggio, e poi non si va neanche a vedere la Basilica di San Giulio?!

PAUL – Ho capito. Tocca a me andare dalla Signora a tenerle compagnia mentre voi fate la "nostra" gita!

NIETZSCHE – *tono poco convinto* Potrei andare io dalla Signora, e tu vai con Lou...

LOU – Oh Friedrick! Lo sai che mia madre non ti può sopportare! Odia i tuoi discorsi da ateo convinto... *seduttiva* Paul ha già visto questi luoghi, si sacrificherà volentieri a fare compagnia a Maman...

NIETZSCHE – Staremo poco, vedrai... Un giretto appena appena...

PAUL –Se cominciate quei vostri ragionamenti che durano anche dieci ore!..

LOU – Basta ragionamenti! Abbiamo già perso il vaporetto. Adesso si sale sul Monte Sacro e si ammirano le bellezze dell'arte e della natura! *con*

tono convincente E poi ti racconteremo tutto, Paul! *gli dà un bacio fuggevole su di una guancia*
PAUL – Allora... a più tardi. LOU – Ciao!
NIETZCHE – Sei un vero amico! Tu sai quanto tengo a questa gita... *lo abbraccia veloce.*
PAUL - *con rabbia affettuosa* Andate! Andate!*esce di scena .*
Nietzsche a se stesso
NIETZSCHE – Quel giorno doveva essere portatore di gioia.... Mi ero illuso...Anch'io come tutti, ho creduto alla felicità.

SCENA SETTIMA
Lou e Nietzsche rimangono silenziosi, più che per una normale pausa.
NIETZSCHE – Lei non può immaginare... *si ferma, per la commozione* ... non può immaginare la gioia per questo progetto!
LOU – Sarà un passo avanti nel lavoro intellettuale. Qualcosa che non è mai stato fatto. E al centro di questo lavoro c'è il suo pensiero, le opere che lei sta portando avanti!
NIETZSCHE - Mi rendo conto che il mio pensiero a volte può risultare... bizzarro. O addirittura errato, di un filosofo continuamente portato a cambiare idea... Sì!, a cambiare come se sbagliasse le sue teorie e le cambiasse per correggere quanto affermato prima.
LOU – Io credo che sia importante la propria storia personale rispetto ai sistemi filosofici che un intellettuale elabora. È quanto gli accade nella vita a influire su quello che scrive, e a dare valore a ciò che afferma attraverso l'esperienza.
NIETZSCHE – Io stesso, in una conferenza, ho esposto in questo senso la storia della filosofia antica.
LOU – Era a Basilea, all'università.
NIETZSCHE – Sì, ero a Basilea... Come fa a sapere di quella conferenza?
LOU – Me ne parlò Paul. La seguiva appena poteva andare ad ascoltarla.
NIETZSCHE – Paul... La vostra amicizia mi rende geloso.
LOU – Io credo invece che Paul sia geloso della nostra intesa intellettuale. Lui si limita ad ascoltarla quasi con devozione. È stato Paul a sostenere che doveva essere lei il terzo della nostra "trinità"!
NIETZSCHE – Sì, è vero, sono ingiusto con lui. Ma la colpa è sua, Lou! *con impeto* Del suo pensiero che trabocca e mi invade, mi fa sentire unito a lei come non mi è mai accaduto con nessun'altra persona...
Lou sorride e riprende il discorso filosofico per frenare l'impeto di Nietzsche.

LOU – La sua affermazione a Basilea era che... ad esempio un certo sistema viene confutato, i tempi lo superano, muore.
Nietzsche conclude assecondando la citazione di Lou
NIETZSCHE - Ma non può considerarsi morta la persona! *Si affretta a continuare, vuole arrivare ad altro.* E noi siamo persone, prima ancora che filosofi. Sì, ho affermato a volte che i sentimenti sono inferiori rispetto alla ragione, ma questo vale per la filosofia, non per la vita! Oggi pomeriggio io sono felice. Il cielo è azzurro, l'aria è mite e limpida... soprattutto c'è che io sono accanto a lei, e nessun altro si frappone fra noi, a imporci un comportamento degno di una conferenza.
La abbraccia all'improvviso. Lou tenta di difendersi con la mantella che tiene fra le braccia. Nietzsche la stringe in un abbraccio appassionato. Un silenzio. Poi Nietzsche si inginocchia ai piedi di Lou.
NIETZSCHE – Lei mi ha fatto l'uomo più felice del mondo. Adesso avrò più coraggio. Ma voglio godere questo momento di intensa felicità senza pensare al futuro.
Un silenzio. Lou riprende la sua consueta disinvoltura
LOU – Fa un po' freddo... Mi aiuti a indossare la mantella. *Nietzsche l'aiuta a indossare la mantella.* La prego, affrettiamoci! Maman sarà preoccupata per il nostro ritardo, non crede? E Paul ci sgriderà, ne sono sicura.
NIETZSCHE – Non abbia timore, mi assumerò io la responsabilità del ritardo...
escono di scena

Buio

SCENA OTTAVA
Paul Rée è seduto davanti al tavolino. È chino su di una lettera che ha terminato di scrivere. Comincia fra i tre il gioco delle lettere: a tratti la legge chi la riceve, a tratti prosegue a dirla che l'ha scritta. Paul leggerà la sua lettera come se Lou gli si trovasse davanti e lui le parlasse.
PAUL - Cara Lou, le tue lettere mi rendono sempre terribilmente felice... Il mio biglietto per Bayreuth è per la primissima rappresentazione: non è troppo presto per te? Spero di no, perché ho un grande desiderio di vederti. Provo ogni volta piacere a darti del tu, e ti scrivo così volentieri che ogni volta mi dispiace di essere arrivato al termine della lettera... Nietzsche è immerso nei suoi studi. Finora da lui non ho ricevuto niente. Io approvo qualunque tua soluzione in rapporto all'inizio della nostra "trinità", il tempo, il luogo, sarà come vuoi tu... A questo punto può cominciare il "silenzio di simpatia" fra noi,quel gioco che ci permette di comunicare con la telepatia... Il massimo segno è

quello di spedirsi dei fogli bianchi in luogo di lettere!

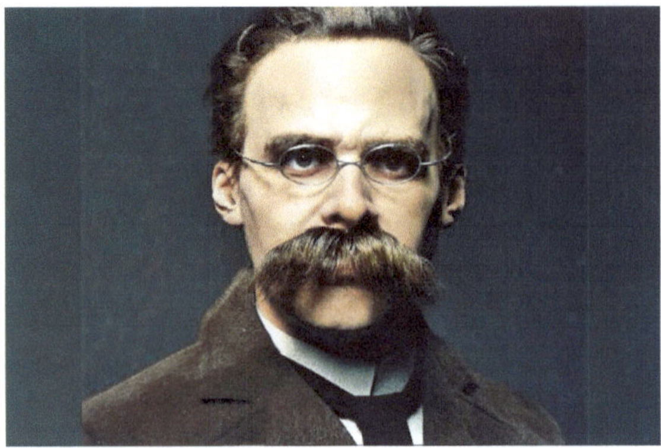

Lou si avvicina a Paul, che le porge dei fogli bianchi e poi si allontana. Entrando nel gioco, Lou agita i fogli in aria, ride fanciullescamente e si allontana con una piccola danza. Entra Nietzsche con in mano una lettera scritta per Lou. Comincia a leggerla facendo riferimento a Lou, che dopo qualche frase gli si avvicina.

NIETZSCHE – Mia cara amica, questa volta lei mi ha davvero scritto "come vuole il mio cuor" (e anche i miei occhi!). Sì, io credo in lei. E lei mi aiuta a credere sempre in me stesso e a tener fede alla nostra parola d'ordine e soprattutto a lei, mia cara Lou: "Staccarsi dal mediocre e nel tutto, nel buono, nel bello 'risoluti vivere'". Il mio più recente progetto per poter parlare con voi è questo:

Nietzsche porge il foglio a Lou e si allontana. Lou legge.

LOU – "Voglio venire a Berlino nel periodo in cui vi sarete voi, e da là ritirarmi immediatamente in uno dei folti boschi che si trovano nei dintorni…".

Nietzsche riprende a dire la sua lettera, che Lou tiene fra le mani, come se le parlasse.

NIETZSCHE – Berlino per me è città improponibile. Quando lei vorrà potrei trovarle una sistemazione decorosa nel bosco, in casa di un guardiano o di un parroco: così lei potrebbe trascorrere ancora qualche giorno vicino a me. I solitari come sono io devono abituarsi lentamente anche alle persone che hanno più care, sia quindi indulgente con me! E intanto, mi dica: a quale spettacolo vuole assistere a Bayreuth? Per quanto ne so, Paul ha un biglietto per la prima. E dopo, se trovassimo un località dove incontrarci? Una località adatta alla salute? Della mia, oggi, non è il caso di parlare… Anche se dicono che in vita mia non sono mai stato così sereno come adesso! Ho fiducia nel mio destino.

Lou si allontana. Entra Paul con una lettera di Nietzsche per lui. Ne legge qualche frase, poi continuerà a dirla Nietzsche, che l'ha scritta.

PAUL – "Caro Paul, come va? Dove si va? E si va poi?" A che punto sono i programmi per l'estate?

Nietzsche prosegue a dire la sua lettera a Paul.

NIETZSCHE - Ieri ho comunicato a Lou il mio ultimo programma: la Foresta Nera, e se lei vorrà raggiungermi, troverò una sistemazione adeguata, che tenga conto delle esigenze della morale borghese, fatta solo di apparenze… Il vostro biglietto per Bayreuth, caro Paul, riguarda la prima rappresentazione? Anche Lou vuole esserci. Forse allora vi incontrerete… *con ira dirompente e crescente* Io non verrò di certo, dopo la delusione nei confronti di Wagner! Lo avevo considerato uno degli amici più cari, forse quello che meritava la gloria, lo stimavo per il genio che gli attribuivo… Lo amavo! *ansima, in preda a sofferenzenza. Lou si avvicina a Nietzsche e gli dà una lettera. Nietzsche comincia a leggerla.*

NIETZSCHE – "Caro amico… (sono io!) una cordiale stretta di mano per la sua ultima lettera. Avrei risposto subito, se un violento malessere non mi avesse costretta a letto…".

Lou prosegue a dire la lettera, come in conversazione con Nietzsche.

LOU - Ora tutto quello che spero è che la Foresta Nera sia adatta alla sua salute, in modo da poterci incontrare e lavorare insieme laggiù. Per il momento, stare assieme a lungo noi due soli non è possibile, è infatti assolutamente necessario che mia madre mi sappia con Paul Rée e sua madre. Forse tutto sarà più facile dopo Bayreuth, ma a quella data manca ancora molto tempo. Mi creda, se io rinuncio per ora a starmene sola con lei, lo faccio soltanto per non mettere in pericolo i nostri progetti, e per riuscire ad affermare con tanta maggiore certezza e libertà ciò a cui soprattutto teniamo…

In un turbine di parole e di movimenti, i tre personaggi si scontrano al centro dello spazio scenico, tenendo ciascuno dei fogli fra le mani e scambiandoli con gli altri personaggi. Le parole si sovrappongono con diversi toni, scherzosi, tragici, deliranti, melanconici. È teatralmente la sintesi del lungo carteggio che i tre hanno tenuto l'un l'altro nel corso di parecchi mesi, prima di arrivare al "ménage à trois" progettato. L'accumularsi di ipotesi e proposte porta a una sorta di parossismo in cui le lettere si incrociano.

LOU – Ma che volete da me!? Perché non siete sinceri come sono io con voi?!

PAUL – Mi rendi geloso! Io avrei voluto sposarti, piccola intellettuale egoista! Io! E lui chiede a me di chiederti in moglie!

NIETZSCHE – Io devo vivere da solo! Mi sono lasciato tentare da questo progetto perché non avevo mai incontrato una donna come Lou! Più della vita a tre voglio vivere io solo con lei!

Le frasi si sovrappongono e si confondono. I tre si trovano avvinti gli uni con gli altri in una girandola di movimenti. Poi i movimenti rallentano, le parole si affievoliscono fino a svanire. Lou e Paul si allontanano.
Nietzsche è solo in scena. Appare sofferente.
NIETZSCHE - Oh! Se bisogna prescindere dalla vita felice, rimane pur sempre la vita eroica! E Lou... è una giovane anima veramente eroica! In lei spero di trovare una discepola... un'erede... una continuatrice del mio pensiero... *si allontana*

Buio

SCENA NONA
Stibbe, casa della famiglia di Paul. Lou e Paul. Lou sta discolpandosi per qualcosa di cui Paul la rimprovera, ma il tono è giocoso: i due in fondo si divertono a trovarsi conniventi fra loro.
PAUL – Che io sia naturalmente anche un po' geloso è più che mai comprensibile.
LOU – Non dovresti essere geloso, noi siamo come fratelli, tu lo sia...
PAUL – Fratelli sì, ma siamo anche un uomo e una donna. E proprio su questo piano, io continuo a domandarmi quale è stata la tua attitudine, il tono della tua voce... quali sono stati i gesti e gli sguardi che hanno accompagnato le tue parole, quel giorno sul Monte Sacro. Insomma che cosa è successo con Friedrick?
LOU – Che cosa vuoi ancora sapere!? Non gli ho promesso niente... Forse gli ho dato un bacio...
PAUL - Ah!
LOU - ... ma così... perché me lo chiedeva con tanto ardore... Supplicava, mentre salivamo sul Monte e io volevo assistere a quel tramonto, ammirare quelle statue dipinte... E allora...
PAUL – Ammetti di avergli dato un bacio!?
LOU – Ma non lo so neanch'io!... E rimango di stucco quando mi scrive : "Devo a lei il sogno più bello della mia vita!".
PAUL – Friedrick è rimasto profondamente scosso da quell'episodio. Mi ha mandato lettere confuse, a un certo punto scrive frasi come: "La Lou di Orta era una creatura ben diversa... ". Si lamenta di soffrire del "male di Orta"! A voce, poi, è arrivato a dirmi che il ricordo di quelle ore lo fa impazzire.
LOU – Sù, mio piccolo Paul, lo sai che sono una creatura dal carattere impetuoso! Ma non ho promesso proprio niente a Nietzsche, è lui che ha tentato di trascinare il progetto della nostra vita a tre - una vita di studio e di lavoro in comune!- in un *ménage* dove prevaleva il sesso e lui pretendeva di diventare mio marito!

PAUL – Questo non lo avrei mai tollerato! L'impegno di stare insieme è partito da noi due! Arriva un terzo e cambia le regole!?
È già tanto che io abbia accettato di vivere insieme da buoni amici...
LOU –Da buoni fratelli, che è più ancora che da buoni amici!
PAUL - Vedrai che pur di stare con noi, rinuncerà ai suoi progetti matrimoniali.
LOU – Rinuncerà, perché è anche molto ambizioso. *ride maliziosa* Il fatto che io abbia interpretato dei suoi scritti lo ha lusingato e incuriosito: gli avevo detto quello che ne pensavo, che cioè erano il pensiero di un genio!
PAUL – Di te ha una stima che supera il fatto che tu sia donna. Ti ha messo alla pari con i professori con cui delle volte discute delle sue teorie.
LOU – Io lo penso davvero, che sia un genio. Un po' contorto, un po' contraddittorio... ma un genio. Vuole che vada a trovarlo nella Foresta Nera. Ci andrò, ma per poco.
PAUL – Per poco, e ti ci porterò io!
LOU – D'accordo, mentre andrai a casa tua.
PAUL - E dopo, tutti e tre a Berlino!
LOU – Vedremo... Maman fa difficoltà ad accettare il nostro progetto. Intanto noi due cerchiamo di mettergli le basi.
PAUL – Per un po' faremo venire mia madre da noi. Poi, quando la cosa è avviata, ce ne staremo da soli.
Una pausa, un cambio di argomento. Lou è presa da una risata sempre più incontenibile. Con rinnovata energia dà sfogo ai pettegolezzi
LOU – Paul, credimi!, devo proprio dirtelo: non ne potevo più di Bayreuth!
PAUL – Per questo sei arrivata così presto da noi. Mia madre ti adora, hai fatto bene a puntare qui.
LOU – Tu avevi addirittura rinunciato ad andarci, a Bayreuth!
PAUL – Così hai potuto approfittarne tu. Ma non mi sembri molto contenta dell'esperienza.
LOU - Quel "Parsifal"! Nietzsche mi ha detto che non lo sopporta! Eppure la gente sembrava impazzita pur di riuscire ad assistervi! Era un'occasione mondana, credo che nessuno pensasse alla musica, e a nessuno interessasse l'evento del grande Maestro che tornava a dirigere una sua opera. Toilettes e titoli nobiliari, celebrità dello spettacolo e ricchi industriali!... Non avevi che da scegliere.
PAUL – E tu, che cosa hai scelto?
LOU – La nostra amica Malwida mi ha presentato al Maestro, ma Wagner era così circonfuso di gloria, che non sono riuscita a fare un vero discorso con lui. Era sempre circondato da una folla di adoratori,lui è piccolo di statura, e

così emergeva solo per frazioni di secondo, come... il getto di una fontana che si innalza prima di cadere... e intorno sprigionava la più grande allegria!

PAUL – Di certo il Maestro sapeva dei tuoi rapporti di amicizia con Friedrick, quindi non avrà avuto tanto piacere di ammetterti alla sua corte.

LOU – Una volta Nietzsche lo adorava, Wagner. Ma il "Parsifal" segna il ritorno agli ideali della tradizione, e proprio adesso Nietzsche sta lavorando ad un libro in cui arte, morale e religione vengono spogliate, spietatamente, da qualsiasi certezza trascendente.

PAUL - È così! Hai centrato il problema.

LOU – Sto studiando tutti gli scritti che finora ha pubblicato. E anche qualche pagina inedita che mi ha dato lui stesso, perché gli dicessi che cosa ne penso.

PAUL – Stai attenta a non offenderlo! Ha degli strani salti di umore, soffre di mania di persecuzione... Delle volte, pur essendogli amico, preferirei non avere a che fare con lui. In certi giorni mi fa un sacco di complimenti, sembra che i miei studi di tipo razionalistico gli interessino, poi da un momento all'altro sembra quasi che disprezzi tutto quello che ho elaborato.

LOU – Anche per Wagner ha avuto un comportamento analogo. È solo una mia intuizione, ma ho questa impressione: al posto di Wagner come personaggio da adorare, ci si è messo lui stesso!

PAUL – Certo però che il successo di Wagner è ben maggiore del consenso che riscuote Friedrick sulle sue teorie.

LOU – È presto per dirlo. Nietzsche deve ancora sviluppare il suo pensiero... Secondo me, prima di essere riconosciuto, ha davanti anni di lavoro e di sofferenza. Ma sono certa che il mondo non potrà ignorare le sue opere.

Mentre i due si allontanano, Nietzsche torna al centro della scena. Tono polemico

NIETZSCHE – Sì, il mondo non potrà ignorarmi! Ma si paga caro a essere immortali: ne moriamo diverse volte durante la vita. Ogni cosa grande, un'opera, un'azione... una volta compiuta, si rivolta immediatamente "contro" colui che l'ha fatta. E questi ora è *debole* appunto a causa di ciò che ha fatto... non regge più alla sua azione, non riesce più a guardarla in faccia. Avere *dietro* di sé qualcosa che mai nessuno ha potuto volere, qualcosa in cui si stringe il nodo del destino dell'umanità, e ormai averlo *addosso*!... Può quasi schiacciare... *tono positivo* Ero in uno stato di questo genere quando un giorno mi accadde di sentire l'approssimarsi di una mandria di mucche, prima ancora di vederle, per il fatto che ricomparivano più miti, più amorevoli: *là* c'era calore...

Buio

SCENA DECIMA

Tautenburg. Il chioccolìo di una cascatella d'acqua. Cinguettìo di uccelli. Un canto alpino, lontano. Nietzsche, in giacca da cacciatore, passeggia tenendo fra le mani dei fogli scritti. Siede sospirando.

NIETZSCHE – Quanto ho desiderato venire a Tautenburg! Il sole... i boschi... la vicinanza con la natura, lontano dalla città! Quando arriverà Lou, saremo finalmente insieme. Noi due soli. Paul... non so quanto sia leale con me. Sta sempre appiccicato a lei. E per fortuna non verrà qui ad accompagnarla, come aveva proposto. Gli ho scritto che bastava la presenza di mia sorella a preservare la moralità della ragazza... *fa una smorfia e scuote il capo* Eh! sì, Elizabeth non la può soffrire, Lou. *ridacchia* Dal suo punto di vista, come posso darle torto? Lou è una creatura libera, audace, nemica delle convenzioni... Elizabeth è legata a tutte le formule piccolo-borghesi, ipocrita – diciamolo pure, "ipocrita"! – e sempre convinta di essere nel giusto. Già a Bayreuth si sono scontrate... e credo che anche per questo motivo Lou se ne sia andata appena terminata la rappresentazione del "Parsifal"... *sogghigna* ... che non le è piaciuto per niente, mi ha scritto! È davvero sopravvalutato, Wagner! Ho contribuito io a definirlo un genio! E allora, naturalmente, lui si è creduto un genio davvero! Basta, pensare a Wagner! Mi aspettano giorni felici! *estrae dal mazzo dei fogli una lettera* La lettera di Lou è arrivata ieri a mezzogiorno, e da quel momento non so quante volte l'ho letta e riletta... e ho avuto l'impressione che fosse il mio compleanno: "lei" mi scriveva accettando il nostro invito! Questo è il più bel regalo che chiunque mi possa fare in questo momento! Io volevo vivere da solo, ma poi Lou è volata sulla mia stradacome un uccello... un uccello prezioso e bellissimo... un'aquila. Ho desiderato di averla qui con me. E lei sta arrivando! Tutto è all'inizio eppure tutto è chiaro. Spero che Lou abbia fiducia in me. Non resta che fidarsi l'uno dell'altro. C'è poi un'altra cosa che mi dà gioia: ho terminato proprio ieri la stesura di un lavoro che mi sta molto a cuore....

Nietzsche si immerge nella lettura, camminando lentamente, soffermandosi per fare qualche correzione con un tratto di penna. Riprende l'atteggiamento di ascolto, mentre si svolge la scena successiva.

SCENA UNDICESIMA

Tautenburg. Entra Lou con il suo diario fra le mani Parla, come se stesse dialogando con Paul Rée

LOU – Caro Paul, eccomi qui, nel giardino di Tautenburg, ospite di Nietzsche. Ti ho promesso di scriverti del lavoro che porteremo avanti insieme sui suoi scritti, anche attraverso le mie considerazioni. Vedremo come andranno i nostri rapporti, soprattutto perché la presenza di sua sorella rende la nostra situazione piena di difficoltà. Elizabeth, a Bayreuth, mi accusava per la mia condotta che riteneva spregiudicata, e io le ho rinfacciato che Nietzsche era disposto con me a un "matrimonio libero", cosa che a suo tempo, come sai, ho respinto con fermezza. Ma ciò che importa è che io e Nietzsche ci siamo subito ritrovati, dopo quel periodo di risentimento – ricordi il Monte Sacro? – in cui abbiamo evitato di frequentarci... Nietzsche trae un tale piacere nel parlare con me che mi ha confessato una cosa: perfino quando litighiamo, pur provando una grande tristezza, non può reprimere una sensazione di piacere per il mio modo di ribattere... Sono felice che dal suo volto sia scomparsa quell'espressione angosciata che mi faceva così male: adesso i suoi occhi sono tornati a brillare... Ora devo lasciarti, caro Paul, lui si sta avvicinando... *Nietzsche si avvicina a Lou, le bacia la mano.*

NIETZSCHE - Non mi stancherei mai di parlare con lei.

LOU – Ci capiamo così bene, che anche dieci ore sembrano poche, e non esauriscono quello che abbiamo da dirci.

NIETZSCHE – Siamo talmente simili nel pensare e nel sentire da toglierci letteralmente i pensieri e le parole di bocca.

LOU – Non so se sia un bene che dalla mattina alla sera lei parli con me. Facendo così, lei non lavora!

NIETZSCHE - Mi capita così raramente di parlare con una persona come lei che ne provo gioia come un bambino!

LOU - Un bambino che sfiora argomenti capaci di dare le vertigini...

NIETZSCHE – La sua presenza mi aiuta, il mio pensiero si fa più chiaro. Lo vedo da qualcosa che sto mettendo a fuoco adesso che lei è qui...

LOU – È un nuovo libro?

NIETZSCHE – Lei ne conosce molte pagine. Si chiamerà "La gaia scienza", è un tentativo di superamento dell'opposizione fra arte e scienza.

LOU – È il suo combattimento interiore...

NIETZSCHE – Ma qui io non arrivo ad eliminare uno dei due contendenti. Tento di fondare una coesistenza - senz'altro penso che lei mi capisca - ... una coesistenza in una sfera trasfigurata.

LOU – Con quest'opera lei ha raggiunto un magico momento di equilibrio, è una situazione che dimostra che sta bene, anche a livello personale.

NIETZSCHE –È vero. Perfino la riflessione sull'eterno ritorno si tinge di una sorta di ottimismo... *cita una parte di quanto ha scritto* "Se tu amassi tanto te stesso e la vita, non desidereresti più nessun'altra cosa che quest'ultima eterna sanzione, questo suggello, di tornare a vivere ancora, più e più volte..."

LOU – Delle tante cose che lei ha scritto, questa mi sembra che dia anche gioia nel leggerla.

NIETZSCHE –È il lavoro di sei anni! Tutto il mio "libero pensiero"! Che anni sono stati! E che tormenti di ogni genere! Che solitudine... Che disgusto della vita!

LOU – Ma poi, ne è uscito!

NIETZSCHE - Contro tutto questo mi sono preparato la mia medicina: questi miei pensieri con i loro piccolissimi lembi di "cielo senza nubi"...

LOU – È la stessa sensazione che ho provato anch'io leggendola.

NIETZSCHE – Oh! cara Lou! Quando penso a tutto questo ne sono sconvolto e commosso e non so come abbia potuto riuscirvi. Mi sento colmare da un sentimento di autocompassione e insieme di vittoria. Perché è una vittoria, una vittoria completa... Persino la salute del corpo mi è ritornata, non so da dove... Tutti mi dicono che sembro più giovane che mai... Ma per carità, niente follie! E da questo momento sarà lei a consigliarmi! Sarò ben consigliato e non dovrò più aver paura. *torna a baciarle la mano. lei si ritrae con una piccola risata*

LOU - Non si fidi troppo di me! Io sono più pazza di lei!

Si allontana Nietzsche rimane solo

NIETZSCHE – Ma io, sono pazzo? E come è successo tutto questo? E perché poi tutto è cambiato?...

Buio

SCENA DODICESIMA

Paul ha fra le mani la lettera di Lou Una risata triste.

PAUL – E pensare che Lou, sono stato io a presentarla a Friedrick! Il rischio adesso è che se la prenda lui... Ma no, non credo proprio! Lou non si sognerebbe mai di accettarlo per marito. Intanto però, con la scusa che c'è sua sorella a garantire la morale, se la spassa con lei a Tautenburg! *duro* La morale! L' ho scritto e sostenuto nel mio saggio, non esiste un senso morale innato in grado di determinare l'umana valutazione del bene e del male. Anche Nietzsche concorda con me, i concetti del bene e del male sono delle convenzioni alla cui base vi è il criterio valutativo dell'utile. Sarebbe proprio il principio dell'utile la salda base sulla quale si sono originariamente edificate tutte le costruzioni morali umane. Ma se la morale non è niente di più che un calcolo utilitaristico... se non esistono un bene e un male in quanto tali, visto che ogni azione non è buona in sé o malvagia in sé, si perde ogni valenza ai concetti di bene e di male... E non c'è libertà di scelta nell'agire... *deducendo da un concetto all'altro, come un gioco mentale* E allora Lou, da che cosa è determinato il suo comportamento? Se non c'è libertà di scelta nell'agire, come posso rimproverarla perché ha accettato l'ospitalità di Friedrick!? Per ora mi accontento del diario che Lou sta mandandomi, giorno per giorno. È come se stessi anch'io con loro... *ridacchia soddisfatto* soltanto che Nietzsche non lo sa!

SCENA TREDICESIMA
Tautenburg. Lou tiene fra le mani le lettere che ha ricevuto da Paul.
LOU - Ho fatto bene a suggerire a Paul di scrivere un diario. Così si sente meno solo, e insieme sfrutta il suo stile, di scrivere per aforismi. Anche Nietzsche scrive per aforismi: è la malattia agli occhi a non permettergli di scrivere a lungo, così sintetizza il suo pensiero. Ma ha già superato questa scrittura, sta arrivando a una forma più complessa... "Zarathustra": io prevedo quello che Nietzsche ci darà nei prossimi anni. In quell'opera si svilupperà il moto profondo del Nietzsche cercatore di dio. Lui proveniva dalla religione e si avviava alla profezia religiosa. Anch'io sento l'esigenza di dio... Vi ho rinunciato per fare spazio alla filosofia, ma sento che è un pensiero che ritorna.
Nietzsche si avvicina. Lou nasconde il diario. Nietzsche le bacia la mano. Lou si ritrae con garbo e gli sorride.
LOU – Sono felice che mi abbiate raggiunta qui. Parlare con voi è meraviglioso.
NIETZSCHE - Ma la cosa più appassionante è accorgersi di avere le stesse idee, identiche sensazioni... tanto che ci si può intendere quasi solo con mezze parole.
LOU - Tutto il vostro mondo intellettuale e spirituale lo capisco e lo condivido... *Nietzsche cerca di prenderle la mano. Lei si ritrae con garbo ma determinazione* ... ma un'altra cosa sono i sentimenti.... e voi sapete quanto desideri lavorare con voi... discutere... spingermi con voi in quegli abissi dove a volte ci siamo trovati da soli...

NIETZSCHE - Stiamo insieme tutta quanta la giornata, insieme siamo allegri...
LOU – Sì, è vero... Voi mi esponete quanto state scrivendo, io faccio le mie osservazioni...
NIETZSCHE - ... e quasi sempre io condivido le vostre riflessioni.
LOU – Sì, è così, quasi ci togliamo le parole di bocca tanto i nostri pensieri sono uguali! Ma voi non vi siete rassegnato ad avermi come amica. *Con coraggio, tono franco* C'è sempre nel vostro modo di guardarmi... nel vostro baciarmi la mano... non un gesto affettuoso, ma una volontà di impossessarsi di me, di sentire che vi appartengo... e di avere conferma di questo vostro possesso. Non rovinate tutto, Friedrick! non insistete a chiedermi di essere vostra moglie! Me lo avete chiesto, di nuovo, e di nuovo ho dovuto respingere questa vostra richiesta con la massima cortesia, per non offendervi ma nello stesso tempo per farvi capire una volta per tutte che non dovete più insistere. *Nietzsche guarda intensamente Lou, poi le fa un veloce inchino e si allontana Lou lo guarda allontanarsi. Poi, a se stessa, con concitazione.* Oh! devo andarmene da qui! Nietzsche è convinto che io e Paul partiremo con lui per Vienna e daremo finalmente il via al nostro progetto di vita in comune... Berlino non gli piace e forse potremmo giocare su questo rifiuto per fare a meno di lui. Mi dispiace che si debba arrivare a questa rinuncia... ma io non posso lavorare e studiare con serenità se devo stare continuamente attenta a respingere le sue profferte amorose. E poi, le sue teorie mi affascinano, anche troppo: è un pericolo seguire i voli del suo pensiero senza un controllo critico. Paul mi ha messo in guardia: Nietzsche non è tanto un filosofo quanto un mistico... addirittura un mago... Devo stare attenta a non lasciarmi trascinare dall'ammirazione per lui. *si allontana*

SCENA QUATTORDICESIMA
Nietzsche è solo
NIETZSCHE – Chi è abituato al rigore scientifico non può vivere in nessun altro luogo, se non in questa chiara, trasparente, robusta atmosfera elettrica, in questa atmosfera *virile*. In *questo* rigoroso e chiaro elemento possiede tutta intera la sua forza: qui può librarsi in volo! Che possiamo farci se siamo nati per l'aria, l'aria pura, noi che rivaleggiamo col raggio di luce, e se, a sua somiglianza, preferiremmo cavalcare sul pulviscolo dell'etere, non per allontanarci dal sole, ma per muovere *verso il sole!* Ma se non possiamo questo, vogliamo almeno fare quello di cui soltanto noi siamo capaci: portare luce alla terra, essere "la luce della terra"! *prende a danzare*

Per questo abbiamo le nostre ali e la nostra rapidità e il nostro rigore, ed è per questo che siamo virili e anche terribili, come il fuoco. Che ci temano allora quelli che non sanno riscaldarsi e ravvivarsi vicino a noi! *si allontana*

SCENA QUINDICESIMA
Lou e Paul stanno discutendo
PAUL – Il progetto della nostra trinità è fallito. Sei d'accordo anche tu?
LOU – Purtroppo sì. E me ne dispiace.
PAUL – Tre settimane a Lipsia con lui, una specie di compromesso fra Vienna e Berlino... ma un'esperienza disastrosa...
LOU –Tre persone insieme per studiare... Era un bel progetto. Ma non ha resistito alla realtà della convivenza. Io e te possiamo proseguirla, stiamo proseguendola!L'aggiunta del terzo è stata dettata dal rispetto delle convenienze. Se io fossi andata a vivere con un amico, avrei avuto contro tutti i benpensanti della terra! *polemica, risentita* Chi riconosce a una ragazza il diritto di studiare,di vivere senza avere come progetto il matrimonio? Chi vede in una testa che pensa qualcosa che vada oltre la moglie, la madre e magari l'amante?
PAUL *le afferra le mani, tono protettivo, Lou lo asseconda con un abbraccio fraterno* Non hai bisogno di convincermi. Ti voglio bene, so che hai per me un affetto che non ti fa preferire un altro uomo, rinuncio volentieri alla condizione di marito, che a te non interessa. La tua amicizia conta più di ogni altra cosa.
LOU – E Nietzsche? In fondo mi dispiace, e molto. Che cosa gli diremo?
PAUL – Non c'è niente da dire. È perfino diventato geloso di me. Ha sminuito il mio pensiero! Le teorie su cui per molto tempo ha fondato i suoi scritti, adesso non valgono più niente! Mi ha insultato, mi ha definito un piccolo borghese! Che cosa potevi trovare, tu, in un uomo meschino come me?: questo sembra che ti voglia dire! Come potevi rassegnarti a trovarmi degno della tua amicizia, "in confronto agli attimi di suprema estasi creatrice" che avete avuto a Tautenburg!?
LOU – Sì è vero, Nietzsche ha cercato di metterti in cattiva luce con me. E sono stupita che ritenesse efficace questa tattica. A volte è preso da una specie di delirio. Tutta la sua filosofia tende a poco a poco a esprimersi come un confuso miscuglio di follia e assurdità. Con me, intanto, allude in maniera sempre più esplicita al suo amore con immagini sensuali, e mi riesce imbarazzante respingerlo. È penosa, questa vendetta del corpo. Arrivo ad averne pietà.

Nietzsche si avvicina ai due; barcolla, in disordine, spettinato. li guarda in silenzio, sogghigna.
NIETZSCHE - E così, volete andarvene?
LOU – Ci rivedremo a Parigi, Friedrick. Adesso devo raggiungere mia madre...
PAUL – Anch'io devo andare a casa. Affari da sistemare. Mia madre non sta bene...
NIETZSCHE – Voglio credervi. Allora, arrivederci a Parigi.
PAUL – Arrivederci!
LOU – Mandami i tuoi ultimi scritti...
NIETZSCHE – Li leggerai a Parigi. Addio!
Lou e Paul si allontanano.

SCENA SEDICESIMA
Nietzsche è solo. Urla, preso dall'angoscia, la testa stretta fra le mani
NIETZSCHE – A Parigi ho spedito due lettere con richiesta di informazioni! Niente! Nessuna notizia! Dove saranno? *prende a scrivere febbrilmente.* "Solo il posdomani mi si addice. C'è chi viene al mondo, postumo... Questo libro è riservato a pochissimi. Forse nemmeno uno di essi è ancora nato...".
Si alza e passeggia. tono profetico
Uno deve essere inflessibile fino alla durezza nelle cose dello spirito, per sopportare anche soltanto la mia serietà, la mia passione... Uno deve essere abituato a vivere sui monti a vedere sotto di sé il meschino ciarlare dell'epoca sulla politica e sull'egoismo dei popoli... Uno dev'essere divenuto indifferente, né deve mai domandare se la verità serva, se per qualcuno essa diventi sorte ineluttabile... Una predilezione della forza per domande di cui nessuno oggi ha il coraggio; il coraggio del "proibito"; la predisposizione al labirinto. Una esperienza di sette solitudini. Nuove orecchie per nuova musica. Nuovi occhi per il lontanissimo. Una nuova coscienza per verità fin qui rimaste mute. E una volontà per l'economia in grande stile: conservare intatti la propria energia, il proprio "entusiasmo"... e rispetto di sé; l'amore di sé; l'incondizionata libertà verso se stessi... Ebbene sì! Questi soli sono i miei lettori, i miei lettori predestinati: che importa il "resto"? Il resto è solo l'umanità. All'umanità uno deve essere superiore per forza, per "altezza" d'animo, per disprezzo.... *si abbatte sul tavolo e gemendo si stringe la testa fra le mani coprendosi gli occhi. Poi si rialza con fatica, il suo tono è querulo* Che fa, mia cara Lou? Avevo implorato cielo sereno fra di noi o dovrò dire: è finita? *Cammina concentrandosi, tono rigido* Vi sono giorni in cui mi assale un sentimento nero più della nera malinconia – *il disprezzo per l'uomo*. E per non lasciare alcun dubbio su *che cosa*, su *chi* io disprezzi:

è l'uomo di oggi, l'uomo del quale io sono per fatalità contemporaneo... *Si ferma, colpito da un pensiero. Mette una mano in tasca per controllare se vi trova qualcosa: ne estrae la busta chiusa. Ammicca soddisfatto.* Ah! non devo dimenticare di imbucare questa lettera per il "Professore"! A suo tempo! La spedirò al momento giusto! *rimette la busta in tasca si allontana.*

SCENA DICIASSETTESIMA
Lou e Paul con due piccole valige che appoggiano a terra con un sospiro di soddisfazione.
LOU – Ah! finalmente a Berlino!
PAUL – E in una casa dove ci hanno accolto nonostante che non siamo sposati!
LOU – È difficile far capire a questa gente piccolo-borghese che non si trovano davanti una coppia di amanti.
PAUL – Il nostro modo di vivere è insolito, dobbiamo ammetterlo!
LOU – Io sono decisa a vivere fino in fondo la mia vita senza riguardi per le regole della società. Tutto il resto non mi importa. *affettuosa, a Paul* Mi importa soltanto che tu mi voglia bene... e che tu capisca che io devo sentirmi libera per realizzare me stessa. Questo è per me il significato della libertà.
PAUL – Come si è rivoltata l'amicizia che avevamo tutti e due per Friedrick! La gelosia nei miei confronti cambia la stima che aveva per le mie opere in un disprezzo umiliante! E per te, tutto l'amore che dichiarava di sentire si è ribaltato in una sorta di beffarda elencazione... *tira fuori una lettera* Pensavo di non mostrartela... È una sua lettera, arrivata qualche giorno fa.
LOU – Non volevi che la leggessi?
PAUL – Avrebbe potuto farti male... *le porge la lettera* Ma è bene che tu sappia come sta delirando...
Lou inizia a leggere. Di lontano, Nietzsche con lucida esaltazione dice quanto è scritto nella lettera
NIETZSCHE – Che io abbia molto sofferto, mi è del tutto indifferente di fronte all'interrogativo: è possibile che lei ritrovi se stessa, cara Lou, o no? Fino a oggi non ho mai frequentato una persona misera come lei ignorante – ma acuta ricca nello sfruttare ciò che sa priva di gusto, ma ingenua in questo difetto senza sentimento e incapace di amore nei sentimenti sempre morbosa e prossima alla follia infedele, e pronta a sostituire nei suoi rapporti qualunque persona con qualunque altra carattere del gatto – l'animale da preda che "si atteggia" ad animale domestico astuta e padrona di sé in relazione alla sensualità maschile... Tardivo egoismo infantile conseguente all'atrofia e al ritardo della sessualità... *Lou ha un sospiro*

LOU - È una lettera che mi dimostra con spaventosa chiarezza com'è labile l'equilibrio interiore in un individuo come Nietzsche dotato di una grande creatività... Quanto è sottile la linea che divide il genio dalla follia. Sono le pulsioni dell'inconscio a determinare la vita dell'uomo, non è l'intelletto, per ora ne ho soltanto un'intuizione ...
Paul si allontana. Lou si chiude in se stessa con un brivido. Un suono di alberi scossi dal vento e voci confuse sovrapposte: un passaggio di tempo.
Di lontano la voce di Paul, alonata
VOCE DI PAUL – Ti ho molto amata, cara Lou... Ma tu non mi hai permesso di dimostrartelo... Eri troppo presa da te stessa... E così me ne sono andato...
LOU – È vero, Paul. Ero troppo presa da me stessa. Tu eri un compagno prezioso.... Ma nella mia inesperienza, nella mia spensieratezza... credevo che tutto mi fosse dovuto... La tua bontà d'animo in realtà traeva origine dall'odio segreto che provavi verso di te... e per questo ti abbandonavi a me così diversa con gioia perché ti liberavi di te stesso... Volevi apparire sereno e fiducioso per farmi felice. Ma tante volte avevi tentato il suicidio... L'ho scoperto dopo.
PAUL *di lontano* – Eri troppo presa da te stessa... Eppure io ero felice con te... in quei viaggi d'estate fino a quando arrivava l'autunno e la prima neve ci imponeva di scendere dalle montagne...
Lou asseconda le parole di Paul.
LOU – Viaggiavamo... senza mai fermarci troppo in un posto... D'inverno Berlino... Vienna... E riuscivamo a far bastare i pochi soldi che avevamo...
PAUL *sorridendo* - E quando i soldi non bastavano, imparavamo a risparmiare e a fare economia... Ma tu... eri troppo presa da te stessa...
Si avvicina a Lou, le porge una fotografia e un pezzo di carta, poi si allontana.
LOU – *guarda la foto* Era una mia foto da bambina. L'avevo regalata a Paul... Erano passati tanti anni. *mostra il biglietto* "Non mi cercare per carità"... *Di lontano Paul alza la mano verso l'alto, in un saluto.*
Lou dà un grido.
LOU - Paul! Non andartene! *Vaneggia.* Torna indietro! Vieni qui... da me!...
Paul le torna accanto con movimenti leggeri, immagine evocata; la voce è un sussurro, e suggerisce intimità.
PAUL - Io tornerò sempre da te. Non ti lascerò mai anche se avrai altri amici, e innamorati... e amanti... e mariti... Tu invece sarai unica per me, io sono amico tuo completamente... e così sarà per sempre... Dell'amicizia con te ho fatto un culto. Se avessi compiuto qualche cosa di falso,

di simulato... verso di te... proverei una sensazione simile a quella dei credenti quando hanno commesso un peccato grave...

LOU -   Forse avrei dovuto riconoscere che ti amavo... ma ero troppo ambiziosa... e Nietzsche compiaceva il mio orgoglio...

PAUL - L'amore per te...io lo sacrificavo... così dimostravo di amarti... Ricordi la gita al Lago d'Orta?... Il sole caldo... Il lago incantato e tu felice .... ridevi... gli occhi lucidi... Tutto volevi correre a vedere... la basilica di San Giulio... le cappelle... Ma c'era tua madre da accudire... e per amore io mi sacrificai... Ve ne andaste tu e Frederick, entusiasti della vostra libertà... Ma lui non è Più con te... Io con te sarò sempre....
Lancia a Lou una manciata di fogli sottilissimi, di carta velina, verso di lei. Poi spicca un volo verso il buio e sparisce. Se ne sente ancora la voce f.c.

PAUL f.c. - Il massimo segno d'amore è spedirsi fogli bianchi in luogo di lettere....

LOU *un grido* – Paul!

PAUL f.c. — Adieu!

LOU *con voce sorda* - Se n'è andato così. Solo quel biglietto... e la foto, ha voluto restituirmela... E i fogli bianchi... Se fosse stato un incidente o la volontà di finire una vita che lo aveva deluso... non l'abbiamo mai capito... *tono affettuoso* Ancora oggi provo dolore, caro Paul, provo rabbia se penso che la psicoanalisi ti avrebbe potuto salvare... Poteva aiutarti a sviluppare la tua profonda conoscenza umana... Ma quando hai voluto andartene, era troppo presto per Freud!... *Riprende il tono narrativo distaccato*
Da allora sono passati anni... Amori... viaggi... incontri intellettuali... La mia vita ha continuato il suo percorso. Nietzsche non l'ho più incontrato. Ma le sue opere ho continuato leggerle... Tanti volumi... che pubblicava in un perenne contrasto con se stesso. Ma quante idee nuove!... Idee che avrebbero scardinato molte certezze. Nietzsche era uscito dalla mia vita, ma quei libri hanno continuato a tenermi legata al suo pensiero. *si allontana*

Buio

SCENA DICIOTTESIMA

Nietzsche cammina con passo danzante, seguendo la musica di sottofondo, l'operetta francese "Mascotte" di Audran Indossa una giacca chiara di una certa eleganza Tiene in una mano un grappolo d'uva, che va a tratti assaporando.

NIETZSCHE   *tono epico, enunciativo* Lettera a Franz Overbeck!

Caro Franz, sono arrivato a Torino spossato dall'aria molle e sgradevole della Lombardia: ma strano! di colpo è andato tutto a posto. *Meravigliosa* limpidezza, colori autunnali, e su tutto quanto una deliziosa sensazione di benessere. Qui i giorni si susseguono con la stessa straordinaria perfezione e solarità. Trovo che qui valga la pena di vivere sotto tutti gli aspetti. La mia camera, posizione di *prim'ordine* in centro, sole dalla mattina al pomeriggio, vista su Palazzo Carignano, sulla piazza Carlo Alberto e in lontananza sulle verdi montagne, 25 franchi al mese *con* servizio, compresa la pulizia degli stivali. Nella trattoria pago per ogni pasto un franco e 15... A questo prezzo ricevo un'*enorme* porzione di minestra, sia asciutta che in brodo. Poi un eccellente pezzo di carne tenera, che non avevo mai mangiato da nessuna parte in questo modo... e verdure, spinaci... e poi i grissini, i sottilissimi bastoncini di pane che fanno qui a Torino... E l'uva! la più scura e dolce che si possa immaginare la riserva per me la fruttivendola che mi vede passare ogni giorno. Finora ignoravo cosa fosse un buon appetito!

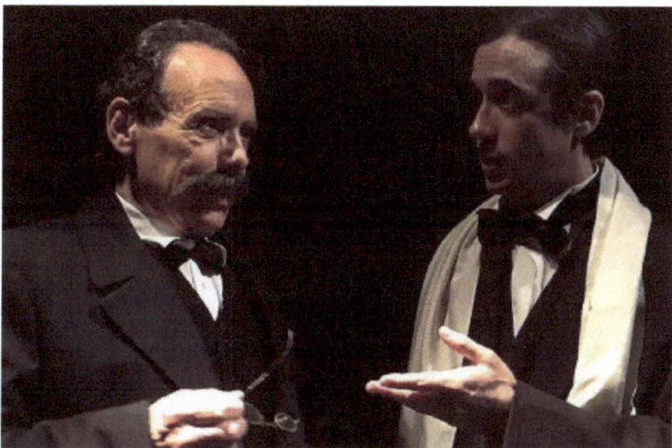

Ennio Coltorti (Nietzsche) in scena con Jesus Emiliano Coltorti (Paul).

Sgranocchia qualche acino, poi butta lontano ciò che resta del grappolo. mostra la giacca con orgoglio Qui ho il mio primo sarto, che lavora come piace a me! A due passi dal mio alloggio si trova la grande piazza, con l'antico castello medioevale. Su di un lato c'è un piccolo, grazioso teatro davanti al quale ci si siede la sera, si mangia il gelato, e in questo periodo si può ascoltare una deliziosa rappresentazione dell'operetta "Mascotte" di Audran!... *estrae da una tasca la solita busta chiusa. Sogghigna* Questa lettera è per il "Professore"... Devo ricordarmi di imbucarla al più presto! È molto importante che si sappia chi sono! *Giocherella con la busta.* Il tempo è talmente splendido che non ci vuole poi molto a fare qualcosa di *buono*. Nel giorno del mio compleanno ho di nuovo iniziato una cosa che sembra riuscire, ed è già a buon punto. Si intitola "Ecce homo". Ovvero *Come si diventa ciò che si è:* offre alcuni scorci psicologici e perfino biografici su di me e i miei scritti: non vorrei assolutamente presentarmi agli uomini come profeta, mostro e spauracchio morale. Fra tutti i miei scritti, questo è di fondamentale importanza, si riesce a *inquadrarmi tutto in una volta...* Il tono dello scritto è allegro e fatale, come tutto quello che scrivo... *Siede accanto al tavolino, su cui appoggia la lettera. Tira fuori da una tasca dei guanti di pelle* Oggi mi sono comprato un paio di splendidi guanti inglesi per l'inverno... *Se ne prova uno, compiaciuto.* Con tutta la buona volontà, caro Franz,non riesco a darti cattive notizie per quello che mi riguarda. Le cose continuano a procedere con un "tempo fortissimo" di lavoro e di buon umore... E poi qui vengo trattato *comme il faut*, come qualcosa di estremamente distinto: hanno un modo di aprirmi la porta che non ho mai visto da nessun'altra parte. Questo mi permette di lavorare con un'intensità che non ho mai conosciuto prima... E riesco a portare avanti insieme libri diversi. *una pausa.*

Si estrania dal tono con cui finora ha immaginato di scrivere a Franz Overbeck Da una tasca tira fuori un foglio scritto. Sogghigna.

Non sapranno che cosa pensare, quando leggeranno questa pagina. Eppure essa è quanto mai coerente con il mio pensiero, anche se penseranno che io sia in contraddizione con me stesso... *legge compiaciuto*

'Questo *lieto Nunzio* (Cristo) morì come visse, come aveva "insegnato – non" per 'redimere gli uomini', ma per dimostrare come s'ha da vivere. È la "pratica" del vivere che egli lasciò in retaggio all'umanità: il suo contegno dinanzi ai giudici, dinanzi alla soldataglia, agli accusatori e ad ogni sorta di calunnia e di derisione, - il suo contegno sulla "croce". Non resiste, non difende il suo diritto, non fa un passo per allontanare da sé il peggio, anzi "lo provoca"... E prega, soffre, ama "con" coloro, "in coloro" che gli fanno del male... Le parole rivolte al "ladrone" sulla croce racchiudono l'intero "Vangelo". Questi è stato in verità un uomo "divino", un "figlio di Dio!", dice il ladrone. "Se tu senti questo" – risponde il redentore – "allora sei in paradiso", allora sei anche tu figlio di Dio..." "Non" difendersi, "non" andare in collera, "non" attribuire responsabilità... Anzi non resistere nemmeno al malvagio – "amare" anche lui... '

In un crescendo di esaltazione, lucida e ferma in una sua logica:

E poi... diranno che sono impazzito... Impazzito perché ho mandato lettere a re e a imperatori... alla mia amata Arianna... a poeti e a scrittori che non avevo mai conosciuto... Diranno che sono impazzito perché ho affermato di essere Re Carlo Alberto... e che il principe Umberto è mio figlio... che sono pazzo perché firmo le mie lettere Dioniso... oppure il Crocefisso... e non capiscono che io sono tutti... tutti quanti gli uomini vissuti sulla terra e che in futuro nasceranno e vivranno, che io sono la ragione e l'immaginazione... l'arte e la scienza... tutto quanto è dentro a ogni uomo... sono io!... io Friedrick Nietzsche!e per secoli gli uomini riconosceranno l'importanza di quello che ho rivelato all'umanità, risvegliandola dal sonno di secoli!

Buio

Nell'oscurità si alza la voce beffarda di Nietzsche
VOCE DI NIETZSCHE *alonata* – Caro Professore, alla fin fine avrei preferito essere professore a Basilea piuttosto che essere Dio... Ma non ho potuto anteporre il mio comodo privato al compito di creare un mondo!
FINE

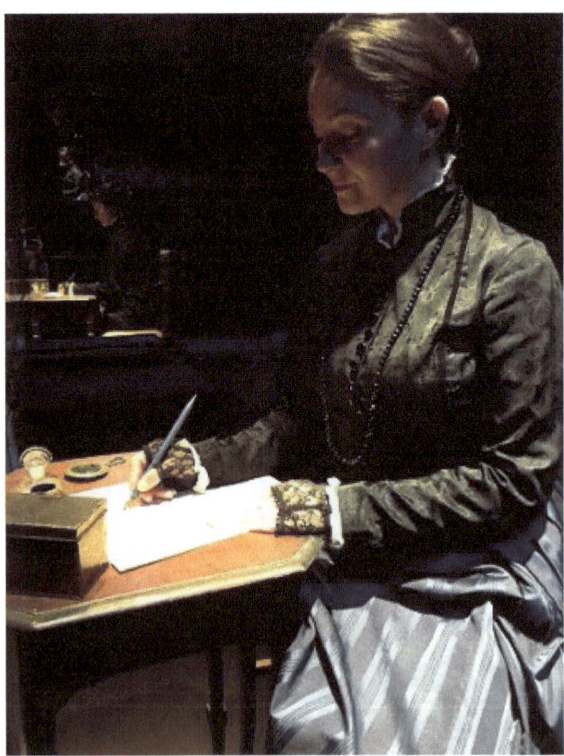

Adriana Ortolani è Salomé nell'allestimento di Ennio Coltorti.

Heidegger e Petrarca, un confronto testuale:

di Enrico Bernard

Abstract: Il confronto testuale tra l'opera filosofico-poetica di Petrarca e la filosofia di Heidegger, tra il *Secretum* e *Essere e tempo*, rivela una serie di correlazioni e di "appropriazioni" che non possono essere liquidate con un accenno alla "modernità" del padre dell'Umanesimo. Esse devono piuttosto essere ricondotte nell'ambito del rapporto contrastato di Heidegger con l'Umanesimo suggerendo, al di lá dell'indubbio merito di Petrarca, una riconsiderazione dell'originalità del pensiero di Heidegger.

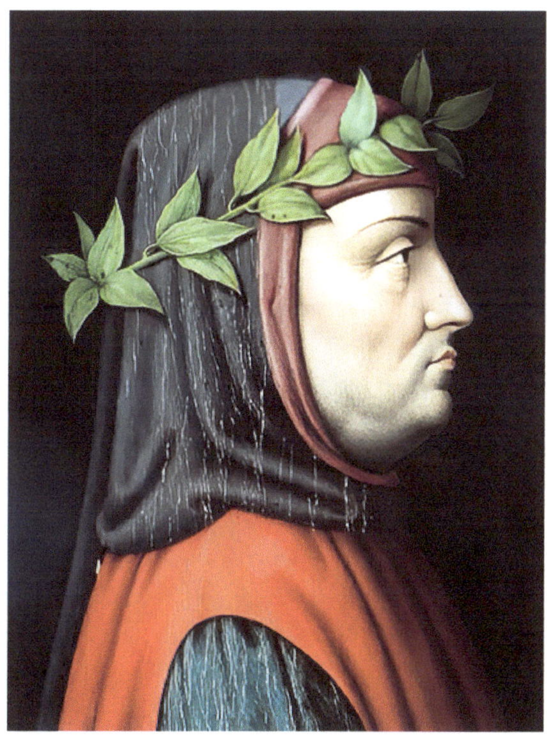

Nell'indice dei nomi di *Essere e tempo* manca Petrarca: un'assenza che fa riflettere anche perché tanto si è parlato di un ***Petrarca heideggeriano"***, attribuendo al Poeta fiorentino il ruolo di anticipatore della filosofia dell'esistenza. Se cosí stanno le cose la "dimenticanza" di Heidegger induce ad un'indagine piú approfondita dei termini di questa correlazione tanto evidente quanto sottaciuta dal pensatore tedesco.

In realtá l'analisi dovrebbe affrontare il tema – invertendo l'ordine dei fattori - di un ***"Heidegger petrarchesco"*** sia per motivi "di contenuto" sia per il giusto ordine temporale. Di certo l'espressione ***"Heidegger petrarchesco"*** puó suonare stonata, quasi un ossimoro, una contraddizione nei termini dato il tentativo heideggeriano di fondare un Antiumanesimo. Tuttavia, la sorpresa è di trovare proprio nel padre dell'Umanesimo, Petrarca, non solo motivi e temi in sintonia con la filosofia esistenzialista, ma addirittura una struttura e una terminologia che vanno oltre la semplice "anticipazione".

Questa piccola rivoluzione dell'oggetto della ricerca comporta alcune conseguenze significative: non si tratta insomma di attribuire meriti, ampi e riconosciuti, al nostro Poeta del Trecento, quanto riconsiderare la questione dell'Umanesimo (la polemica tra Heidegger e Sartre) da cui il Tedesco prende le distanze "ignorando" le radici filologiche e teoriche della sua filosofia e di conseguenza fornendo una definizione imprecisa e "corrotta" dello stesso Umanesimo.

Heidegger petrarchesco.

Probabilmente si è adoperato un po' di "cerchiobottismo" nell'affrontare il "colosso" Heidegger su cui si basa buona parte della filosofia moderna, post e post-post-moderna per una serie di ragioni su cui posso solo elucubrare. La prima a venirmi in mente è che l'opera di Petrarca, su cui si sarebbe dovuto basare il confronto, il *Secretum*, è dialogica, "teatrale" nel senso "classico" e dialettico di questo termine (ci torneró sopra), quindi offre senz'altro spunti per paragoni storici e definizioni antesignane, ma "a prima vista" non contempla una rigorosa formulazione analitica: ci si è cosí accontentati di un'attenta ricognizione nell'ambito appunto del "Petrarca heideggeriano" sorvolando sulla "Essenza" (*Wesen,* rubo il termine ad Heidegger) petrarchesca di *Essere e tempo*.

È noto che sia Petrarca che Heidegger si basano in partenza sul pensiero di Sant'Agostino, il nome del quale viene citato tre volte in *Essere e tempo* mentre nell'opera dialogica di Petrarca, il *Secretum,* il Santofilosofo impersona la voce della veritá dell'Essere.

Partiamo allora dall'opera di Heidegger individuando alcuni termini "chiave": *La Chiacchiera, La Monditá, L'Esserci per la Morte, La Cura, La Paura, la Temporalitá, il Silenzio.* Questo approccio ci permette di scoprire subito le prime analogie terminologiche – e la terminologia non è cosa di poco conto nell'ambito filosofico visto che lo stesso *Essere tempo* contempla un glossario! - tra il testo petrarchesco e la filosofia heideggeriana. Infatti nel proemio del *Secretum* ci accorgiamo subito di una prima inaspettata corrispondenza: Francesco ha la visione della Vergine definita *"bocca della Veritá",* una definizione che ritroviamo spesso in Heidegger - naturalmente non riferita "poeticamente" ad una situazione mistica e metafisica, bensí alla *"Veritá dell"Essere"* ricercata dall'Ente (l'Uomo). Ma questa sarebbe una corrispondenza abbastanza casuale e superficiale se Petrarca non avesse aggiunto un ulteriore passaggio: questa *"bocca della Veritá",* nel "pregare" Agostino di guidare l'Uomo (Francesco) nella ricerca dell'Essere, introduce il concetto della *Chiamata.* Citeró un passo completo del Proemio insistendo preliminarmente sul fatto che il *dialogo* di Petrarca non si svolge *sic et sempliciter* tra Francesco e Agostino, bensí è un dialogo a tre tra L'Uomo (Francesco), La Chiamata (Agostino, ossia la "Voce umana") e l'Essere (la *"bocca della Veritá,* ossia la *"Veritá dell'Essere"*) che resta *in silenzio,* ma è presente in quanto *"Essere dell'Esserci".* Insomma siamo in piena zona di quella *"Offenbarkeit des Seins"* ("tras-presenza dell'Essere", traduco io fondendo i termini *"trasparenza"* e *"presenza",* cioè una presenza *"silenziosa"* che non traspare nell'esistenza ma è suscettibile di "indagine") del disegno di Heidegger.

Dunque dice la Vergine (la Verità) ad Agostino richiamandolo ad interloquire con Francesco (grassetto mio, la traduzione è di Francesco Orlandini, sanese, 1847, condotta sulla rarissima originale senese del 1517, ndr):

Ti prego, benché la tacita cogitazione sia jocundissima sopra tutte le cose, con una sacra e da me singolarmente accetta voce, levi via questo

SILENZIO tentando se con alcun aiuto tu puoi ammollire questi tanti gravi languori. – A questo Augustino rispose: - Tu sé a me guida, tu consigliatrice, tu Madonna, tu Maestra: e dunque comandi che io dica, te presente? – Ed ella allora disse: - La umana voce **PERCUOTE LE ORECCHIE DELL'UOMO MORTALE** (la Chiamata, nota mia) *e costui sopporterá quella con animo piú paziente: e acció che quello che udirá da te lui stimi essere detto da me, saró presente. (Petrarca, Proemio al Secretum, p. 5).*

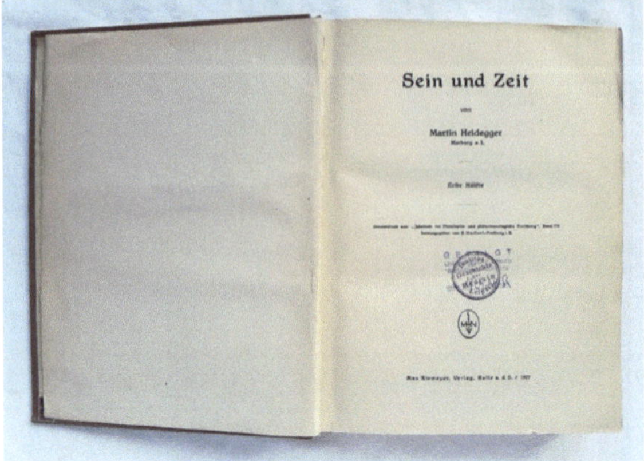

Sulla presenza "silenziosa" dell'Essere in funzione di Veritá che si disvela attraverso il processo dialettico Petrarca è ancora piú preciso:

E cosí riguardando me benignamente, sostentandomi con un paterno abbracciamento, mi menó in una parte di un luogo piú secreto: e la Veritá poco innanzi andando era a noi guida: e lí parimente tutti e tre ci ponemmo a sedere. Ed allora, quella judicante di ciascuna cosa in silenzio, e remoti di lontano i testimoni, un parlare lungo, nato da una parte e dell'altra, fu, tirandoci la materia, prolongato insino al terzó dí. (Petrarca, p. 6)

Se *Essere e tempo* si fonda sul principio, ovviamente di derivazione ben piú antica dello stesso Sant'Agostino, *dell'Essere per la Morte,* dobbiamo aspettarci un equivalente *"memento mori"* nel *Secretum* petrarchesco. Infatti fin dall'incipit del primo dialogo Augustino pone a Francesco il problema fondante la ricerca dell'Essere:

Augustino: Che fai uomicciuolo? Che sogni? Che aspetti? Non ti ricordi che tu sé nato mortale?
Francesco: Certamente me ne ricordo, e non mi vien mai questo pensiero nell'animo senza un certo orrendo e grave timore. (Petrarca, p. 8)

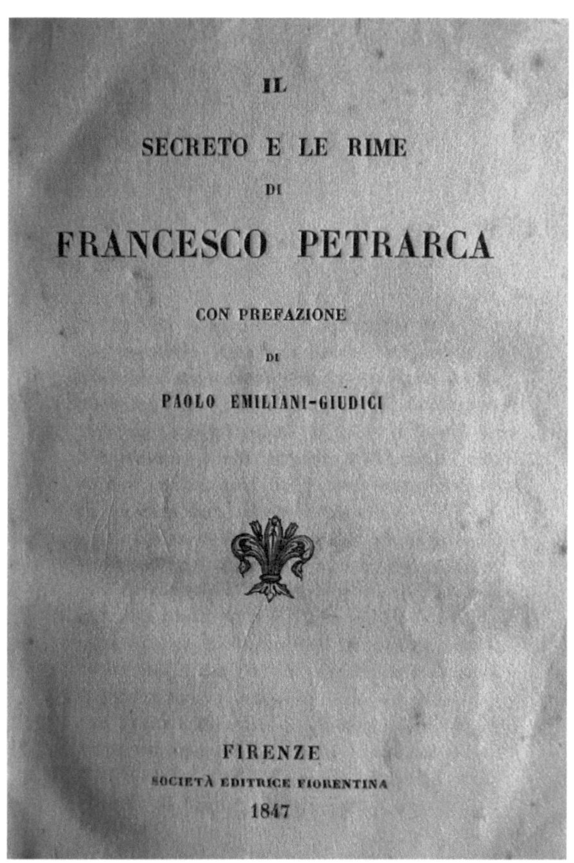

Anche Heidegger collega *la Chiamata della Morte* all'*Angoscia* che viene descritta come il sentimento dell'*Ente* di fronte al *Nulla* che pone l'uomo di fronte ad un bivio: o mettersi alla ricerca del fondamento dell'*Essere* oppure perdersi nel proprio Esserci, nella quotidianità della *Chiacchiera* per sfuggire all'*Angoscia* della *Chiamata della Morte*. Questa dinamica è peró esplicita anche nel *Secretum* (p. 10 e seg.):

Augustino: [...] Ma voi insensati (e tu tanto ingegnoso) nel proprio danno vi sforzate di stirpare da' vostri petti questa salutifera radice con tutti i lacciuli delle mondane blandizie: e questo è quello che mi faceva tanto maravigliare. Meritamente dunque sí per l'estirpazione di quella, sí ancora per la distruzione dell'altra siete puniti.

E ancora piú avanti:

*Augustino: [...] Ma nelle menti degli uomini, come io cominciai a dire, è fissa una certa perversa e morbosa libidine di ingannare loro medesimi, della quale **nessuna peste piú mortifera si trova nella vita presente;** perché se voi temete gl'inganni*

*de' vostri familiari, sí per l'autoritá degli ingannatori, la quale vi leva il rimedio della cautela, sí eziandio perché **la loro voce blanda e piacevole risuona continuamente d'intorno agli orecchi vostri,** e l'uno e l'altro di questi cessa nelli altri non familiari, tanto piú dovreste aver paura de' propri inganni, considerato che in voi è amore, autoritá e familiaritá grandissima che ciascuno si stima oltre al potere, e ama piú che non bisogna e colui che è ingannato non si separa mai dallo ingannatore.*

La "Chiacchiera" e la "Distrazione".

La dispersione dell'Ente nel suo Esserci, nella monditá della *Chiacchiera* procede specularmente nel *Secretum* e nella filosofia di Heidegger attraverso la *Distrazione*. È quanto Petrarca fa dire ad Augustino:

*Augustino: è necessario che quanto l'anima di sua propria volontá si solleva al cielo, tanto per lo peso corporeo e per le lascivie terrene sia gravato. E cosí mentre ascendere ad alto e stare a basso in un medesimo tempo desiderate, né l'uno né l'altro adempite **distratti** ora nell'uno ora nell'altro desiderio.*
Francesco: che dunque ti pare ch'io faccia acció che il mio animo integro, rimossi e gittati li legami del mondo, si sollevi alle cose superne?

La risposta di Augustino alla domanda di Francesco ricalca inizialmente il modello etico del santo filosofo del personaggio petrarchesco. Tuttavia Petrarca si serve dell'esposizione di un principio antichissimo della pratica monastica per introdurre un novo concetto che esula dalla precettistica morale, il motivo della *Cura* come risposta congrua da parte dell'*Ente* alla *Chiamata della Morte*. Cosí dal discorso etico-morale e spirituale, si passa ad una esposizione teorica che fa subito pensare a *Essere e tempo*:

La "Chiamata della morte" e "il Discendere al Cupo"

*Augustino: A questo termine certamente conduce quella meditazione, la quale in principio nominai, **con la continua ricordazione della vostra mortalitá.***

*Francesco: Se io non m'inganno ancora in questo loco, nessun'uomo è che piú spesso rivolti l'animo in queste **cure** di me.*

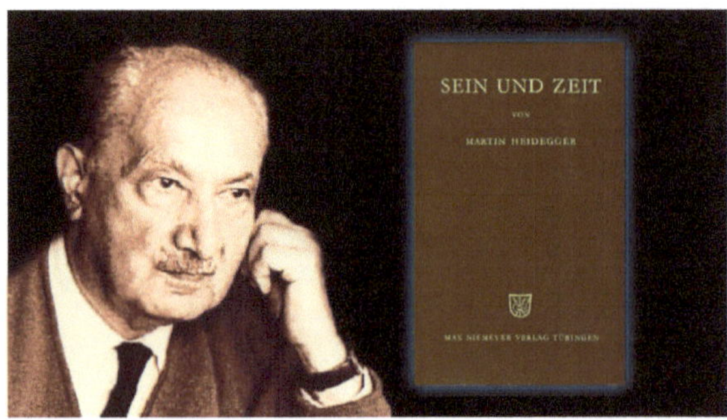

Il termine *Cura,* introdotto da Petrarca al plurale (*cure di me,* scrive il poeta del *Canzoniere*), non è casuale. La *Chiamata della Morte* e *la Cura* (la ricerca) del proprio *Essere* sono per Petrarca (e per Heidegger) strettamente connesse: dal pensiero della morte (Heidegger: l'Esserci per la Morte) nasce *l'Angoscia* che muove a prendersi *Cura* e cercare ció che veramente si è, diciamolo con Heidegger: l'Essere del proprio Esserci.

Lasciamo peró da parte il complesso teorico certamente piú sistematico del discorso heideggeriano, per dimostrare come il concetto di *Cura* raggiunga in Petrarca una funzione strutturale, quindi di livello superiore alla semplice precettistica agostiniana. Infatti nel *Secretum* il termine *Cura* si ripete e rimbalza da un dialogo all'altro in sintonia con altri concetti che pure abbiamo visto ricorrere in Heiddegger: il pensiero (o *Chiamata*) della Morte, l'umano *"discendere al cupo"* – con una straordinaria espressione Petrarca cosi definisce l'*Angoscia* di cui parla e tratta la moderna filosofia esistenzialista - e la distrazione della *Chiacchiera* (i grassetti sono sempre miei, ndr):

*Augustino: [...] se ti verranno nella mente fra queste cose mille generazioni di supplizi e di tormenti, lo stridore e il pianto dell'Averno, i fumi sulfurei, le tenebre, le furie infernali, e finalmente tutta la crudeltá del pallido inferno, e certe altre cose che preponderano a tutti questi mali, come la perpetuitá che non ha mi fine, e la **DISPERAZIONE** della calamitá senza termine, e la ira di Dio in eterno durabile, il quale non avrá di noi piú misericordia: se tutte queste cose insieme ti verranno dinanzi agli occhi, non come finte ma come vere, non come cose* *possibili ma come cose che necessariamente e senza riparo alcuno abbino a venire, e quasi sieno in presenza, e in queste tante **CURE** non passerai via come disperato, ma di speranza pieno che la mano destra di Dio sia potente e pronta a liberarti da tanti mali, purché ti renda a lui **CURABILE**.*

La "Cura" e la "Chiamata della Morte".

L'uomo tuttavia secondo Petrarca, è distratto dalla sua mondanitá, dalla *Mondità* dell'*Esserci* - tornando ad Heidegger - per questo il *Richiamo della Morte* rischia di perdersi nella *Chiacchiera.* Cosí l'Ente-Uomo deve superare la distanza e la lontananza della morte intesa come evento possibile e "al di lá da venire", per vivere piuttosto nel e col *pensiero della morte: Esserci-per-la-Morte* mediante un percorso di riunificazione non solo morale, tra *il fine* e *la fine* della propria esistenza: Petrarca da scrittore e poeta trascende ad una dimensione logico-filosofica.

Francesco: [...] perché questa cogitazione della morte, benché intesa, solo a me non giova, la quale dici maravigliosamente essere fruttuosa?
Augustino: In pria, perché forse tu consideri queste cose dalla lunga, le quali sí pel corso della vita brevissima, sí eziandio per li incerti e varii casi possono non essere molto lontane; perché quasi tutti voi che vivete, come disse Cicerone, siete da un errore ingannati, che la morte risguardate di lontano, mentre chi la risguardi da presso, nessuno di capo sano si trova, e la VERITÁ è questa: che "prospicere" significa di lontano risguardare; la qual cosa nel pensare della morte molti ha delusi e ingannati, mentre ciascuno si propone dinanzi quel termine del vivere, al quale, benché per natura si possa pervenire, non di meno, pochissimi ci pervengono, e quasi nessuno muore al quale non si possa riferire quel detto poetico: "aveva promesso a sé li canuti capelli e li lunghi anni". Questo è quello che ti ha potuto nuocere, perché la tua etá e il vigore della complessione e l'osservanza della modesta vita forse ti porge questa pensare.

A nulla vale dunque il pensiero della morte, come forma di consolazione e di rimando, se esso non determina piuttosto il raggiungimento di ben altra verità: quella del proprio essere stesso. Infatti Augustino prosegue:

[…] *cosí avviene che nel tuo animo molto occupato nessuna cosa utile vi genera radice: tu povero di consiglio ora in lá ora in qua con maravigliosa vacillazione ne rivolti, e non sei mai INTEGRO IN NESSUNO LOCO NÈ TUTTO: e di qui nasce che quante volte il tuo animo viene in questo PENSIERO DELLA MORTE e nelli altri per li quali potrebbe andare alla vita, se a lui generoso fusse permesso, e con la sua natura e acuta considerazione monta in alto, non possendovi stare per la turba delle varie CURE che lo discaccia sí torna: onde ne segue che un proposito tanto salutifero per la molta mobilitá viene mancando, e nasce quella intrinseca discordia della quale abbiamo giá dette molte cose, e quella ansietá dell'anima irascente, che per sua salute, mentre teme, le sue brutture non lava: conosce le vie torte e non le abbandona; teme il soprastante pericolo e non lo schifa.*

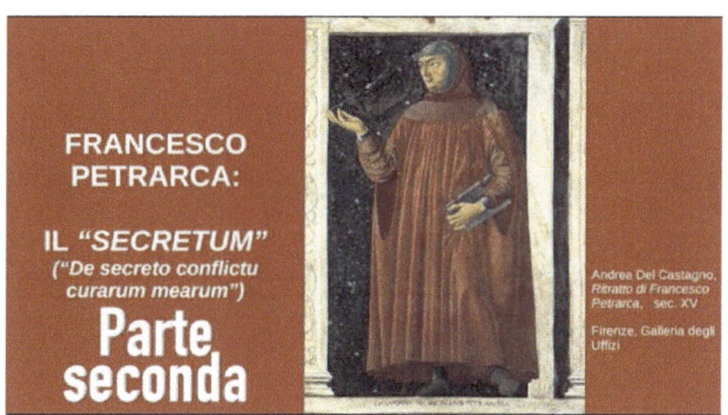

La situazione descritta da Augustino che definisce lo stato di Francesco come *"mai integro in nessun loco né tutto"* corrisponde alla condizione dell'Ente distratto o disperso nell'Esserci che non riesce a interiorizzare il "pensiero della morte", ad *Esserci-per-la-Morte* al fine di pervenire alla *Veritá* dell'Essere.

La Verità dell'Essere e della sua esistenza.

Augustino: Tu chiamasti propriamente accusazione e piaga il testimonio della VERITÁ.

Ma lo dice anche Heidegger, usando termini simili se non identici a quelli di Petrarca, in *Über den "Humanismus"* :

Aber das Wesen des Handelns ist das Vollbringen. Vollbringen heißt: etwas in die Fülle seines Wesens

entfalten […] Vollbringbar ist deshalb eigentlich nur das, was schon ist. Was jedoch vor allem <ist>, ist das Sein. (p. 53)
Ma l'Essenza dell'agire è il completamento. Completare significa: portare qualcosa all'integritá […] Integrabile è pertanto solo ció che giá é. E ció che assolutamente <è>, è l'Essere. (Traduzione mia, ndr.)

La teoria del tutto, dell'integritá dell'essere che si riconosce come tale nella sua esistenza attraverso il *Pensiero della Morte* che scuote l'Ente dalla distrazione e dalla dispersione della mondanitá della *Chiacchiera*, non è dunque farina del sacco di Heidegger ma piuttosto di Petrarca. Ne consegue che se questo è il nócciolo, l'essenza della filosofia heideggeriana, ebbene essa, con tutta la sua imponente impalcatura teorica e analitica che ha affascinato modernisti e postmodernisti, esistenzialisti e molti altri filoni della filosofia contemporanea, è posata non tanto su solide (e scontate direi a questo punto) fondamenta platoniche, come suggerisce il Filosofo tedesco nel saggio *Teoria platonica della Veritá*, ma su un'opera *"teatrale"*, ossia dialettica, quindi ancor piú platonica di *Essere e tempo*, della letteratura italiana del Trecento.

Torneró sul "platonismo" di Petrarca. Prima c'è da segnalare un ulteriore elemento che determina la totale sovrapposizione del *Secretum* con la filosofia heideggeriana: la scelta del linguaggio. Il problema per Heidegger è lo strumento di comprensione dell'Essere da parte dell'Ente. Nel saggio sull'Umanesimo Heidegger cala la carta che ritiene vincente: la Poesia. Fondamentale per lui è che *"im Denken das Sein zur Sprache kommt"* (che nel pensiero l'Essere si esprima con le parole): esattamente come sollecita Petrarca con la conclusione del Proemio del *Secretum*: *"Acció che io non sia piú lungo, lui m'incominció a parlare in questo modo"*. Cosí Heidegger prosegue la sua riflessione:

Die Sprache ist da Haus des Seins. In ihrer Behausung wohnt der Mensch. Die Denkenden und Dichtenden sind die Wächter dieser Behausung.
(p. 53)
Lingua e linguaggio dell'anima.

La lingua è la casa dell'Essere. L'essere umano si sente a casa nel suo ambito linguistico. I pensatori e i poeti sono i tutori di questo essere nel proprio ambito. (Traduzione mia, ndr).

E ancora:

Die Befreiung der Sprache aus der Grammatik in ein ursprunglicheres Wesensgefügen ist dem Denken und Dichten aufbehalten. (p. 54)

La liberazione del linguaggio dalla grammatica in un'orginaria funzione dell'Essere è propria del Pensiero e della Poesia. (Traduzione mia, ndr.)

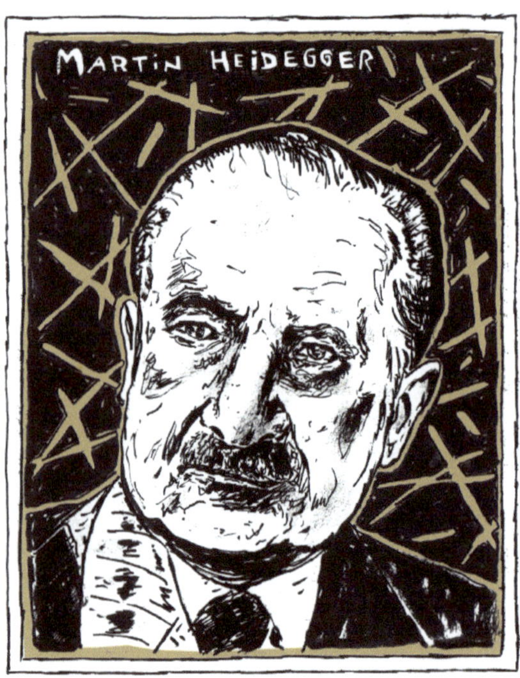

Heidegger parlando di poesia pensa a Hölderlin, ma avrebbe dovuto piuttosto fare prima i conti con Petrarca. Perché se c'è un'incarnazione di questo spirito che trova nel linguaggio della filosofia e della poesia il senso dell'Essere è proprio il Petrarca del *Secretum* e del *Canzoniere:* stiamo parlando di una grande poesia che nasce da una profonda riflessione filosofica, cosa che non púo dirsi di Hölderlin visionario, squilibrato, nonché intuitivo e grande poeta come Novalis, i quali peró non hanno mai raggiunto la dimensione concettuale, appunto di "pensiero" del nostro immenso Poeta filosofo.

La domanda che sorge spontanea allora è questa: dal momento che i riferimenti e le correlazioni tra il dialogo di Petrarca e il sistema filosofico di Heidegger denunciano un'evidente contaminazione e influenza diretta, perfino dal punto di vista strettamente terminologico e filologico, come mai queste prove sono state "liquidate" con la formula del "Petrarca heideggeriano", piuttosto che andare a fondo del "petrarchismo di Heidegger"?

La risposta che davo all'inizio è elementare: il *Secretum,* data la struttura dialogica del testo, si è sempre portato dietro il "vizio" del teatro, che rappresenta, almeno nella nostra letteratura, una sorta di nicchia per la quale la critica letteraria italiana non fa – ammettiamolo - salti di gioia. Per questo, pur enucleando vari aspetti di modernitá, non lo si è potuto o voluto elevare al rango di una filosofia speculativa. Ma se Heiddegger stesso (cfr. *La lettera sull'"Umanesimo"*) sostiene che la filosofia non è scienza, bensí ricerca del linguaggio dell'essere, poesia, ergo il poeta Petrarca e il suo testo "teatrale" fondano e non solo anticipano la filosofia moderna.

Naturalmente si puó ancora dubitare che l'opera "teatrale" di Petrarca aspiri ad un superiore complesso filosofico, al di lá della rielaborazione letteraria di elementi della filosofia medievale. Tuttavia bisogna considerare che la forma "teatrale" del *Secretum* è, come accennavo, solo apparente; o meglio, è finalizzata nelle intenzioni dichiarate nel Proemio dallo stesso Petrarca ad una speculazione filosofica che parte da Sant'Agostino, ma ha come punto di arrivo l'analisi della condizione umana nella modernitá. Petrarca infatti sceglie la forma dialogica non a caso. Lui stesso spiega il motivo di questa scelta formale: fare filosofia speculativa, non moralistica o precettistica. E tantomeno "teatro" o "letteratura". Dal Proemio del *Secretum* (grassetti miei, ndr):

Ed io, acció che, come dice Tullio, non si interponga troppo spesso **dissi** *e* **disse***, e acció che la cosa appaia davanti agli occhi e* **rappresentata da uomini presenti***, le sentenze dell'egregio collucotore e mie non ho mai separato con* **altro circuito di parole***, ma con la propria descrizione dei propri nomi.* (p. 6)
Da Dante a Petrarca.

A parte la polemica con Dante per l'uso

fittizio e letterario del *"dissi e disse"* che, secondo Petrarca, priva la rappresentazione di forza aggiungendovi *"altro circuito di parole"*, ecco schizzare fuori il tema della modernità e della contemporaneità degli *"uomini presenti"*.

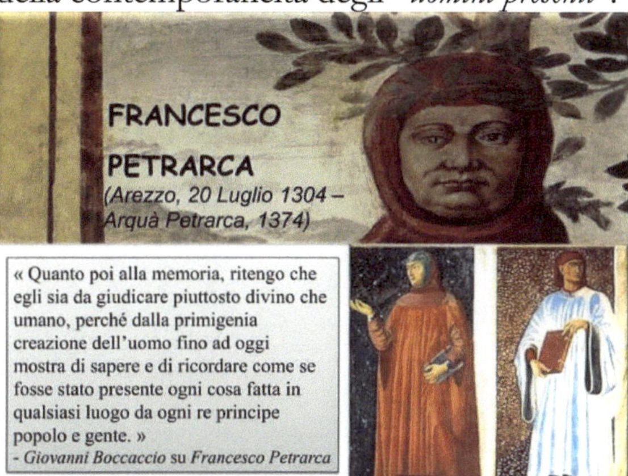

Quindi il dialogo è utilizzato come forma di un sistema e di un procedimento scientifico e induttivo, il processo maiuetico con cui attraverso la dialettica del discorso a due (dialogo) si perviene ai fondamenti della conoscenza. Per questo il Proemio si conclude con un riferimento a Platone che è il nodo centrale e il punto di avvio, nel metodo e nel sistema logico-induttivo, sia per Petrarca che per Heidegger.

E questo modo di scrivere io l'ho imparato dal mio Cicerone: e lui prima da Platone l'aveva imparato.

Si presenta quindi un'altra questione da affrontare: se Petrarca e Heidegger hanno entrambi attinto da Sant'Agostino ed entrambi partono dal metodo logico di Platone – Petrarca segue perfino la forma dialettica del pensatore greco, - possono essere considerate come pure coincidenze le osmosi e le ripetizioni terminologiche, oltre che concettuali, tra il *Secretum* e *Essere e tempo?* È ovvio che la comune base di partenza, Sant'Agostino, abbia potuto provocare un ricorrere e rincorrersi nei secoli di termini e concetti. Tuttavia se alcune coincidenze e "rimbalzi" da un sistema all'altro sono comprensibili, quando ne va della "sostanza" del discorso, della centralità stessa dei termini su cui funziona il sistema specifico, in questo caso più che di coincidenze bisogna parlare di "rielaborazioni" – se sistematicamente rilevate – ma di *"appropriazioni"* se invece non vengono esplicitate con chiarezza.

Si conferma comunque il sospetto della scarsa conoscenza di Petrarca da parte di Heidegger. Ma in questo caso la domanda è: può un filosofo ignorare che il suo sistema ha delle forti analogie, se non una vera e propria coincidenza letterale, con il pensiero di un grande autore, considerato il padre dell'Umanesimo? E nel caso specifico di Heidegger, può un filosofo trattare un argomento come l'Umanesimo senza averlo approfondito in tutti i suoi aspetti fondamentali? Senza riconoscere che il suo "sistema" ricalca pedissequamente l'opera del filosofo e poeta Francesco Petrarca?

Se il confronto testuale tra le due opere del XIV e del XX secolo, il *Secretum* e *Essere e tempo,* ha fornito prove sufficientemente convincenti in questo senso, ora emergono le conseguenze: l'errata concezione dell'Umanesimo proposta da Heidegger:

Die sogenannte Renaissance des 14. und 15. Jahrhunderts in Italien ist eine renascientia romanitas. Weil es auf di romanitas ankommt, geht es um die humanitas und deshalb um die griechische "paideia". (.p. 62)

Il cosiddetto Rinascimento del XIV e del XV secolo in Italia è una renascientia romanitas. Dal momento che procede dalla romanitas, esso si concentra sulla humanitas e sulla "paideia" dei Greci. (Traduzione mia, ndr.)

Heidegger critica l'Umanesimo perché esso si fonderebbe sulla conoscenza e sulla *techné*, considerando il sapere come fonte principale, se non addirittura unica, di verità a proposito dell'essenza dell'Essere (Wesen des Seins). Armando Rigobello così spiega la *Lettera sull'umanesimo*:

"l'uomo non è il padrone dell'ente, ma il pastore dell'essere". Il giudizio, strumento di dominio intellettuale esprime con rilevanza etica quel regnum hominis che l'umanesimo ha nel suo programma. Ma lo studio degli enti in se stessi (le singole cose da dominare) ha fatto perdere di vista il significato totale dell'essere. Occorre regredire quindi al senso del mistero (l'essere nascosto), farsi pastori dell'essere, cioè

custodi di quelle verità che emergono di volta in volta nell'orizzonte dell'Esserci. Allora l'uomo non userà più il linguaggio discorsivo secondo le formule elaborate dalle varie logiche, ma a poco a poco riuscirà a pronunciare parole di un linguaggio non suo, che è il linguaggio dell'essere. La sua parola si farà memorativa di tale linguaggio e confluirà nella poesia. La quale non sboccia nell'empito creativo del soggetto, ma attinge alle sorgenti dell'Ereignis, l'evento dell'autorivelazione dell'essere.

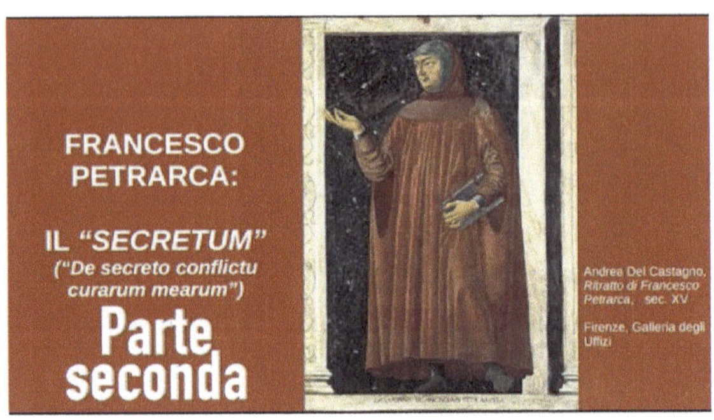

Insomma, secondo la formulazione heideggeriana, l'Umanesimo non consente all'Uomo di porsi la domanda fondamentale sull'Essere: l'uomo si perde nella sua esistenza fisica, materiale, sociologica e storica senza tornare alla vera natura del Sé: di qui il contrasto con l'esistenzialismo marxista di Sartre. Infatti Heidegger prosegue il suo "attacco" all'Umanesimo con una sentenza che intende distinguere la filosofia come Pensiero e Linguaggio poetico dell'Essere (das Denkenden und das Dichtenden) dalla filosofia della conoscenza, della techné e della scienza.

Der Humanismus fragt bei der Bestimmung der Menschlichkeit des Menschen nicht nur nicht nach dem Bezug des Seins zum Menschenwesen. Der Humanismus verhindert sogar diese Frage, da er sie auf Grund seiner Herkunft aus der Metaphysik weder kennt noch versteht. (p. 64)

L'Umanesimo indaga l'umanità dell'uomo senza interrogarsi sulla relazione dell'Essere con la natura umana. L'Umanesimo addirittura cancella questo interrogativo che non conosce e non riesce a comprendere a causa della sua origine metafisica. (Traduzione mia, ndr.)

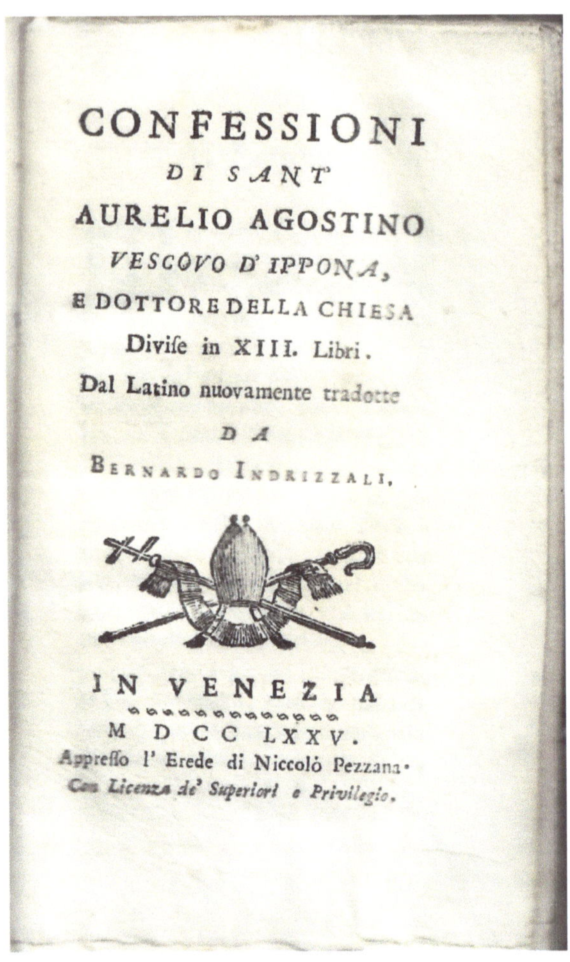

Heidegger parla della sapienza e della conoscenza che nella concezione dell'Umanesimo tenderebbero sempre di più ad accorciare il divario, tramite la *paideia,* tra la techné e il mondo inconoscibile delle *idee* platoniche. L'Umanesimo e il materialismo sociale, secondo Heidegger, sarebbero un risultato della metafisica: un vano tentativo di risalire alla verità dell'Essere basandosi sull'accumulo di conoscenze, sulla scienza, e non come invece lui propone sulla base di una domanda primordiale da risolvere intuitivamente col pensiero e col linguaggio della poesia.

Ma le cose, a proposito dell'Umanesimo, stanno veramente cosí? Tanto per cominciare abbiamo visto che Petrarca, padre indiscusso dell'Umanesimo, incarna quell'ideale di *"Denkenden und Dichtendend"* con la filosofia del *Secretum* e con la poesia del *Canzoniere.* Ma c'è di piú: nel *Secretum* il Poeta italiano attacca la conoscenza libresca, la sapienza, la techné – e siamo proprio all'atto di nascita dell'Umanesimo - in quanto nessuna scienza e conoscenza umana potrá far "tras-apparire" alla coscienza umana la veritá del proprio essere. I due interlocutori dell'opera dialettica di Petrarca tornano piú volte su questo argomento, finché Augustino non rappresenta a Francesco la "nullitá" di tutto il sapere umano (cito l'intero brano affinché risulti l'estrema chiarezza e complessitá del pensiero di Petrarca, i grassetti sono miei):

Coscienza e incoscienza del Sé.

Augustino: Ora potrai facilmente intendere quanto sieno piccole cose quelle per le quali ti pigli superbia, ti fidi dell'ingegno, e nell'aver letti molti libri, ti glorii della eloquenza, ti diletti della bellezza del mortal corpo. Ma certo tu conosci il tuo ingegno quante volte e in quante cose t'ha mancato; quante sono le spezie dell'arti, nelle quali non potrai adeguare la sottilità di umilissimi uomini. Poco ho detto: anzi tu troverai animali ignobili e piccoli, l'opera dei quali con nessuno studio potrai imitare. Or va ora e gloriati dello ingegno: e questo tuo aver letto che ti è giovato? Perché di tante cose quante hai lette, quante sono quelle che sieno fermate nel tuo animo, e vi abbino fatto radice, e prodotto qualche frutto? Disamina il tuo tempestivo petto diligentemente, e troverai che fatta la comparazione di tutto quello che tu sai e di quello che tu non ai, non è altro che un piccolo rivo, il quale si secca negli ardori di state, assomigliare al mare oceano. E il sapere molte cose che vi rileva, se quando avete imparato il circuito del cielo e della terra, lo spazio del mare, li corsi delle stelle, le virtú delle erbe e delle piante, li secreti della natura, SIETE A VOI MEDESIMI INCOGNITI! E se quanto avete mediante le scritture conosciuto la dritta via dell'ardue virtú, il furore vi mena intraverso per la torta strada! E se quando vi ricordate delli fatti delli clarissimi uomini che sono stati in ciascuna etá, non avete CURA di quello che continuamente voi fate! (p. 36)

Ha insomma un bel dire Heidegger che la filosofia non è scienza, ma espressione del Pensiero, e che la conoscenza non porta alla veritá. Tuttavia la conoscenza di Petrarca lo avrebbe indotto ad un'altra concezione dell'Umanesimo, dal quale parte in modo non

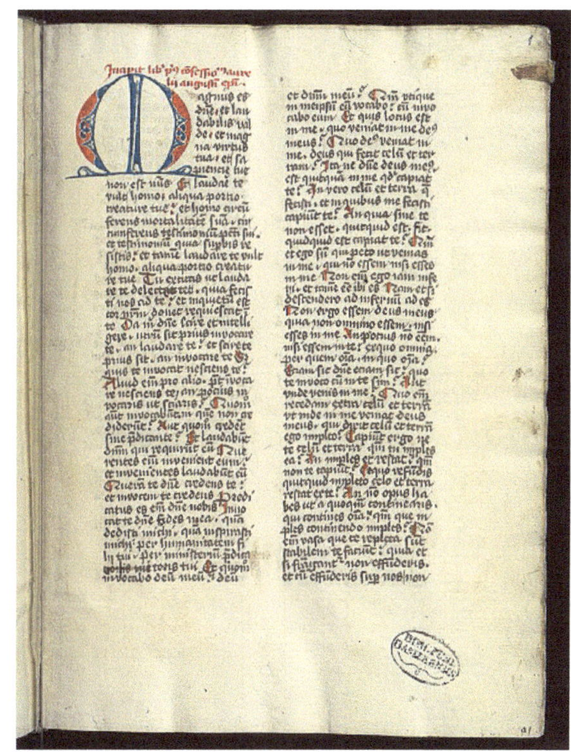

del tutto originale anche la sua filosofia dell'esistenza.

Bibliografia:

F. Petrarca, *Il Secreto e le rime,* Firenze, Societá Editrice fiorentina, 1947.
M. Heidegger, *Essere e tempo,* Milano, Longanesi, 1976.
M. Heidegger, *Platons Lehre von der Wahrheit, mit einem Brief über den "Humanismus",* Bern, Verlag A. Francke, 1947.
E. Wilkins, *Vita di Petrarca,* Milano, Feltrinelli, 1970.
A. Rigobello, *L'idea di umanesimo nella cultura germanica e italiana del Novecento*
http://www.phil-hum-ren.uni-muenchen.de/GermLat/Acta/Rigobello.htm
P. Mancinelli, *Petrarca interroga Agostino,*
http://www.rivista.ssef.it/www.rivista.ssef.it/site6396.html?page=20060508123552213

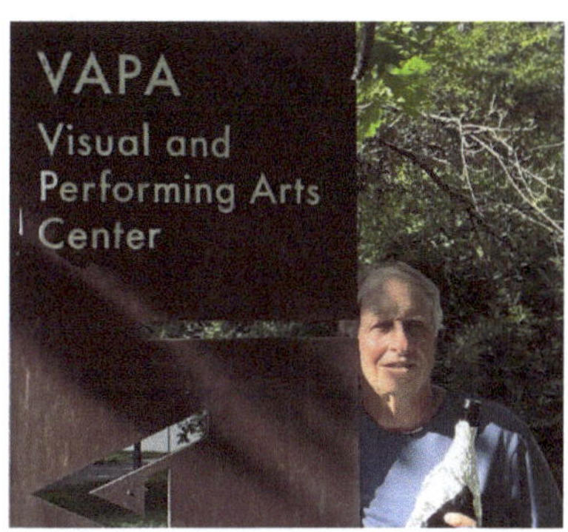

Il saggio nasce da una conferenza tenuta da Enrico Bernard (artist in residence e docente presso il Middlebury College, Vermont Usa) al VAPA Visual and Performing Arts Center di Burlington (VT, Usa) il 22 luglio 2022.

L'ALFABETO SECONDO FEDERICO TIEZZI

a cura di Giulia Tellini

Giulia Tellini è ricercatrice di Letteratura italiana presso il Dipartimento di Lettere e Filosofia dell'Università di Firenze. Ha tenuto, e tiene, corsi e lezioni in atenei sia italiani che stranieri. Fra i suoi libri: *Storie di Medea* (2012), *Tasso tragico e altri studi di letteratura teatrale* (2016), *L'officina sperimentale di Goldoni* (2020), *«Dentro a' dilicati petti». Il volto femminile del 'Decameron'* (2024).

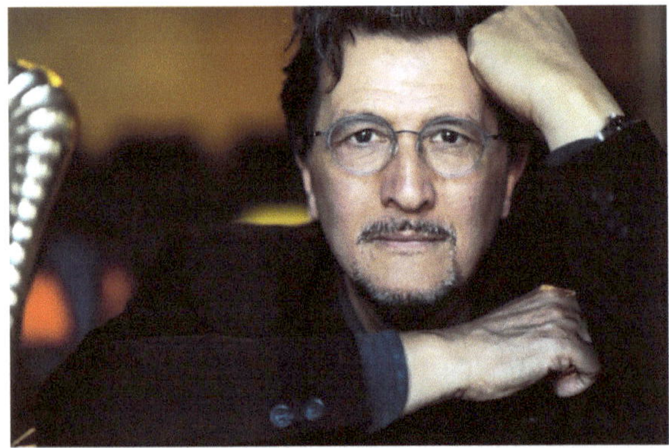

Federico Tiezzi (foto di Luca Manfrini)

È un'intervista in forma di suggestioni onomastiche che, nel corso di una lunga videochiamata su Zoom, il 27 novembre 2024, ho proposto a Federico Tiezzi, uno dei più grandi registi teatrali italiani dagli anni Settanta del Novecento a oggi: anima, insieme a Sandro Lombardi, della compagnia «Il Carrozzone», poi «Magazzini Criminali», poi «Magazzini», poi «Compagnia Lombardi-Tiezzi».

AREZZO

Ad Arezzo ho studiato e ho fatto il liceo classico. La mia famiglia però viene da Siena, che è una città magnifica, che si muove con lentezza, una città chiusa, che forse proprio per questo motivo – per il fatto d'essere così chiusa – si è conservata nel corso dei secoli. Arezzo invece ha rappresentato per me l'apertura. Arezzo guardava già Firenze, dove poi ho fatto l'Università e dove mi si è spalancato davanti quel mondo d'arte e di esperienze musicali che mi hanno fatto crescere. Ad Arezzo ho visto i primi spettacoli teatrali, ricordo una *Salomè* di Wilde con la regia di Franco Enriquez. E con Valeria Moriconi protagonista. Poi il mio liceo, il Petrarca, era a due passi dalla basilica di San Francesco nella quale portai Julian Beck e Judith Malina, i due grandi artefici del «Living Theatre», a vedere le *Storie della Vera Croce* di Piero della Francesca e nella quale illustrai loro *Il sogno di Costantino*, una delle mie opere d'arte preferite… con la scolta che sta di guardia mentre Costantino dorme, e con accanto l'affresco di quella campagna che sembra la Val di Chiana o la Val Tiberina, fra San Sepolcro e Cortona. Furono impressionati soprattutto dall'incontro tra Salomone e la regina di Saba…

BERNHARD (THOMAS)

È uno dei miei autori. Fra l'altro, è sotto l'influsso di Thomas Bernhard (e di James Joyce) che, già nel 1985, scrissi *Il ritratto dell'attore da giovane*, seconda parte di una trilogia intitolata Perdita di memoria pubblicata da Franco Quadri (per Ubulibri) nel 1986. Nel *Ritratto dell'attore da giovane*, m'ispirai al suo stile di scrittura. L'amore per Thomas Bernhard mi ha poi portato a realizzare, nel 2000, *L'apparenza inganna*: testo che parla di due fratelli che si fanno visita una volta a settimana, a casa prima dell'uno e poi dell'altro. In occasione del primo allestimento, scelsi di rappresentare lo spettacolo in due diversi appartamenti, veri, abitati: e, per recarsi nelle case dei due fratelli, il pubblico (un centinaio di persone…) doveva compiere fisicamente il tragitto da un appartamento all'altro. Successivamente ho teatralizzato due romanzi: *Antichi maestri*, nel 2020, con il protagonista Reger interpretato da Sandro Lombardi, per il quale pareva che il testo fosse stato scritto! Poi *Il soccombente* [Napoli Teatro Festival, 2022], con la drammaturgia di Ruggero Cappuccio, in cui Bernhard riflette su Glenn Gould e sulla musica: un romanzo fondamentale. Bernhard mi ha accompagnato nel corso degli anni e spero che mi accompagnerà in futuro, perché vorrei portare in scena *Ritter, Dene, Voss,* un'opera magnifica in cui appaiono Ludwig Wittgenstein e le sue sorelle: un progetto che vorrei realizzare insieme a Sandro Lombardi, Iaia Forte ed Elena Ghiaurov.

CARROZZONE

Il Carrozzone è il Carro dei Comici. Ed è il carro col quale nell'Arezzo della mia gioventù venivano portati i pazzi negli allora aperti (e oggi fortunatamente chiusi) manicomi. Nel 1970 ho dato questo nome alla nostra Compagnia (formata, oltre a me, da Sandro e da Marion d'Amburgo) per ricordare i comici vaganti, gli artisti del circo. Quando arrivava il circo, mia madre diceva infatti: «sono arrivati i carrozzoni», non diceva «è arrivato il circo». Attuava un trasferimento di significato dallo spettacolo ai camion di lavoro dove vivevano gli artisti.

in una potente *Commedia dell'Inferno* piena di situazioni grottesche e di grande violenza drammatica. Per il *Purgatorio* lavorai con Mario Luzi, che nel 1990 compose *Il Purgatorio. La notte lava la mente*, per la quale scrisse nuove poesie che s'intessevano con i versi di Dante. Nel 1991 affidai il *Paradiso* al poeta Giovanni Giudici, autore di una raccolta intitolata *O Beatrice* (1972). Il 1° luglio 2021, per il Festival di Pompei, *Il Purgatorio. La notte lava la mente* è stato allestito nell'Anfiteatro romano di Pompei. Una grande esperienza teatrale per me e per la Compagnia. È stato appassionante lavorare a Pompei e indicare all'attore che interpretava Virgilio la direzione verso Napoli in cui si trova la tomba del più grande poeta dell'antichità!

Il Purgatorio. La notte lava la mente. Drammaturgia di un'ascensione (Pompei, Teatro Grande, 1 luglio 2021).

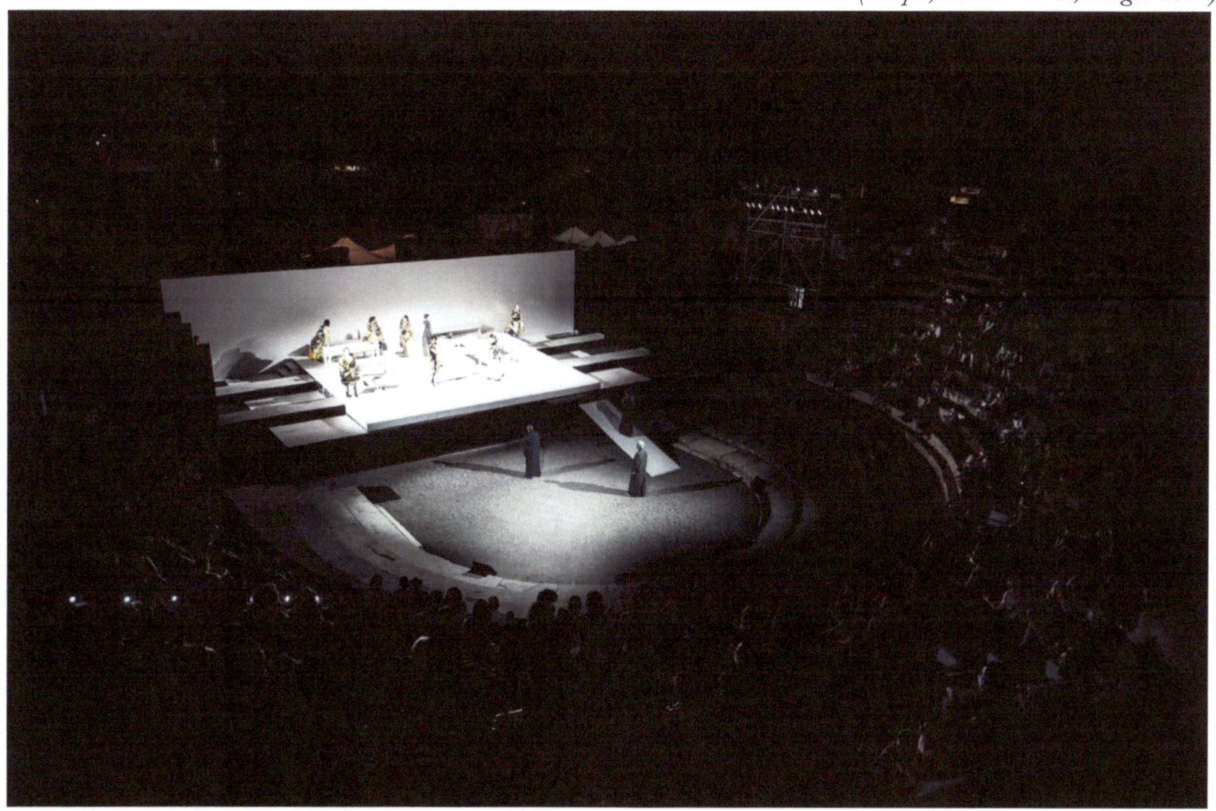

DANTE

Fra il 1989 e il 1991 ho dedicato a Dante e alla *Divina Commedia* tre spettacoli realizzati a Prato, al teatro Fabbricone e al teatro Metastasio. Chiesi a tre grandi poeti italiani di lavorare insieme a me per drammatizzare le cantiche. Per l'*Inferno* scelsi Edoardo Sanguineti, che nel 1989 trasformò la cantica

Dai tre spettacoli danteschi dei primi anni Novanta sono poi nate altre soluzioni spettacolari. È stato come se la forza poetica di Dante – la sua parola, il suo verso, la sua macchina di linguaggio di unica bellezza e potenza – sbloccasse un fiume in piena d'idee. Lavorare su Dante ha significato lavorare sulla recitazione; le cantiche sono state una vera scuola! Avevo cominciato a lavorare sulla recitazione nei primi anni Ottanta, quando, sulla base di alcune considerazioni di T.S. Eliot e di Pasolini, iniziai a teorizzare il «Teatro di Poesia». Con Dante, la testualità poetica entrò prepotentemente nel mio lavoro, con le sue dinamiche ritmiche e di significato. Molto giovane – avevo 14 anni! – ho allestito il mio primo spettacolo, *Il bugiardo* di Goldoni. Poi scoprii il teatro contemporaneo con Beckett e il Sartre di *A porte chiuse*. Intanto, però, arrivavano le compagnie della grande avanguardia americana, come il «Living Theatre», ovvero tutto un mondo in cui gesto e parola si intrecciavano, e il testo era canto o urlo. Conobbi Eugenio Barba. Conobbi Jerzy Grotowski. E il mio lavoro prese una direzione più sperimentale, più vicina alla musica e alla danza. Ma quando negli anni Novanta capii che il mio linguaggio si stava trasformando in manierismo, ricorsi di nuovo alla testualità dalla quale ero partito. È quello che è successo agli artisti della transavanguardia che rientravano nella pittura, nella cornice, con una libertà e una forza maggiori. Il testo dava una prospettiva al mio linguaggio e al mio lavoro. Non ho fatto nessuna scuola di teatro; io sono uno storico dell'arte specialista in romanico, gotico e tardogotico europeo: tornare al testo significava per me concentrarsi sulla drammaturgia, sul racconto, sulla tessitura del racconto attraverso la recitazione.

EBDÒMERO

È un romanzo di Giorgio de Chirico ambientato in un mondo onirico, a me assai congeniale, nel quale la contemporaneità si mescola all'antichità classica. Ho messo in scena *Ebdòmero* tre volte. La prima volta nel 1979, con l'aiuto di Alessandro Mendini, uno dei grandi architetti del Novecento italiano. La seconda volta è stato per un «Theater der Welt» a Colonia, e fu inserito, insieme a *Crollo Nervoso* (altro mio spettacolo di quegli anni), nel film *Theater in Trance* (1981) di Rainer Werner Fassbinder. Un terzo *Ebdòmero* l'ho realizzato al Palazzo delle Esposizioni, a Roma, nel 1993, in occasione della mostra su

de Chirico. Ancora una volta l'arte visiva tornava a far parte del mio lavoro. È durante le prove di questo spettacolo che Sandro Lombardi inventò la maschera teatrale dell'attore di varietà, in frac e bombetta, che è tornata poi nell'*Edipus* (1994) di Giovanni Testori e in tutta la *Trilogia degli scarrozzanti* che misi in scena, innamorandomi del linguaggio di questo grande scrittore. Chi sono gli «Scarrozzanti»? Sono un'imma-ginaria compagnia girovaga, di varietà, ultimo esempio di un teatro che ha nutrito Fellini, Germi, Visconti, e che ora è completamente scomparso. Il frac che Sandro indossava in scena era quello che Eduardo De Filippo usava durante le prove, ed è un regalo che Esa De Simone (avvocato di Eduardo nonché nostra grande amica) aveva fatto a Sandro, che le ricordava molto Eduardo!

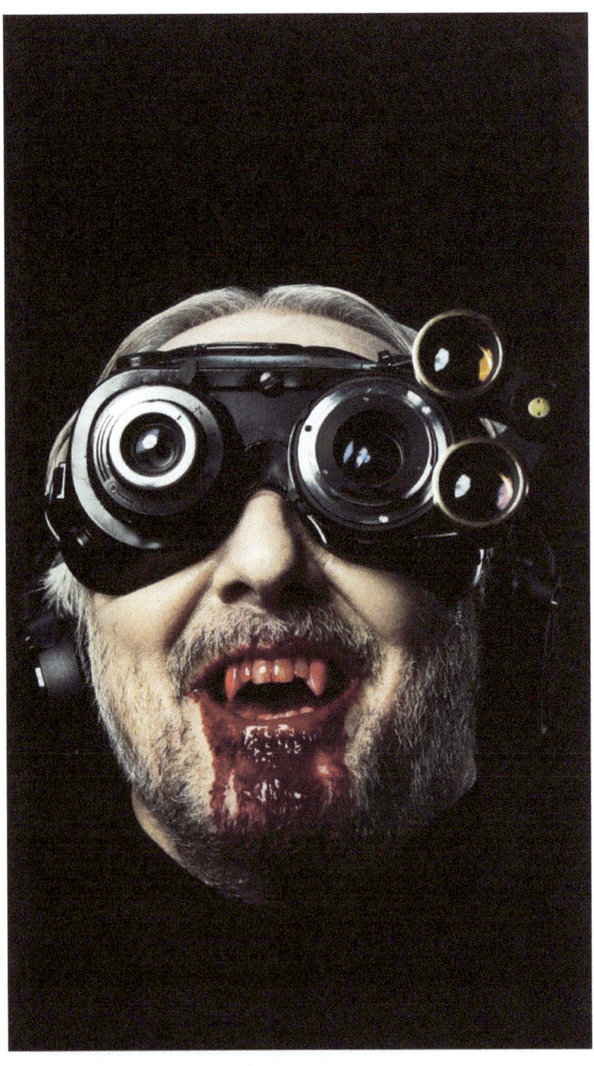

Giovanni Franzoni (Giorgio Vasari in Vasari. Le vite)

FIRENZE

Qui, tra parentesi, scriverai: «lungo silenzio». Allora, Firenze, come si suol dire, è stata una matrigna, nel senso che non ha mai ascoltato la mia proposta teatrale. L'ha ascoltata solo in tempi relativamente recenti. Quando ho cominciato a diventare un professionista del teatro, lavoravo molto di più a Roma, Milano, Torino, Venezia, Napoli. Firenze è stata completamente sorda a quello che facevo. Nessuno, a Firenze, dava credito a una compagnia di giovani che pure stava ottenendo non solo i primi successi ma anche i primi premi importanti, le prime grandi *tournée* europee, le presenze in prestigiosi festival. Basti pensare che i tre spettacoli danteschi sono stati prodotti dal Teatro Metastasio di Prato e che, nel 2021, *Il Purgatorio. La notte lava la mente. Drammaturgia di un'ascensione* è stato prodotto dalla Compagnia insieme alla Fondazione Teatri di Pistoia (con cui collaboro da anni…), dalla Fondazione Cassa di Risparmio di Pistoia e Pescia, dal Comitato Nazionale per la celebrazione dei 700 anni dalla morte di Dante, dal Metastasio di Prato… da tutti, insomma, fuorché Firenze. Curiosamente sorda e cieca nei confronti del mio lavoro.

GORDON CRAIG

Edward Gordon Craig è facile! Federico Tiezzi è la reincarnazione di Craig. Lui stesso me lo ha confermato apparendomi in sogno. I suoi insegnamenti per me sono stati fondamentali. Io non muovo passo teatrale senza la rilettura continua e ossessiva dei suoi testi teorici. Accanto a lui, ora, ci metto un altro grande del teatro del Novecento, il tedesco Max Reinhardt. Loro sono i miei numi tutelari.

HAMLET

Gli ho dedicato quattro anni, e indovina dove? Sempre a Prato. Perché, come al solito, Firenze è stata lontana dal progetto. Ho lavorato su *Amleto* per quattro anni, raggruppando le scene del testo in modi sempre diversi. Il primo anno mi sono concentrato sui sogni e i fantasmi di Amleto [*Scene di Amleto*, 1998], il secondo anno sui rapporti con la famiglia [*Scene di Amleto II*, 1999], il terzo anno sulla linea 'freudiana' del testo. Infine ho allestito uno spettacolo per palcoscenico [*Amleto*, 2002]. Le *Scene di Amleto* infatti non sono nate per palcoscenico, ma per il Teatro Fabbricone di Prato. Per il mio amico Stefano Massini, *Scene di Amleto* è uno degli spettacoli più belli che abbia fatto e che lui abbia visto! I pezzi più famosi della tragedia li ho fatti tradurre da Luzi, per esempio la morte di Ofelia o «Essere o non essere» (che, nella versione di Luzi, diventa «Essere o no»: una bellissima idea). Ma la maggior parte della traduzione era di Gerardo Guerrieri, che è stato un fondamentale punto di riferimento del teatro italiano e che è stata la prima persona ad aver invitato un mio spettacolo a essere rappresentato a Roma.

IFIGENIA IN AULIDE

L'ho allestita a Siracusa nel 2015. Gli attori principali erano Elena Ghiaurov, Sebastiano Lo Monaco e un altro grande attore che il cinema ci ha rapito, Francesco Colella. La protagonista era Lucia Lavia, che ha offerto una *performance* grandiosa. È il primo spettacolo che ho portato in scena a Siracusa, in un teatro dove ha recitato Eschilo, e che ho molto amato anche grazie all'ausilio delle maestranze siciliane e dei giovani della scuola dell'Inda. Mi trovo bene in un teatro dove ha recitato Eschilo! La forza di *Ifigenia* risiede nella parola di Euripide, che è spazializzata, nella sua forza così come nella sua malinconia. E, recitata all'interno del teatro greco, ascoltata da spettatori attenti, incollati a ogni parola, si tramuta in una riflessione filosofica sull'essere umano, sul tempo, sulla vita. La recitazione, anche in questo caso, è essenziale; e dentro a quello spazio ha un peso specifico essenziale.

LUZI

Andai da Luzi per chiedergli il lavoro di drammatizzazione del *Purgatorio* di Dante, perché nel suo *Nel magma* (1966) – e in molta della sua poesia – si intuisce una conoscenza profonda della cantica, si rintracciano molte citazioni dal *Purgatorio*. Ho lavorato con Luzi al *Purgatorio* per ben tre mesi, discutendo per giorni su ogni minima sfumatura del verso e della parola dantesca – fino alla prova generale! Dopo quel lavoro, siamo diventati amici. Lui è diventato molto amico di Sandro dopo averlo visto recitare. Si adoravano, loro due, e avevano punti di vista molto simili. Parlavano di Gadda, di Montale, della Firenze delle *Giubbe Rosse*. Sandro ha dedicato anche un libro a Luzi [*Queste assolate tenebre*, 2015]; fra loro c'è stato un rapporto molto profondo. Dopo il lavoro sul *Purgatorio*, gli ho chiesto di scrivere un testo su *Pontormo*, interpretato da Sandro, per il Maggio Musicale Fiorentino, con le musiche di Giacomo Manzoni: s'intitolava *Felicità turbate* (1995). Poi, per il suo novantesimo compleanno, mi è stato chiesto di realizzare per la scena *Viaggio terrestre e celeste di Simone Martini* [Siena, Teatro dei Rozzi, 2004], il libro poetico di Luzi che preferisco. In occasione del Giubileo, mi è stato chiesto di riproporlo: lo rifarò molto volentieri. C'è stata, insomma, una frequentazione lunga con Luzi. Gli avevo proposto anche di riprendere in mano uno dei suoi grandi drammi (*Rosales* o *Hystrio*), perché avevo pensato di realizzarli, ma poi, dopo la sua scomparsa, il progetto si è arenato. Però riprenderà il largo, ne sono sicuro!

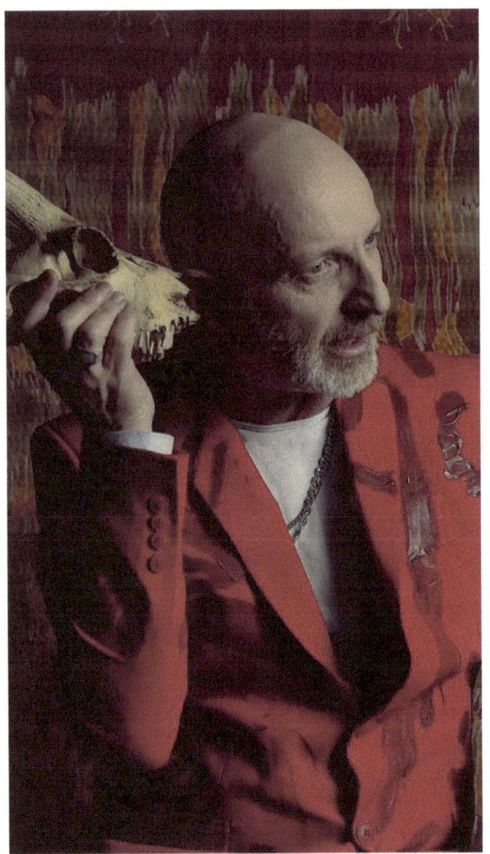

Roberto Latini (Rosso Fiorentino in Vasari. le vite)

MAGAZZINI

La compagnia per un certo periodo si è chiamata «Magazzini criminali», poi è diventata «Magazzini». Il nome deriva dal genere letterario che in quel periodo piaceva molto a me, a Marion [D'Amburgo] e a molti della Compagnia, ossia la hard boiled school americana: le storie gialle da Dashiell Hammett a Raymond Chandler. E i primi libri di Cormac McCarthy, con quel suo mondo di frontiera terribile e misterioso. Inoltre, e questo era il motivo principale, in *Le Mystère laïc* [1926], Jean Cocteau definisce i quadri metafisici di de Chirico (che, per me, sono i quadri fondamentali del Novecento italiano) un «magazzino di oggetti criminali» dando alla parola «criminale» il senso di «al di là del discrimine». Perciò, noi della Compagnia decidemmo di chiamarci «Magazzini criminali»: quasi un nome boutade. La cosa adesso fa ridere, ma all'epoca (con l'aiuto di un grande critico di allora, Franco Quadri, e di una grande architetta, Gae Aulenti) capimmo che avevamo preso una strada troppo intellettualistica e che perciò venivamo fraintesi. «Chi va a pensare a Cocteau o a de Chirico o agli oggetti dell'arte metafisica…? La gente pensa tutt'altro, e si chiede cosa voglia significare quel "criminali"», ci dicevano. La cosa mi dispiaceva molto perché portava a interpretare il mio lavoro in modo del tutto inaspettato e sbagliato. Quindi, dopo un paio d'anni la qualificazione di «criminali» cadde. Rimase, però, la parola «Magazzini», perché Cocteau e de Chirico continuavano comunque a risuonarci nella testa. Diventammo «Magazzini» nel 1985, quando lavoravamo ancora nel teatro che ho contribuito a realizzare, l'attuale Teatro Studio di Scandicci, che all'inizio si chiamava «Teatro i Magazzini». Mi piaceva l'idea di un magazzino teatrale all'interno del quale viene stipato tutto. E che, tra quei manichini e tra quelle marionette dechirichiane, l'attore trovasse la sua strada, avendo Cotrone come guida. È in questi anni che cominciai a ideare i primi testi, a riflettere sulla recitazione, a ritrovare la strada della testualità. Poi, verso il 2001, con l'affermarsi graduale dei nostri nomi, siamo giustamente diventati «Compagnia Lombardi-Tiezzi».

NEW YORK

New York per me è sinonimo di danza, della quale sono felice di essere un conoscitore e un cultore. New York per me è Merce Cunningham e John Cage, è Trisha Brown e Simone Forti, è Steve Paxton. Tutti personaggi che ho conosciuto non a New York, bensì a Roma, durante una grande mostra d'arte, fra il 30 novembre 1973 e il 28 febbraio 1974, che si chiamò *Contemporanea* e che fu realizzata da Achille Bonito Oliva. Oltre ai più grandi artisti italiani e stranieri dell'epoca (Giulio Paolini, Mario Merz, Mario Schifano, Alighiero Boetti, Jannis Kounellis, alcuni dei quali divenuti, in futuro, miei collaboratori), vennero invitate anche com-pagnie teatrali (fra le quali «Il Carrozzone») e compagnie di danza. E poi c'era Bob Wilson, che ci propose di partecipare come attori a ben due lavori che lui faceva a *Contemporanea*. Questi artisti (Trisha Brown, Simone Forti, Steve Paxton, Bob Wilson) che ho poi frequentato a New York hanno avuto il compito importante di "svecchiare" il teatro e la danza che si facevano in Italia. Era un momento magico quello, nella prima metà degli anni Settanta, perché finalmente si toglievano i confini ai vari linguaggi dello spettacolo: non c'erano più il teatro, la danza, l'arte visiva, il cinema e la musica separati, ognuno dietro al proprio muro; ma c'era un comunicare continuo, fra di loro, di questi linguaggi, che s'incontravano e si connette-vano, si riversavano l'uno nell'altro, con semplicità, senza forzature. Intenzionati a rinnovare il linguaggio della propria arte, gli artisti lo rinnovavano tramite altri linguaggi. È stato un momento fondamentale. Ricordo John Cage, che, nella mia esperienza teatrale, è stato importante tanto quanto Luca Ronconi o Giorgio Strehler. Ricordo Merce Cunningham, che vidi nel 1972 a Milano, al Festival Milano Aperta. Rimasi folgorato da *RainForest*, tanto per le coreografie quanto per la scenografia, per la quale Andy Warhol permise a Cunningham di utilizzare la sua installazione *Silver Clouds*, con tanti cuscini riempiti di elio che fluttuavano nell'aria. New York significa Meredith Monk con il lavoro sulla voce, il Living Theatre, Laurie Anderson, Lucinda Childs… o il cinema di Warhol e di Markopoulos e di Jonas Mekas… le gallerie, il *Club 54*, le autostrade chiuse sotto alle Torri Gemelle… la musica di Bowie e di Lou Reed, il "Maestro di Flémalle" ai Cloisters e il teatro-soul dell'Apollo Theatre a Harlem… tutto un mondo di linguaggi che si rinnovavano, un mondo di felici connessioni e conoscenze. New York aprì le porte al nuovo e trasformò il linguaggio, sia italiano che europeo, degli artisti più attenti.

OPERA LIRICA

Iniziai con *Norma* nel 1991 al Teatro Petruzzelli di Bari, dove aveva debuttato *Il Paradiso* di Dante. Mi chiesero che scenografo volessi, e dissi Mario Schifano, col quale diventammo molto amici e col quale feci in seguito altri lavori. In realtà, già nel 1980, in *Crollo nervoso* (da me definito «dramma intergalattico»), un ottimo critico teatrale fiorentino, Paolo Emilio Poesio, aveva notato in me una *allure*, una mano, da teatro d'opera… Io sono un musicista "non riu-scito", e la musica è sempre stata il mio secondo piatto. Il primo era il teatro, il secondo era la musica. Nell'opera trovo la possibilità di un tipo di lavoro teatrale diverso: improvvisamente mi trovo con un co-direttore, non sono più solo, siamo in due. È il direttore d'orchestra. Ed è dal nostro legame, dalla nostra comprensione o dalla nostra incomprensione, che nascono gli spet-tacoli d'opera. L'opera inoltre mi permette di avvicinarmi ai miei due o tre amori: ossia, oltre ovviamente a Verdi, soprattutto a Puccini e al mio amatissimo Wagner. La musica contemporanea la conosco bene, con molti musicisti ho collaborato: Giacomo Manzoni al Maggio, Francesco Pennisi, sempre al Maggio; Salvatore Sciarrino, Giancarlo Cardini, Silvano Bussotti… E poi Henze, Dallapiccola…

PASOLINI

Per noi, che abbiamo vissuto la sua vita e soprattutto la sua morte, è l'intellettuale fondamentale nella nostra crescita morale oltre che artistica. Con i suoi versi, i suoi romanzi, il suo cinema, Pasolini ci indica un nuovo modo d'interpretazione della realtà, un nuovo uso del linguaggio. Le sue poesie e *Petrolio* (il suo ultimo romanzo), secondo me, sono i grandi monumenti della letteratura italiana del Novecento. Pasolini riesce a disciplinare le sue visioni all'interno di strutture linguistiche teorizzate da lui stesso: strutture linguistiche che danno una forma comunicativa al suo pensiero. E questo suo pensiero, assai vivo, e spesso fortemente ideologico (come tutto, in quegli anni), s'incarna nelle sue opere compiendo un salto che va oltre l'ideologia. Pasolini per me, per non dire per Sandro, è stato il grande autore, il grande scrittore, il grande artista, che, letteralmente, ci ha formato e aperto, con la pluralità della sua opera, la mente! Ricordo che dopo aver visto *Edipo re*, al cinema ad Arezzo, ho rubato i manifesti del film. Era il 1966, li conservo ancora.

QUADRI

Fu Quadri, il più grande critico dell'epoca, a scoprire la compagnia, agli inizi. Le nostre prime tournée estere vennero fatte, spesso col suo aiuto: la sua ospitalità era leggendaria… Era molto spregiudicato. All'epoca il teatro aveva molti compartimenti: l'avanguardia, il teatro di tradizione, il teatro d'opera. Franco Quadri attraversava tutto, oltrepassava ogni divisione. I premi che ha inventato, cioè i premi Ubu, premiavano spesso componenti diverse (a volte in contrasto tra di loro) del teatro. Quando penso a Quadri, penso che il teatro sia come una catena in cui ogni anello corrisponde a una forma o a uno stile "del fare teatro". Però, questi anelli sono uniti, fanno tutti parte di un'unica catena e sono tutti collegati fra di loro: tutti questi anelli sono il teatro, e non ce n'è uno migliore e uno peggiore. Sono modi differenti di esprimere la stessa arte. Sono lo stesso linguaggio. Aveva uno sguardo acutissimo sull'arte teatrale. E credo che dopo la sua scomparsa (e dopo la scomparsa di quel gruppo di amici e collaboratori che aveva intorno), la critica teatrale abbia perso tanto: oggi la critica

teatrale non è più così efficace, anche perché non si sa più dove leggerla.

ROMA

Il lavoro della Compagnia iniziò a Roma. La prima accoglienza teatrale venne fatta (a me, a Sandro, alla Marion, ovvero al nucleo creativo della compagnia di allora) dalle cantine. Lavorammo molto al *Beat '72* di Simone Carella, uno dei grandi artisti dell'epoca, oppure alla *Piramide*, un altro teatro-cantina di un altro grandissimo artista che si chiamava Memè Perlini… I miei spettacoli furono accolti da questi artisti-operatori teatrali. Furono la loro presenza e la loro immaginazione, in quegli anni, a rinnovare sia Roma sia il teatro. Roma è stata un continuo punto di riferimento. Il teatro Argentina ha accolto gli spettacoli danteschi e moltissime altre mie produzioni… Al Teatro Valle ho rappresentato i miei spettacoli fino a quando non è stato chiuso. Ho lavorato anche al Teatro Tenda di Lisi Natoli… Insomma Roma rappresenta ciò che Firenze non è mai stato. E con Roma e a Roma il mio lavoro è cresciuto, maturando il suo linguaggio.

SAMUSÀ

Samusà significa Virginia Raffaele, un'attrice di grande spessore e bravura. La sua voce è come una intera orchestra: Virginia può essere un violino, una tromba, un tamburo, un pianoforte... È questi strumenti tutti insieme. Ascoltando Virginia si deve accettare di perdere l'orientamento nel labirinto delle mille voci che sono in lei e che danno vita a questo spettacolo. Nonché di farsi accompagnare per mano nella casa degli specchi del suo *Luna park* dove ogni cosa è se stessa e il suo contrario. Ho accompagnato Virginia nel suo privato e pubblico *amarcord* sulla sua vita al *Luneur*, il grande *Luna park* di Roma: l'intensità e la dolcezza dei ricordi dell'artista come giostraio sono state la mia guida. Se lei è una "giostra", io sono colui che l'ha aiutata a imbarcare gli spettatori in questo viaggio, in questa casa dei fantasmi nella quale i molti inquilini che la abitano parlano contemporaneamente in una polifonia caleidoscopica. Ricorda molto Jane Avril, musa di Toulouse-Lautrec e amica di Freud. Tutti la conosciamo per i suoi interventi televisivi. Ricordo che vidi un suo pezzo sulla *Carmen* di Bizet a Sanremo alcuni anni fa, e ricordo che pensai: «questa attrice comica è completamente diversa dalle altre». Di lì a poco, mentre ero alla Biennale di Venezia, ricevetti una sua chiamata nella quale mi chiedeva se fossi interessato a lavorare con lei, ed io le risposi: «sono entusiasta di sentirla e sono entusiasta di lavorare con lei». Fra noi, sul lavoro, c'è una comprensione intellettuale assoluta, fatta di silenzi e di sguardi: abbiamo lavorato per dare vita a quella moltitudine di ombre che Virginia estrae dalla notte dei ricordi per spingerla a parlare, a essere nei giorni felici, negli anni felici del qui e ora, novella Winnie di Beckett. *Samusà* [Vignola, Teatro Ermanno Fabbri, 8 febbraio 2020] è il racconto della sua vita, della sua infanzia, di tutte queste cose. È come un racconto sospeso a metà tra Gadda e Fellini. Tra Proietti e Franca Valeri.

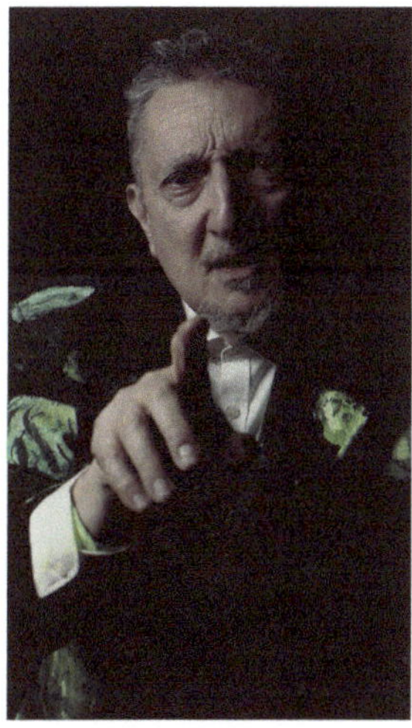

Sandro Lombardi (Potorno in Vasari. Le vite)

TESTORI

Testori, insieme a Pasolini, è stato il mio grande punto di riferimento teatrale, letterario, poetico, artistico. Inizialmente l'ho scoperto come poeta. Venni folgorato da una sua raccolta di poesie che si intitola *Ossa mea* (1983) e feci un recital dove commentavo le sue poesie, che recitavo, con le musiche di Jimi Hendrix e dei Queen, miei grandi amori giovanili che ho scoperto più tardi erano anche i suoi. Alcuni anni dopo, Sandro e Giovanni Agosti mi proposero di realizzare (con Sandro protagonista) l'*Edipus* [Firenze,

Teatro di Rifredi, 13 gennaio 1994]. Uno spettacolo che ebbe in totale qualcosa come cinque o seicento repliche. Poi il mio amore nei confronti di Testori è continuato mettendo in scena i suoi ultimi testi di teatro in versi, ossia *I tre lai* (sempre con Sandro protagonista), un'opera fondamentale della letteratura poetica e teatrale del Novecento. Ho conosciuto Testori quando venne a vedere *Il ritratto dell'attore da giovane* [1985] che replicava a Milano: ho visto molti dei suoi spettacoli, e nel 1988 ho assistito alla prima di *In exitu* con Franco Branciaroli (per la regia di Testori stesso), durante la quale gli spettatori della Pergola iniziarono ad alzarsi e a uscire a ogni parola "non-ortogonale" del testo. Mi pareva di essere stato catapultato per magia negli anni '60 quando ho visto *Paradise Now* del Living Theatre, con il pubblico che protestava… Ricordo di averlo abbracciato in camerino, felice di aver ascoltato un capolavoro. Mi chiese di fare la regia del *Confiteor*, rifiutai: il testo narra dell'assassinio di un ragazzo affetto da sindrome di Down da parte del proprio fratello. È un testo di forte violenza espressiva, cupo nel delirio del fratello che confessa alla madre l'omicidio. Sentii che non sarei riuscito a "farlo parlare" attraverso una mia regia. Poi con Testori per tanti anni abbiamo progettato di fare *L'Arialda*. Con Testori c'è stata, insomma, una connessione, uno scambio, un po' come è accaduto con Luzi, o con Sanguineti o Giudici… anche se un po' più a distanza, perché Testori era a Milano e Luzi era a Firenze. Ho conosciuto anche la sua famiglia: la sorella, i nipoti… Uno dei suoi nipoti, Giovanni Frangi, è un fantastico pittore che è stato mio collaboratore. Fece, per esempio, le scene di *Zio Vanja* per il Teatro Studio di Milano. E ha collaborato anche ai miei video per le scene e i costumi, dipingendo cappotti, giacche, tute da lavoro… video… che spero siano la «V».

(LA «U», CHE SAREBBE STATA «UBU», SALTA, E…) LA «V» È VASARI

Siamo arrivati alla V e poi si chiude! Ti ri-dico per la milionesima volta che sono uno storico dell'arte. Ho studiato con Roberto Salvini e Mina Gregori. Non ho fatto Accademie d'arte drammatica, grazie al cielo! E anche Sandro ha fatto il mio stesso percorso di studi e di lavoro. Dunque: Vasari prima di tutto è una delle glorie di Arezzo dove ho frequentato il Liceo Classico. Ad Arezzo prima o poi finisci a visitare sia la Casa di Vasari che la Casa di Petrarca, l'altra gloria cittadina. Ho letto le *Vite* quando facevo l'università e mi interessarono moltissimo. A colpirmi fu il fatto che Vasari dà spazio ai fatti privati degli artisti, al rapporto coi committenti, alla *noluntas*, quella specie di malinconia depressiva che talvolta coglie noi artisti e che dà vita a quei fatti della vita privata che sono misteriosamente il ponte verso l'opera d'arte… e mi accorsi che i problemi di un artista del Medioevo o del Rinascimento o del Cinquecento sono identici ai problemi, alle passioni, agli inganni, alle angosce, di un artista di oggi. Quindi ho deciso di far teatralizzare in una nuova drammaturgia le vite di alcuni pittori "nati sotto Saturno" e ho chiesto di vedere in quelle *Vite* un innesco della nostra contemporaneità. Eravamo sotto l'assedio del Covid e ricevevo dei cosiddetti «video di teatro» senza alcun interesse, nei quali c'erano attori che recitavano poesie di fronte a una telecamera. Poco interessanti e soprattutto senza nessuna ragione d'arte. Ho pensato: «perché non provare a fare teatro "per video", pensato e realizzato per quel linguaggio?». Ho aperto una connessione fra vari linguaggi (cinema, arte visiva, teatro), e ho realizzato sette ritratti pensati per essere esposti nei Musei "come quadri parlanti" accanto ai quadri delle epoche passate. Sono i ritratti di Pontormo, Rosso, Sodoma, Paolo Uccello, Buffalmacco, Piero di Cosimo, lo stesso Vasari: artisti delle *Vite* ma in veste totalmente contemporanea, e interpretati da eccellenti attori.

Fabrizio Sinisi è il giovane drammaturgo che ha realizzato le sette drammaturgie. È uno scrittore che accompagna il mio lavoro dai tempi dei *Promessi sposi alla prova* di Testori; sono quindici anni che lavoriamo insieme. Ecco, domandai a lui di riscrivermi queste sette *Vite*, portando il testo vasariano dalla terza alla prima persona, quasi fossero testamenti *post-mortem*, e sottolineando

l'aspetto umano fatto di angoscia, di problemi quotidiani, di sospetti, di malattie, di incomprensioni, di divertimento. Di Rosso Fiorentino, per esempio, ero interessato oltre che ai suoi quadri alla sua morte: si suicidò dopo aver portato a processo uno dei suoi collaboratori accusandolo di averlo derubato, cosa che si dimostrò falsa. E poi c'è Piero di Cosimo che creava apparati carnevaleschi in cui ci sono i morti che escono dalle tombe e che cantano una canzone. O Pontormo… saturnino e malinconico. O Sodoma, che ama i ragazzi e si circonda delle bestie che poi dipinge, conducendo una vita lussuosa e fuori da ogni regola. O Vasari, che ho trasformato nel vampiro che è: un "succhiasangue" delle vite altrui. Mi interessano tutti questi elementi teatrali: gli artisti che parlano del loro rapporto con i committenti, l'ossessione di Giorgio Vasari per il denaro, l'impossibilità creativa… tutti aspetti che vedo sia nei pittori di allora sia negli artisti di oggi. Questi video stanno in un mezzo: tra il teatro, il cinema, le arti visive; linguaggi connessi tra loro. I ritratti che ho realizzato per ora sono sette, ma spero in futuro di poterne realizzare altri, perché mi piacerebbe che la raccolta delle *Vite* fosse il più completa possibile. Sono sette artisti nati sotto Saturno, tutti artisti saturnini, tutti "fuori squadra" – direbbe Amleto – ma che ci guardano da lontananze di secoli – siderali –, con gli occhi di oggi, come fa il mio amatissimo Pontormo…

E, ora, a questo punto, dimmi la «Z», che la faccio brevissima.

ZANDONAI…

No, dai, *Zandonai* no.

MA CON LA ZETA CHE COSA TROVAVO?

Trovavi il libro che mi hai fatto leggere tu! *Zooey* di Salinger… Bellissimo.

IL TITOLO SAREBBE *FRANNY E ZOOEY*, MA SÌ, È VERO, È BELLISSIMO.

La Musica di Scena: Un Contrappunto alla Drammaturgia

Di Francesco Verdinelli

Compositore e musicista, inizia a sei anni a suonare il piano, nella prosecuzione degli studi passa dal classico al jazz, al rock, al blues avvicinandosi al suo secondo strumento che è la chitarra, scelta popolare negli anni '70. Giovanissimo è musicista in studio di registrazione per diverse produzioni alla RCA, alternando la sua attività fra composizione e concerti dal vivo, sul palco con gli artisti fra i più blasonati dell'epoca. Dagli anni '80 si dedica totalmente alla composizione firmando colonne sonore per il cinema, e in teatro musiche di scena e musical, parallelamente scrive anche la musica per film e per numerosi documentari e programmi televisivi. Ha composto musiche di scena per oltre 300 fra pièce teatrali, colonne sonore per il cinema e la televisione. Ha composto inoltre le musiche ufficiali in octofonia per la mostra interattiva per i 30 anni del WWF Italia (1996).

inema ha composto le musiche originali, fra gli altri per i film: "Cuore Cattivo" di Umberto Marino con Kim Rossi Stewart e Valerio Mastrandrea. "Angela come te" di Anna Brasi con Barbara de Rossi ed Antonella Ponziani. "La Vita di scorta" di Piero Vida con Anna Galiena, Manuela Torri, Urbano Barberini (festival di Venezia) "Mala Tempora" di Stefano Amadio "Diritto di sognare" di Renzo Rossellini "Voglio correre" (moto gp Sky)

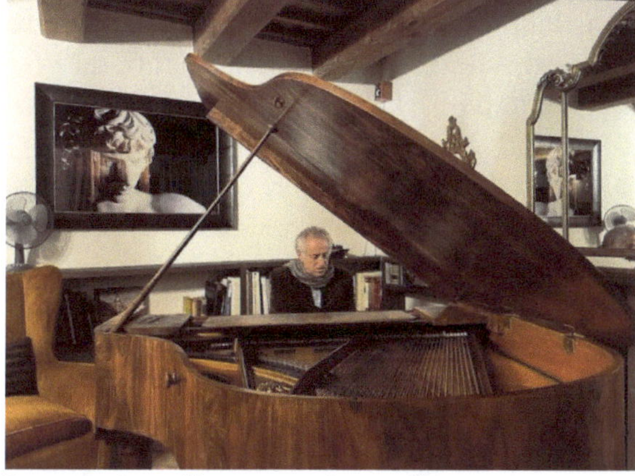

La musica di scena, è quella componente sonora che arricchisce le rappresentazioni teatrali giocando un ruolo cruciale nella creazione dell'atmosfera e nello sviluppo della narrazione, diventando un elemento fondamentale del racconto che interagisce attivamente con il testo e la drammaturgia.

La musica di scena, appositamente composta, nella maggior parte dei casi funge fondamentalmente da "contrappunto", coinvolgendo maggiormente il pubblico nell'insieme emozionale dell'opera.

La musica di scena nel contesto teatrale ha diverse funzioni:

Stabilire l'atmosfera: le sonorità possono evocare emozioni specifiche contribuendo a creare il *mood* della scena.

Sottolineare il contenuto emotivo: rendendo più palpabile lo stato d'animo dei personaggi e delle situazioni.

Riflettere il tempo e il luogo: la scelta di particolari stili musicali può collocare la storia in un contesto temporale e culturale specifico, rendendo il racconto più autentico e immersivo.

Creare transizioni: la musica di scena può fungere da ponte tra diverse scene o atti teatrali preparando il pubblico a cambi di tono o di ambiente.

La Drammaturgia e il Ruolo della Musica

La drammaturgia si avvale della musica non solo come supporto ma come elemento conarrativo interagendo con il testo in modi sorprendenti. Commentare, contraddire o persino amplificare le parole pronunciate dai personaggi, crea un dialogo sonoro che arricchisce il significato complessivo dell'opera. Un esempio? Nel teatro moderno, compositori come Igor Stravinsky e Benjamin Britten hanno saputo utilizzare la musica per riflettere le tensioni e i conflitti presenti nei testi, creando un contrappunto che sfida le parole e offre una nuova dimensione interpretativa. La musica, in questi casi, non si limita a commentare la drammaturgia, ma diventa una voce autonoma che interagisce con la narrazione, fornendo ulteriori strati di significato.

Contrappunto Musicale e Narrativo

Il contrappunto che in musica rappresenta la "contrapposizione" fra due o più melodie, suonate simultaneamente, può essere applicato idealmente anche alla relazione fra testo e musica fungendo da narrazione parallela al testo ed offrendo così una risposta emotiva o un'interpretazione alternativa.

Un esempio di questa pratica è l'opera classica, dove la musica e il libretto si intrecciano in un dialogo costante. Nelle opere di compositori come Giuseppe Verdi, la musica non solo accompagna il testo, ma amplifica le emozioni dei personaggi, creando un contrappunto che ne arricchisce l'esperienza drammatica. Le arie, i cori e le sinfonie non sono semplici accompagnamenti ma parti integranti della pièce che possono commentare e approfondire le dinamiche della trama.

La Musica di Scena nella Pratica Teatrale Contemporanea

Nella pratica teatrale contemporanea la musica ha assunto un ruolo sempre più centrale. Registi e compositori collaborano strettamente fin nelle fasi iniziali del processo creativo. Questa sinergia permette di esplorare nuove possibilità espressive, dove la musica non è più un elemento aggiuntivo ma parte integrante della scrittura drammaturgica. Un esempio significativo è rappresentato dal teatro musicale, dove la musica e la danza si fondono con la narrazione per creare un linguaggio espressivo unico. Qui, melodie ed armonie diventano il mezzo attraverso cui si raccontano le emozioni più profonde, superando i limiti del linguaggio parlato e creando un'esperienza visiva e sonora coinvolgente. Inoltre, l'uso di tecnologie moderne, come il sound design e le sonorità elettroniche, hanno trasformato ulteriormente il panorama teatrale.

Il suono può ora essere "manipolato" in tempo reale per adattarlo alle esigenze drammaturgiche, creando un'immersività senza precedenti. Ciò ha portato a una maggiore sperimentazione, dove la musica di scena può sfociare in un'esperienza multisensoriale che coinvolge il pubblico in modi nuovi e innovativi.

In sintesi, nella continua evoluzione del teatro contemporaneo, la musica continua a svolgere un ruolo centrale, invitando a una riflessione profonda sulla sua capacità di raccontare.

E' difatti attraverso il dialogo tra musica e drammaturgia che si crea una forma d'arte dinamica e in continua trasformazione capace di toccare le corde più profonde dell'animo umano. Dal punto di vista creativo della mia personale esperienza, vivere, socializzare e viaggiare sono sempre stati un arricchimento prezioso e fonti inesauribili.

Un piccolo esempio: un tramonto a Los Angeles è diverso da un tramonto in Oriente o a Calvi dell'Umbria; colori, sapori e quindi suoni e armonie si compongono nell'intimo prima che sulla carta. È solo successivamente che il tuo vissuto e soprattutto le emozioni, in modo consapevole o inconsapevole, vengono a galla e le ritrovi nell'istante in cui butti giù le prime note di un nuovo lavoro.

Quando si scrivono musiche di scena, ci si muove all'interno di una costruzione narrativa, iniziando a vivere la storia e facendola tua nei vari passaggi.

Dal punto di vista più "tecnico", dopo aver letto il copione, mi confronto con il regista del progetto mentre l'idea creativa nasce, libera, dal percorso ormai assimilato. Ogni progetto ha il suo vissuto, i suoi personaggi, i ricordi e le emozioni ad esso legati.

Ho avuto la fortuna di collaborare con diversi registi che hanno fatto la storia del teatro e del cinema: da Tinto Brass a Giancarlo Nanni, per il quale ho scritto le musiche di scena di numerosi suoi spettacoli teatrali. Nel cinema ho lavorato molto bene con il grande Renzo Rossellini, con Umberto Marino e con Saverio Deodato. Nel settore del musical ho scritto per diversi lavori, alcuni dei quali sono stati rappresentati in Italia e all'estero con centinaia di repliche. Mi ritengo quindi fortunato di aver lavorato con persone di gran sensibilità come Antonio Salines, Alberto Bassetti, Carlo Emilio Lerici, Gianni de Feo, Pino Strabioli, Luca de Bei, Patrick Rossi Gastaldi.

Nelle realizzazioni odierne non sempre si può ricorrere a musica dal vivo o ad intere orchestre, il mio lavoro spesso si svolge da solo o con pochi collaboratori in studio, ma l'emozione di lavorare con un intero ensemble a disposizione, in alcuni casi ancora esiste. E che dire…ancora oggi il suono degli archi, i tanti elementi del coro, gli ottoni, i timpani, le alte armonie che si espandono in grandi spazi ancora mi commuovono. Evviva la tecnologia, ma il lavoro "artigianale" è ancora oggi il mio preferito.

INTERVISTA AL MAESTRO LINO PATRUNO
Sul Teatro e la Carriera Artistica
di Jazmin Torrice

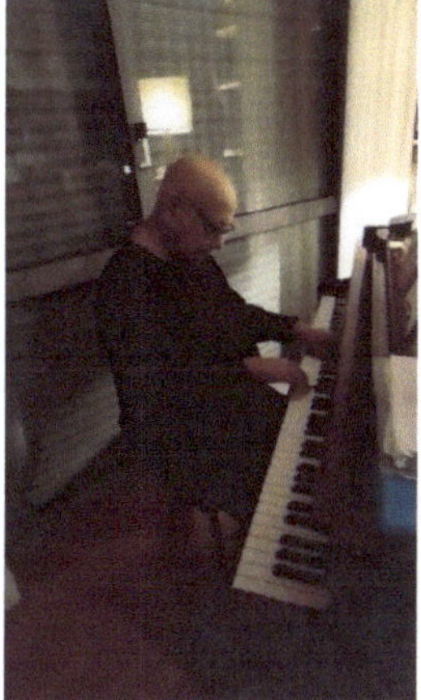

Roma, 29 novembre 2024
Casa di Lino Patruno

JAZMIN TORRICE: Maestro Patruno, lei è uno dei maggiori jazzisti e musicisti a livello internazionale, nonché uno dei fondatori dei Gufi, e ha ricoperto un ruolo fondamentale come attore. Com'è nata quella esperienza e qual è stato il suo rapporto con gli altri membri del gruppo, come Brivio e gli altri.

LINO PATRUNO: Devo dire che non è che, a un certo punto, mi sia messo in testa di fare teatro. Partendo dalle origini, vivevo a Milano e frequentavo il corso da geometra, dove mi sono diplomato. Successivamente, mi sono impiegato alla società Montecatini. L'interesse, a quel tempo, non era per le "stupidaggini" - anche se, come allora, esistevano quelle stile RAI -. Noi ragazzi, però, eravamo più propensi verso le nuove correnti, come l'esistenzialismo, che arrivava dalla Francia. La colonna sonora di quell'esistenzialismo, però, non era la musica francese, bensì il jazz. Così, si formarono le prime orchestre: a Roma, ad esempio, c'era la *Roman New Orleans Jazz Band*, a Milano la *Milan College*, la *Lambro*, e noi, più giovani, eravamo entusiasti di queste orchestre. Ci mettemmo così a imparare le loro canzoni e a utilizzare i loro strumenti per interpretare anche noi quel genere. Io, in particolare, imparai a suonare il banjo, che avevo comprato a mille lire da Monzino a Milano. Piano piano, andavo a fare le vacanze con la mia famiglia a Senigallia, e un mio amico mi disse: "Guarda, se vai a Senigallia, vai sulla spiaggia, mettiti lì con la chitarra, vedrai che dopo cinque minuti le ragazze ti prenderanno d'assalto". Io risposi che non avevo la chitarra e lui, allora, me la prestò e mi insegnò gli accordi. Così, andai sulla spiaggia e, facendo quanto mi aveva detto, cosa successe? Niente, nessuna ragazza si fermò! E quindi, dato che avevo la chitarra, mi misi a studiarla seriamente. Io non ho mai studiato musica, sono completamente autodidatta. Quando tornai dal mare,

entrai a far parte di una delle prime orchestre della zona: la *Riverside Jazz Band*. Glielo racconto perché è così che sono arrivato al teatro. Ero fidanzato con una ragazza molto bella, che si chiamava Didy Martinaz - con la *ypsilon*- . Era una ragazza bellissima, la *Brigitte Bardot* italiana. Una sera litigammo. Mi chiamò alle tre di notte, svegliando tutta la casa - io vivevo con i miei-, avevo ventidue anni, lei venti, e mi disse che dovevamo vederci il giorno dopo in un ristorante di Milano. Mi presentai, e lei era seduta a capo-tavola, mentre io mi sedetti accanto a lei. Intorno c'erano altre sedie per gli amici. Di fronte a me, c'era seduto un ragazzo e, tanto per fare due chiacchiere, gli chiesi il suo nome. Lui rispose: "Mi chiamo Nanni Svampa". Gli chiesi ancora: "E che fai?" e lui rispose: "Nulla, sono appena tornato dalla vita militare. Poiché non avevo nulla da fare, dato che ero ai servizi sedentari, mi sono messo a tradurre canzoni di Georges Brassens dal francese al milanese. E mi piacerebbe cantarle qui, perché suono anche la chitarra. Conosci il proprietario?" Io lo conoscevo, perché era lo stesso proprietario del Santa Tecla, dove suonavo jazz. Glielo presentai. Poi io e Didy facemmo pace. Il giorno dopo, Didy mi chiamò e mi disse: "Ti ricordi il ragazzo di ieri sera, con cui hai parlato? Bene, da domani suonerà la chitarra in quel posto dove ci siamo incontrati. Abbiamo chiamato anche un amico nostro che fa l'attore e che conosci anche tu, si chiama Brivio. Se vieni anche tu con la chitarra, ci sono ottomila lire al giorno". Ci incontrammo così. Al primo vagito dei *Gufi* c'era: Didy, Svampa, Brivio ed io. Magni non c'era ancora. Però, nel frattempo, io e Didy avevamo litigato, di nuovo, e lei era tornata con il fidanzato che aveva prima di me, un ragazzo gelosissimo. Ci avevano invitato a fare una tournée, ma lei non venne perché il suo ex fidanzato, che era anche il suo nuovo ragazzo, non la lasciò partire. Nel frattempo, arrivò il nostro amico Mimmo da Roma: Gianni Magni, grandissimo Mimmo. Gli chiedemmo di mimare una nostra canzone e fu un successo. Avevamo trovato lo stile del nostro gruppo, che chiamammo *I Gufi*. E così nacque.

JAZMIN TORRICE: Il suo percorso artistico è stato fortemente legato al teatro, in particolare alla musica per il teatro. Come è nato questo incontro tra la sua carriera musicale e il mondo teatrale? Quali sono stati i momenti più significativi in questa parte del suo percorso?

LINO PATRUNO: Ero appassionatissimo sia di cinema che di teatro, dove andavo regolarmente a vedere tutti gli spettacoli. Mi fidanzavo continuamente con tutte, soprattutto con le attrici di teatro, e ho vissuto delle storie bellissime. Per esempio, ho avuto una relazione con Mariangela Melato, che purtroppo non c'è più, o con Marina Malfatti, anche lei scomparsa… Ho avuto diverse storie con attrici, e questo mi ha fatto innamorare ancora di più del teatro. Proprio grazie a *I Gufi*, conobbi Federico Fellini, che a un certo punto venne a vedere una nostra prova. Poco dopo, mi fece chiamare dalla sua segretaria e mi disse: "Salve, il Maestro Fellini la vuole in un film che sta per fare, si chiama *Amarcord*". Così, finii per fare una parte in *Amarcord*. Tutto è sempre stato casuale nella mia vita, ogni cosa è arrivata per caso. All'inizio parlavo con il mio accento milanese, ma Bri-vio, essendo attore, mi disse: "Guarda che così non puoi parlare, devi imparare l'italiano". Così mi misi a studiare la dizio-ne, una cosa che prima non co-noscevo. Ho dovuto imparare, ad esempio, che si dice "bene" e non "*bene*" con l'accento milane-se. E ho imparato tutto da solo. Ecco, ho fatto tutto da solo.

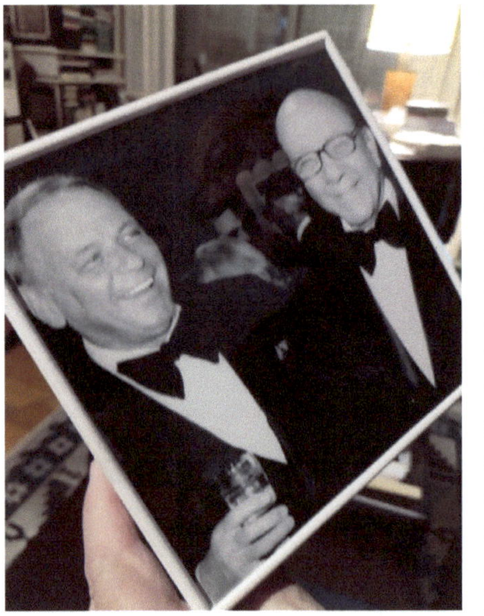

JAZMIN TORRICE: Ha avuto un locale jazz-blues a Roma, il *New Orleans Cafè,* un punto di riferimento per molti appassionati. Mi può parlare dell'importanza del teatro off romano?

LINO PATRUNO: Non so fino a che punto sia importante… il punto è questo: i locali nascono e muoiono, ma la cosa più tragica è che nascono, cambiano e poi muoiono. Un locale di jazz non fa solo jazz, ma spesso fa anche altre cose, e io non sono interessato. Non sono mai stato interessato a fare qualcosa che non fosse jazz, teatro o cinema vero.

Sul Jazz e la Sua Carriera Internazionale

JAZMIN TORRICE: Lei è uno dei jazzisti più importanti a livello mondiale. Come descriverebbe il suo percorso musicale, dalle origini fino ad oggi? C'è stato un momento particolare che ha segnato la sua carriera?

LINO PATRUNO: Che posso dirle… Io ho studiato la storia del jazz. Il jazz non è solo nero, è anche bianco e, soprattutto, di origini italiane, cosa che la gente spesso non sa. Il primo disco della storia del jazz, che io possiedo in originale, è stato inciso nel 1917 dalla *Original Dixieland Jazz Band* di Nick LaRocca, siciliano. Suo padre, Girolamo LaRocca, era un trombettista bersagliere. Il giovane Nick ha formato la prima orchestra di jazz, che era composta quasi interamente da italiani. Quindi, noi italiani abbiamo creato il jazz. Io, per esempio, ho suonato per vent'anni con il più grande violinista della storia del jazz, che purtroppo non c'è più, si chiamava Giovenuti. Indovini da dove veniva? Lui era americano, ma con genitori della provincia di Messina. I siciliani hanno creato il jazz bianco, poi gli altri sono venuti dopo.

Vuoi sapere una cosa esclusiva, che pochi, se non quasi nessuno, conoscono? Ti mostrerò tra poco il primo disco della storia del jazz. Noterai che c'è scritto *JASS*, con due *S* anziché due *Z*. Sai perché? Perché questo era il nome originale. Tra il 1917 e il 1918, però, quando i manifesti venivano affissi, i ra-gazzini si divertivano a strappare la *J*, lasciando la scritta *ASS*, un termine volgare in inglese per indicare il sedere. Per evitare imbarazzi, decisero allora di sostituire le due *S* con due *Z*, dando origine al nome che conosciamo oggi: *JAZZ*. Un'altra cosa che ti racconto, sempre in esclusiva, riguarda una storia straordinaria di cui possiedo gli originali dischi come eredità. Romano Mussolini, a Villa Torlonia, ascoltava di nascosto i dischi di jazz insieme alla sorella Edda, che poi divenne Edda Ciano, e al fratello Vittorio. Era un periodo in cui la cultura americana era vietata, quindi dovevano farlo in se-greto. Usavano vecchi dischi a 78 giri, tutti di jazz, e li ascoltavano lontano dagli occhi del padre. Quei dischi sono arrivati fino a me. Li ho ereditati dalla seconda moglie di Romano Mussolini. Quando Romano morì, lei mi chiamò e mi disse: "Portati via i dischi di Romano, tra cui i tre album di Villa Torlonia." Oggi quei dischi sono nelle mie mani, e rappresentano un pezzo incredibile di storia.

JAZMIN TORRICE: Ha avuto l'opportunità di collaborare con molti artisti di grande rilievo nel corso della sua carriera. C'è qualche incontro che ricorda con particolare affetto o che le ha lasciato un segno profondo?

LINO PATRUNO: Posso raccontarle una storia particolare. Io lavoravo a *Studio Uno* in televisione e avevamo come coreografo Hermes Pan. Hermes Pan era stato il coreografo di Fred Astaire. Si parlava spesso di teatro e cinema, e un giorno mi raccontò: "Prima di girare un film, noi dovevamo registrare i passi. Fred Astaire li registrava da solo, ma Ginger Rogers non ce la faceva. Così, io facevo i passi di Ginger Rogers, e lei poi li studiava sui miei passi." Questa storia non la sa nessuno! È la prima volta che la racconto, per la rivista *Ridotto*, per lei, Jazmin Torrice. Ginger Rogers ballava bene, ma solo dopo aver studiato sui passi di Hermes Pan.

JAZMIN TORRICE: Il jazz è un linguaggio che si evolve costantemente. Come vede il futuro di questa musica, sia in Italia che nel mondo? Pensa ci sia un futuro per il jazz?

LINO PATRUNO: Un disastro! Non mi piace il jazz di oggi. A me piace il jazz fino agli anni Sessanta; dopo, non mi interessa. Il "linguaggio" di oggi è un "linguaggio" che non comprendo, e, ancor più importante, non mi interessa comprendere. Ci sono talenti attuali, ma che fanno jazz degli anni Sessanta. Ad esempio, Mauro Porro, che sta a Milano e dirige un'orchestra come "un americano bravo". È jazz del passato, quello buono, che a me interessa.

Sul Cabaret e l'Intersezione con la Musica

JAZMIN TORRICE: La sua carriera non si è limitata solo alla musica, ma ha anche avuto un ruolo importante nel cabaret. Come si intrecciano per lei la musica e il cabaret? Pensa che queste forme d'arte possano coesistere?

LINO PATRUNO: La musica faceva parte dei testi del cabaret, logicamente, però, mentre io, essendo musicista, curavo molto la parte musicale, i cabarettisti si concentravano solo sul linguaggio, senza "fregarsene" del resto. Io, invece, mi occupavo con molta attenzione delle registrazioni e degli arrangiamenti. Per cui, *I Gufi* facevano cabaret, ma con una musica molto curata… da me.

JAZMIN TORRICE: L'umorismo e la leggerezza tipica del cabaret sono sempre stati elementi che ha saputo utilizzare anche nella musica. Com'è riuscito a mantenere l'equilibrio tra la serietà musicale e la componente più giocosa e ironica?

LINO PATRUNO: Io sono giocoso, ironico, vivo così. Come vedi, sono da solo, non mi sono mai sposato, non ho mai avuto figli, ma mi sono sempre divertito molto… perché mi piacciono molto le donne… sono un po' all'antica, vedi? Le donne sono sempre state la cosa più importante della mia vita, oltre al jazz.

Il Golden Globe e *Forever Blues*

JAZMIN TORRICE: Uno dei momenti significativi della sua carriera è sicuramente il Golden Globe vinto per la colonna sonora di *Forever Blues* di e con Franco Nero tratto da un'opera teatrale di Enrico Bernard che ha anche partecipato alla sceneggiatura. Com'è stato lavorare su un progetto del genere? Ci parli del suo rapporto con Franco Nero e della storia di questo film, che ha avuto una grande risonanza internazionale.

LINO PATRUNO: Franco Nero è un amico mio da più di cinquant'anni. Io presi parte a un film di Lizzani, dove facevo la parte di un comandante dell'esercito di liberazione. Il film si chiamava *Mussolini ultimo atto*, diretto da Carlo Lizzani, con Rod Steiger, Henry Fonda e Franco Nero. È stato allora che ho conosciuto Franco. Ci siamo rincontrati qualche tempo dopo in un locale di jazz, e lui era con un signore. Gli chiesi: "Franco, ma cosa fai qua?" e lui mi rispose che era venuto ad accompagnare il suo amico produttore, Paul Maslansky, perché doveva fare un film con lui. Paul Maslansky suonava la tromba, e così Franco mi chiese se poteva suonare qualcosa con me. Io risposi: "Volentieri". Mi misi a suonare con Paul Maslansky, e lui mi invitò poi in California. Dovevo fare un viaggio in America, così sono stato ospite di Paul Maslansky in California, cucinando io gli spaghetti per lui, perché oltre al jazz sono anche un ottimo cuoco. La cosa fantastica è che Paul Maslansky divenne famoso per aver prodotto la serie *Scuola di polizia*, diventando un miliardario. Con Franco Nero siamo rimasti molto amici. Siamo andati insieme in America due volte, al festival del jazz. Ci sentiamo tutti i giorni. Poi, quando lui ha fatto il film *Forever Blues*, mi ha chiamato per scrivere la colonna sonora. Il brano che ha vinto il Golden Globe è cantato da Minnie Minoprio. Quando mi hanno chiamato per la vincita del Golden Globe, per me è stata una sorpresa. Sono andato a ritirare il premio qui a Roma, ed è stata una gioia immensa.

JAZMIN TORRICE: La musica in *Forever Blues* svolge un ruolo centrale. Come ha tradotto in note l'essenza della sceneggiatura e le emozioni dei personaggi? Ha avuto una visione chiara fin dall'inizio su come orientare la colonna sonora?

LINO PATRUNO: Conoscevo tutti quelli che prendevano parte al film. La storia di Enrico Bernard mi piaceva molto, quella del bambino appassionato di tromba. Franco non sapeva suonare la tromba, la suonava l'americano Michael Supnick. Nel film, la mamma di questo bambino era Paola Saluzzi. Era una storia che mi stava a cuore, e quindi ho cercato di tradurre in musica l'emozione del protagonista e il suo legame con la musica, che era il filo conduttore del film.

Sul Passare del Tempo e la Riflessione sul Mestiere

JAZMIN TORRICE: Oggi, con una lunga carriera alle spalle, che bilancio fa del percorso intrapreso? Se dovesse dare un consiglio ai giovani musicisti e cabarettisti di oggi, quale sarebbe?

LINO PATRUNO: Che cambino mestiere. Il mondo in cui viviamo oggi è triste. Basta accendere la televisione per rendersi conto della banalità, della stupidità totale che ci circonda, dalla mattina alla sera. Dicono che cantano e non sanno cantare, dicono che sanno ballare e non sanno ballare, dicono che sanno recitare e non sanno recitare. Ma guarda caso: tutti fanno tutto e ridono. È una "prostituzione" totale.

JAZMIN TORRICE: L'arte cambia continuamente, e lei ha avuto la fortuna di osservare l'evoluzione del panorama musicale e teatrale in Italia e nel mondo. In che modo pensa che il pubblico di oggi si approcci alla musica e al cabaret, rispetto ai tempi in cui era giovane?

LINO PATRUNO: Perché all'epoca ascoltavano musica, andavano a teatro. Oggi, invece, recepiscono ciò che la televisione e i mezzi di comunicazione gli offrono. Devo dire che, purtroppo, tutto si è "abbassato".

Sui Progetti Futuri

JAZMIN TORRICE: Ha ancora dei progetti che la entusiasmino o qualcosa che desidera realizzare prima di concludere il suo percorso artistico?

LINO PATRUNO: Sì, posso parlarti della mia fondazione: la *Lino Patruno Foundation*. Attraverso questa realtà, mi impegno a garantire che tutto il materiale storico che possiedo trovi le mani giuste, quelle capaci di valorizzarlo. È essenziale che questi tesori continuino a raccontare e preservare un pezzo di storia che merita di essere conosciuto e apprezzato. Attualmente stiamo lavorando per individuare una sede a Roma, perché desidero che il mio lavoro e il mio patrimonio culturale restino qui, nella nostra capitale. Il mio sogno è che questa eredità continui a ispirare e a essere tramandata, affinché le generazioni future possano scoprire e capire la bellezza e il valore di questa straordinaria storia.

Domande Personali e Aneddoti

JAZMIN TORRICE: Come vive la musica nella sua vita privata? C'è un brano o una composizione che rappresenti un po' la colonna sonora della sua vita, al di fuori del lavoro?

LINO PATRUNO: Tutta la bella musica che ha fatto parte della mia vita, vale a dire il jazz del passato e i cantanti meravigliosi che amo: Frank Sinatra, Dean Martin, Tony Bennett, Bing Crosby e Nat King Cole. Basta, gli altri non mi interessano. Per quanto riguarda l'Italia, alcuni miei cari amici che non ci sono più, che erano: Luigi Tenco, Sergio Endrigo, Bruno Lauzi, Fabrizio De André. Questa è la colonna sonora della mia vita.

La Rai e il Festival di San Remo

JAZMIN TORRICE: Lei ha collaborato con la Rai per molti anni. Potrebbe raccontarmi dei suoi rapporti con l'azienda e come giudica l'attuale sistema televisivo?

LINO PATRUNO: Sono stato a Sanremo due volte. La prima volta mi hanno invitato come membro de *I Gufi*, e la seconda per collaborare con una cantante, Arisa, su un arrangiamento jazz di una sua canzone. Ricordo che quando mi proposero questa collaborazione, dissi: "Arisa? Chi è Arisa?", e tutti rimasero sconvolti. Non avevo mai seguito Sanremo, quindi non la conoscevo affatto. Poi ho avuto modo di incontrarla. Mi colpì subito la sua umiltà. Mi raccontò senza problemi che prima di diventare famosa faceva l'estetista, si occupava di manicure. Questo lato umano, così autentico, mi conquistò. Io amo la "fragilità" o, meglio, l'umanità nelle persone. Sono sempre stato vicino al popolo, e per anni sono stato un fervente comunista. Oggi non mi identifico più in nessuna ideologia politica, ma continuo a credere nei valori del popolo. Arisa rappresentava proprio questo: una persona semplice, vera, che è riuscita a emergere senza mai dimenticare le sue radici. E questo mi ha colpito profondamente.

JAZMIN TORRICE: Ultima domanda: tra poco inizia il tormentone del Festival di Sanremo. Che ne pensa Lino Patruno di questo evento?

LINO PATRUNO: Preferisco cambiare canale, andare su YouTube e guardare film con John Wayne, Stanlio e Ollio, o i Fratelli Marx. Il mio tempo è prezioso, e non mi va di dedicarlo a quello che considero un susseguirsi di banalità, sia canore che sonore.

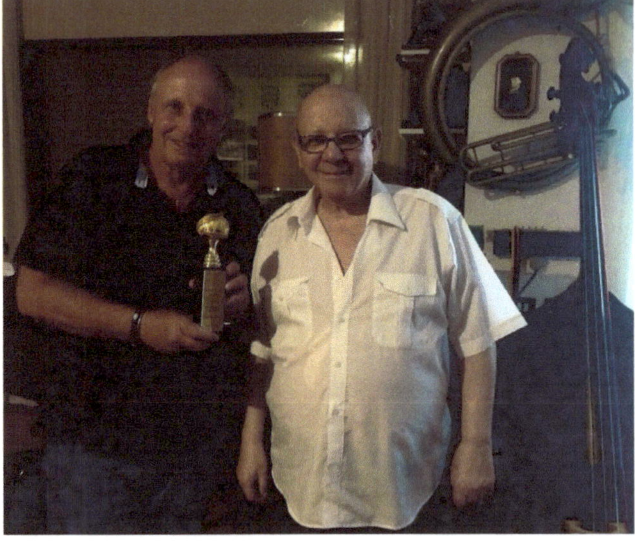

Lino Patruno ed Enrico Bernard con il Golden Globe vinto dal Maestro per la colonna sonora del film **Forever blues** *tratto da una commedia di Enrico Bernard autore anche di soggetto e sceneggiatura.*

COLLANA BEAT "IL MERIDIANO DEL TEATRO

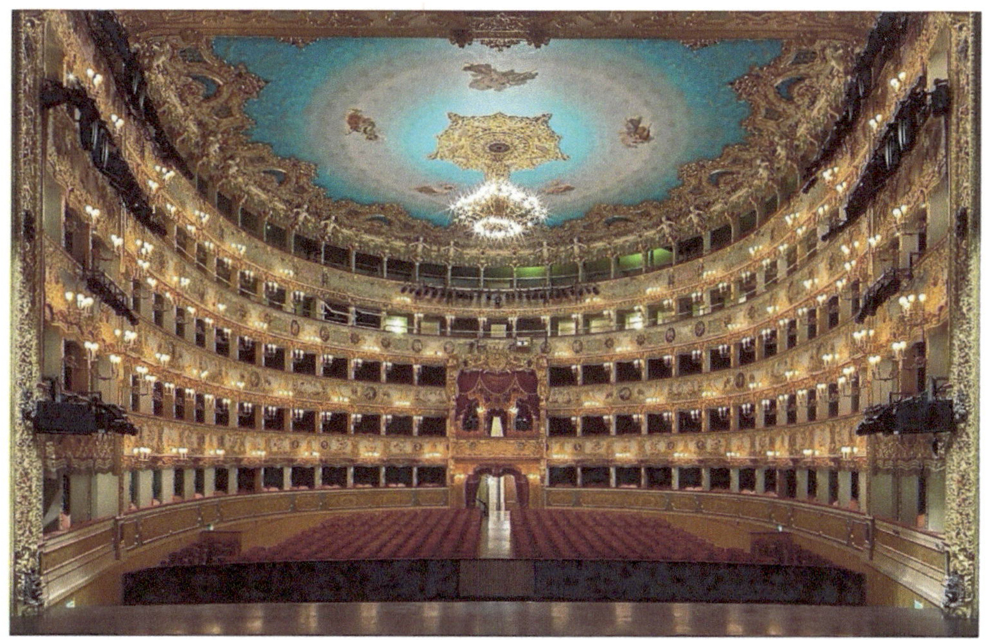

La collana nasce nel 2005 come estensione del volume enciclopedico "Autori e Drammaturgie" ideato e curato per la BeaT entertainmentart da Enrico Bernard con la direzione editoriale dal 2016 di Maricla Boggio. La collana diretta da Enrico Bernard propone opere complete o esaustive di singoli autori viene così a compendiare la ricerca enciclopedica fornendo una raccolta drammaturgica e critica con ampia rassegna di biografia e teatrografia degli Autori. I quali sono anche chiamati a sintetizzare in una precisa definizione filologica e filosofica la loro idea di teatro.

Maricla Boggio

L'ANIMA TRAGICA

14 drammi tra cronaca e storia

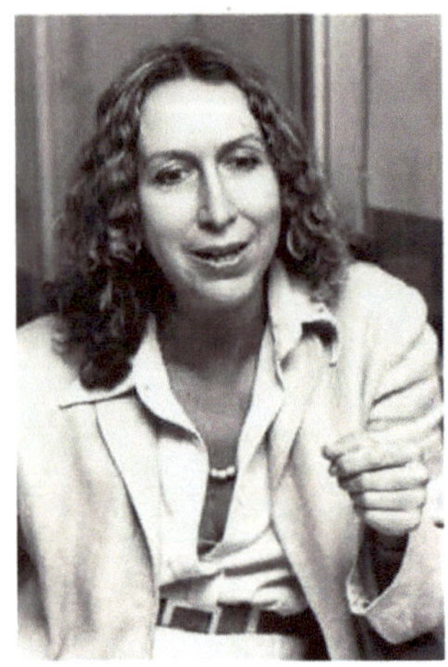

Un teatro visionario radicato nella realtà

di Franca Angelini

Il teatro di Maricla Boggio si lascia a stento definire: non solo perché ricco di proposte molteplici e diverse e insieme aperto a futuri esiti, ma per la qualità delle proposte.

Storia, mito, antropologia, attualità: a prima vista catalogabili entro questi saperi e in queste zone, i drammi di Maricla Boggio sfuggono invece alle gabbie che imbrigliano cataloghi e categorie.

Il lampo, il flash, il frammento, la visione sembrano la cifra stilistica di questo teatro; che potrebbe anche definirsi, perciò, epico. Un teatro cioè che si avvale di una costruzione drammaturgica per brevi esposizioni narrative che interrompono il flusso continuo dell'evento e consentono la riflessione, il giudizio. Interrompono costruendo, motivando, creando nuovi spazi per capire i personaggi e le loro vicende.

Teatro a prima vista epico, quello di Maricla. E certo le referenze al mito, alla storia, all'attualità (storia anch'essa, ma dettata da altre emozioni), spingono verso questa sommaria definizione. Mito, storia, attualità, tre modi di raccontare il mondo.

Ma a guardare meglio, tutto sfugge alla definizione, sfuma i contorni, chiede altri modi di leggere e di guardare questo teatro.

La vita, l'ansia di raggiungerla e di afferrarla, il desiderio radicatissimo di far scoccare la scintilla che nasce dalla frizione tra presente e passato, visibile e invisibile, corpo e anima, destino e libertà; tutto questo lievita in questi drammi e li pone in un personalissimo palcoscenico.

Il più epico, "Schegge" (Premio IDI 1986), potrebbe far pensare al "Nost Milan" di Carlo Bertolazzi.

Non solo per il valore e la funzione architettonica delle "scene", momenti che si separano senza disperdersi, anzi costruendo un mondo; quello della marginalità, cui è negato il progetto e dove invece regna il frammento, la vitalità disperata destinata a raggiungere la morte. Dove dunque regna un tempo non della storia, fatto di costruzione e ragione, svolgimento e compimento, ma del mito o della leggenda, tempi di sospensioni e ripetizioni, senza compimento se non quello del desiderio e dell'amore.

La scena è dunque, in "Schegge", la forma necessaria per rappresentare personaggi e luoghi tagliati fuori dalla storia e immersi nella profondità del loro voler vivere, ad ogni costo: come si legge nella prima didascalia del dramma:

"Un quartiere di periferia di una grande città. Oggi. Le scene in ordine alfabetico rappresentano prevalentemente episodi di vita di gente di quartiere. le scene numerate sono lo sviluppo di una storia singola, vissuta prevalentemente

attraverso le riflessioni e i dialoghi dei due personaggi..."

Ma l'autrice aggiunge - e mi sembra che stia proprio qui il segno insieme di una costruzione "aperta" e priva di didatticismo o ideologismo e di una profonda pietà per quanto è rappresentato: *"Mentre le scene numerate devono essere rappresentate secondo l'ordine numerico, quelle in ordine alfabetico potrebbero venire spostate tra loro, anche se la successione suggerita offre un tipo di conclusione condivisa dall'autore; tuttavia la materia trattata possiede intrinsecamente una forza di movimento, e può presentare motivi di interesse spostare certe scene: ne deriva una visione diversamente finalizzata dell'insieme, e riflessioni diversificate di tale universo in divenire".*

Non si potrebbe dire meglio quanto congiunge e disgiunge il teatro di Maricla Boggio da una nozione tradizionale (di Bertolazzi e di altri, fino a Brecht) di "epico": costruzione per scene e tessuto narrativo molto argomentato e insieme apertura e spostamento così della visione teatrale come dell'interpretazione e del giudizio. Costruzione e frammento, organizzazione e dispersione si inseguono, proprio come fanno i personaggi e le loro vicende.

Così, sembra suggerire la Boggio, si comporta un teatro che ambisca a rappresentare non la città ma la borgata, non il centro ma la periferia, e con essa la disgregazione sociale e la nobile disperazione-dispersione dei personaggi. Un teatro che abbia tale ambizione deve assumere dentro di sé la struttura della materia rappresentata. Qui, lo dice la Boggio, la dialettica è tra storie individuali e condizione collettiva, tra personaggi e coro; in altri drammi, dove il protagonismo è il femminile, le cose non cambiano di molto. (...)[1]

---

[1] Il brano è tratto dalla presentazione al libro *Maricla Boggio - La monaca portoghese, Schegge, Storia di niente,*

"Il Meridiano del Teatro"

Fabio Doplicher

Teatro Meraviglioso

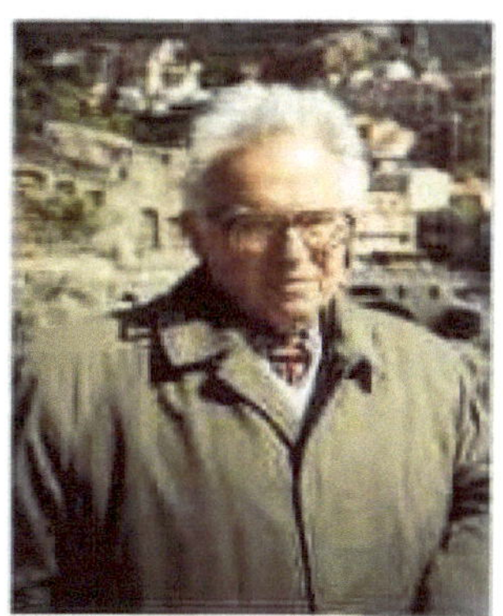

IL TEATRO MERAVIGLIOSO DI FABIO DOPLICHER

di Antonio Calenda

«(...) Sempre, la parola e i fuochi. E altri si accenderanno. E a quella luce, ci possiamo incontrare o perdere, noi uomini. Parlare insieme... Lo so, che tutto ricomincia, sempre... (...) Siamo custodi, passeggeri depositari di una sapienza antica. Occorre costruire le nostre parole da bravi carpentieri, come questa nave... (...) Ma solo se gli artigiani che adesso si sforzano di costruirla, dimostreranno di essere esperti, solo così la nave potrà compiere l'opera sua, nel giusto vento o nella bonaccia, o nella nebbia morbida che toglie prospettiva a questo mondo e rende gli uomini e le donne anime erranti e silenziose. Anche per parlare, Vincenzo, occorre conoscere a fondo l'arte».

Olimpia, Collana Teatro Italiano Contemporaneo, Editori & Associati, Roma, 1991).

È come se in questa battuta de *La parola e i fuochi* Fabio Doplicher avesse voluto racchiudere il segreto, il fondamento della sua drammaturgia: quel suo accostarsi alla parola con impegno e sensibilità, con consapevolezza e lirismo.

Fabio Doplicher ha esercitato con generosità le sue doti di intellettuale e scrittore: è stato una personalità di spicco della cultura italiana, protagonista della scena letteraria, autore prolifico ed elegante, poeta, drammaturgo, sceneggiatore, fondatore della prestigiosa rivista *Stilb*, e critico militante di quella generazione – di cui si sente un'immensa nostalgia – che al teatro si accostava con sapienza e amore… Ebbi il privilegio di conoscerlo e di sentirlo sodale come scrittore e come critico, e di vivere assieme a lui la meravigliosa avventura della messinscena di un testo che il mio Teatro – allora dirigevo lo Stabile dell'Aquila – gli commissionò.

Si trattava appunto de *La parola e i fuochi*, incentrato sulla figura di San Bernardino da Siena, il santo predicatore sepolto proprio nella città abruzzese. Concepimmo la messinscena come un evento, che fu dato in presa diretta alla televisione e che poté contare su un testo di grande forza poetica e spirituale, su un ottimo cast, sull'apporto di un'orchestra e addirittura sulle coreografie di Amodio… Ma aldilà del segno vivissimo che mi ha lasciato quella serata, e di quello umano, prezioso della collaborazione con Doplicher, il ricordo de *La parola e i fuochi* continua ancora ad evocare in me l'essenza profonda di quest'autore. La parola di Doplicher, riusciva infatti a diventare fiamma, a illuminare la notte della scena: è stato un poeta della parola, la plasmava fino all'estenuazione, tanto da renderla brillante, da trasfonderle profonda espressività.

Basta scorrere alcune delle splendide pagine riunite in questa raccolta per comprendere lo spessore della sua scrittura: egli non si limitava a cercare la bellezza della forma, per il suo teatro ambiva a una parola significante, capace di indirizzare e provocare l'attore, desiderava la forza vitale dell'induzione contemporanea (pensiamo ad esempio a *La discesa* con la sua attualissima allusione al mondo corrotto), ma anche suggestioni evocatrici (come s'intuiscono in *Mimì galanti*) e la ricchezza di allegorie e ambiguità poetiche (e qui torniamo all'oratoria spirituale e ispirata di Bernardino ne *La parola e i fuochi*)… Anche la struttura della sua prosa, dietro la fluidità, la limpida naturalezza, cela un accurato lavoro: vi si percepiscono le risonanze di costruzioni sintattiche del suo dialetto, quel triestino che fu anche materia di una parte esigua della sua produzione poetica. Esigua, ma non meno fondamentale, giacché vi si innerva una preziosa geografia dell'anima dell'autore.

Anima che fu nobile, delicata, pudica: come quella di tanti grandi personaggi triestini, come lui, che la vita mi ha portato solo successivamente a conoscere.

Fabio Doplicher fu triestino nell'intimo, pur vivendo tanto a lungo a Roma: lo fu nella sua innata timidezza, nella ritrosia che si scioglieva soltanto negli slanci del suo spirito artistico, che lo faceva vincere sempre, attraverso opere emozionanti. Fu triestino anche nella "follia" disarmante del suo amore per la poesia e per il teatro, un amore che lo conduceva al limite dello spasimo, della sofferenza. Così viveva la "disavventura" di essere un vero autore, come sempre, in Italia, messo in scena con difficoltà e troppo poco riconosciuto nel suo ragguardevole valore. Di lui ricorderò sempre con tenerezza la personalità delicata e la raffinatezza di uomo di cultura e di utopista del teatro.

"Il Meridiano del Teatro"

M a r i o   F r a t t i

Teatro dell'Imprevedibile

Drammi e Satire

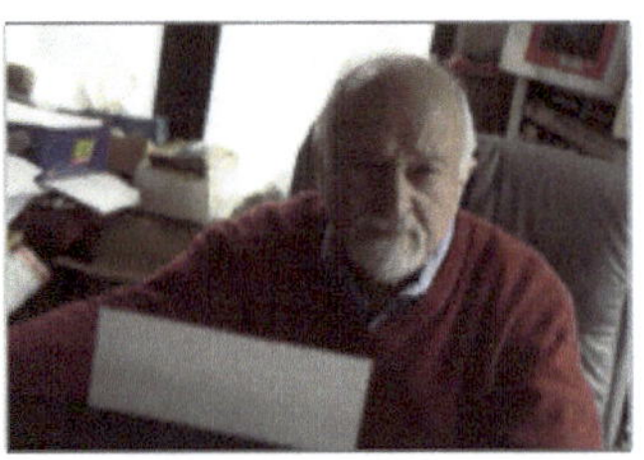

Un drammaturgo italiano in America: Mario Fratti

di Paul T. Nolan

Il teatro europeo è stato sempre popolare negli Stati Uniti. Per i primi duecento anni della nostra vita teatrale, in fatti, il dramma europeo - tradotto adattato ed imitato - è stato in verità l'unico tipo di teatro presentato agli spettatori americani. Anche al principio del ventesimo secolo, quando i nuovi piccoli teatri americani iniziarono il loro movimento di protesta contro la commercializzazione del teatro professionale, il loro scopo non era quello di incoraggiare i giovani autori americani ma era piuttosto quello di offrire agli spettatori americani le opere degli importanti drammaturghi europei che venivano ignorati dal teatro commerciale. Fino alla prima guerra mondiale e prima di Eugene O'Neill, nessuno studioso di teatro avrebbe osato citare il titolo di un testo americano accanto a quelli delle migliori opere europee. Anche dopo la prima guerra mondiale, e perfino dopo la seconda, si è avuta la tendenza a considerare il dramma europeo come generalmente superiore a quello americano. Anche da parte di critici americani. Robert Brustein, per esempio, ha elencato nove commediografi moderni come gli unici ad esser degni di attenzione per un'analisi che porti alla comprensione del teatro moderno (nel suo Theatre of Revolt). Solo Eugne O'Neill è nel suo elenco. Scrive di altri importanti commediografi, brevemente: "Fra i commediografi americani, Thornton Wilder, Arthur Miller e Tennessee Williams hanno alcuni entusiastici ammiratori; io non sono fra di loro". Anche le antologie pubblicate in America e destinate agli studiosi di teatro nelle Università, includono raramente più di uno o due testi americani. I commediografi americani si sono resi conto che i loro drammi hanno più speranza di essere rappresentati in America, se hanno avuto successo in una produzione europea. Nel diciannovesimo secolo, per esempio, il produttore americano Clarence Brune faceva mettere in scena in Inghilterra i drammi americani, benché vi perdesse denaro, solo perché un successo in Inghilterra garantiva un bel successo anche in America.

Edward Albee, probabilmente il più noto dei nuovi autori americani degli Anni Sessanta, fu messo in scena qui in America solo dopo il successo avuto in Germania.

Ironicamente, nonostante tutto il rispetto che si ha qui per il teatro europeo, gli autori europei non hanno avuto successo quando si sono trasferiti in America. Bertold Brecht, per esempio, non fu felice qui in America; ed il suo dramma In the *Jungle of Cities*, nonostante si svolga a Chicago, è praticamente sconosciuto qui da noi. Nonostante il fatto che gli altri suoi drammi *Il cerchio di gesso del Caucaso, Madre Coraggio, Galileo Galilei* siano molto ammirati in teatro e nei circoli accademici. Jean-Paul Sartre fu offeso dall'America da lui visitata negli Anni Quaranta ed il dramma scritto come risultato del suo soggiorno (La P... Rispettosa) ha avuto solo il risultato di diminuire la stima che si aveva per lui per i drammi Antigone, I vincitori. Le mosche. No Exit. Questa bizzarra relazione tra il teatro americano e quello europeo sembra avere stabilito la regola secondo cui il drammaturgo europeo ha una sua reputazione in America solo se resta "europeo". Fortunatamente per il dramma moderno, Mario Fratti ha spezzato questa regola con gran successo. Ha dimostrato che un drammaturgo europeo può fondere gli elementi della sua tradizione europea con l'esperienza americana creando un tipo di dramma che fa onore ad entrambi i continenti. I futuri storiografi teatrali, infatti, indicheranno probabilmente nella sua carriera di drammaturgo l'importante inizio di una nuova fase: lo sviluppo di una comunità teatrale, atlantica veramente internazionale.

Quando Fratti si trasferì a New York nel 1963 come giornalista e critico teatrale per giornali e riviste italiani, i suoi drammi erano già conosciuti ed ammirati dai principali studiosi del teatro moderno. Robert W. Corrigan, uno dei più noti e stimati critici americani, per esempio, incluse due testi di Fratti (La gabbia ed Il suicidio, già rappresentati a Milano ed al Festival dei Due Mondi a Spoleto) nella sua antologia "Il nuovo teatro Europeo Vol. 2" insieme a testi B. Brecht, G. Grass e G. Schehadé. Drammi come *La gabbia. Il suicidio, L'accademia, La bara. In attesa, La terza figlia, Mafia* ed *Il regalo* furono tutti scritti in Italia ed hanno luogo in ambienti europei. Solo un dramma scritto prima del suo trasferimento a New York.

Il rifiuto si svolge negli Stati Uniti e non è fra i più noti. In effetti, se uno studioso del teatro moderno avesse dovuto dare un consiglio a Fratti, conoscendo le infelici esperienze di Brecht e Sartre, gli avrebbe senz'altro suggerito di restare in Europa per evitare delusioni ed una probabile diminuzione della stima che gli americani avevano già per il suo teatro. I suoi drammi erano già noti, infatti, in moltissimi paesi; aveva vinto trentuno premi teatrali; ed aveva un gran numero di ammiratori negli Stati Uniti. Ogni critico si sarebbe domandato se era opportuno rischiare una carriera drammaturgica, abbandonando la sorgente di tutte le sue esperienze europee. La saggezza di Fratti è dimostrata chiaramente dai suoi ultimi drammi, tutti scritti negli Stati Uniti. Nei suoi drammi *I frigoriferi, L'ospite romano* e *Che Guevara*, che analizzano situazioni americane ed hanno ricevuto

eccellenti recensioni qui in America, Fratti ha dimostrato che un europeo sa trattare argomenti americani in termini artisticamente validi ed in modo soddisfacente ed onesto per entrambi, gli europei e gli americani. Questi drammi, infatti, mostrano la speciale intuizione che questo eccezionale scrittore ha quando combina la sua eredità culturale europea con osservazioni ed esperienze di vita americana. Per un artista serio un'osservazione di prima mano è valida solo quando l'osservazione s'immerge nella scena e s'innamora del soggetto trattato.

Fratti ha ammesso, mentre Brecht e Sartre non lo hanno mai fatto, che la sua esperienzaamericana ha avuto su di lui un effetto personale e professionale senz'altro vantaggioso. Ha scritto, recentemente: "Vivere in America mi ha insegnato ad essere più tollerante, più paziente, più oggettivo. Capisco molto meglio le donne... Uno strano fenomeno mi sta accadendo. Se mi viene una idea italiana penso in italiano. Se mi viene un'idea americana, penso in inglese (otto dei suoi quarantuno drammi sono stati scritti in inglese)... Questa società camericana è affascinante con tutti i suoi problemi ed i suoi conflitti. È la società ideale per un drammaturgo."

È probabilmente vero, naturalmente, che ogni dedicato scrittore con le simpatie universali di Fratti troverebbe che ogni società è una società ideale per la sua attività drammaturgica.

È comunque importante capire che il successo di Fratti in un'avventura in cui Brecht e Sartre fallirono, è dovuto al fatto che l'autore non ha portato solo la sua eredità drammatica europea ed il suo talento di drammaturgo. Ha anche portato ad una nuova società simpatia, curiosità e giudizi umani; e son proprio queste qualità che fanno i suoi drammi, scritti negli Stati Uniti tanto validi quanto quelli scritti in Europa. L'associazione di Fratti col teatro americano, che ha la tendenza ad essere d'evasione più di quanto lo sia il teatro europeo, ha, mi sembra, arricchito la sua tecnica teatrale ed il suo istinto drammatico senza diminuire la sua profonda comprensione delle relazioni umane né la sua fede nella tesi secondo cui il dovere di un autore drammatico è quello di descrivere questa vita con onestà, così come lui la vede, una tesi che è più europea che americana. Il teatro americano vorrebbe rivendicare Fratti come autore proprio (Fratti ha mantenuto finora la cittadinanza italiana). In un certo senso Fratti è un autore americano: appartiene all'America in maniera in cui altri autori europei, come Cechov, Ibsen e perfino Shaw, non potranno mai appartenere, perché egli è diventato parte della vita americana coscientemente, volontariamente; e con simpatia. D'altronde Fratti scrive come nessun autore americano potrà mai perché porta alla sua comprensione della società americana non solo la compassione e l'indignazione morale di ogni uomo sensibile, ma anche la caratteristica tolleranza e rassegnazione che è presente solo in scrittori associati in un'antica civiltà. Egli mette anche nei suoi drammi americani qualcosa di più vasto e di differente di quanto si trovi nei lavori di O'Neill, Miller e Williams; ci indica qual è il posto della società americana oggi nel mondo. E, stranamente, Fratti mostra spesso più fede nel sogno americano di quanta ne abbiano gli autori locali, una fede fatta di tolleranza e pazienza. Mario Fratti in America non scrive solo di noi per gli spettatori europei, ma sta aiutando gli americani a scoprire il loro paese.

Dopo il trionfo della commedia musicale *Nine* (cinque premi Tony - due anni a Broadway), le commedie di Fratti son diventate parte integrante del panorama teatrale di lingua inglese.

Le commedie incluse in questa antologia (specialmente Sorella -1992; e Amiche - 1990) confermano l'influenza del teatro americano (T. Williams, A. Miller) nei testi di Fratti.

"Il Meridiano del Teatro"

Romeo de Baggis

Teatro dell'Ineluttabile
Opere Complete

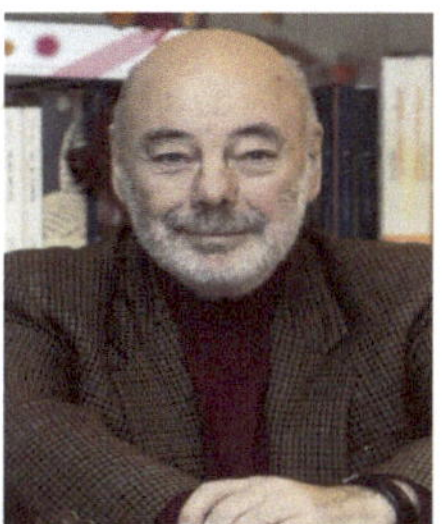

L'ineluttabilità della poesia.

di Virginio Gazzolo

Con Romeo de Baggis ci conosciamo da anni,avevo letto diverse sue commedie, in qualche caso accarezzando il progetto di interpretarle, purtroppo ancora mai realizzato, ma siamo giovani … Mi avevano molto interessato si, ma … sempre lasciato con un interrogativo: come andrà a finire? Ho capito ora, rileggendole, che quel punto interrogativo è la risposta alla mia domanda: le storie che Romeo ci racconta non hanno inizio e non hanno fine, favole senza morale. Sono brandelli di vite, poveri stracci trasfigurati, per il magico artificio del linguaggio, nella pura scintilla del gioco. Con tutta la leggerezza e l'inquietudine che il gioco comporta: fra divertimento e rischio, fra libertà di scelta e coercitiva necessità.

I suoi personaggi agiscono obbedendo a regole che noi non conosciamo e che sembrano cambiare in continuazione, in modi imprevedibili. E non sappiamo se sono essi, i personaggi, a manipolarle a loro piacere, barando al gioco, o se sono le regole stesse che, falsificandosi, si fanno beffa dei personaggi. Tutto sembra casuale e al tempo stesso ineludibile: deve avvenire esattamente cosi', e tu non sai perchè. Sono, quei personaggi che giocano su una scacchiera di parole e silenzi, bambini: gli ultimi discendenti del giovane Edipo, che divertendosi a riscrivere un indovinello, precipita verso l'annullamento di sè. Anch'essi agiscono all'ombra di un enigma, e con infantile incoscienza scivolano verso il nulla. Che coincide con la chiusura del sipario (proprio con la parola "sipario"), anch'essa insensata e necessaria: il gioco deve finire si, ma perchè non prima e non dopo, perchè proprio a quel punto?

Questa sospensione nel vuoto - un non-essere da cui i personaggi e le loro storie emergono e prendono forma"umana"e per il breve tempo della rappresentazione consistono, e in cui infine si dissolvono - è il segno più forte e personale della poetica di de Baggis: un restare in bilico fra due abissi che ti coinvolge e sconvolge, sradicandoti dal tuo consueto ruolo di spettatore e lettore, per tirarti dentro nel cuore di un mistero.

Avevo annotato, leggendo Figura, questa riflessione: i personaggi assumono maschere diverse, cangianti, come celebrassero un rito antico intorno a un dio assente, il protagonista ignoto. E quello che accade in scena è il precipitato, la labile concrezione di qualcosa che è fuori e in scena non appare. Come nella caverna di Platone, la realtà è altrove: davanti ai nostri occhi si muovono, con il magico artificio di una danza, proiezioni di altre storie, spiriti vaganti di altre vite. Lemuri. E sopra di essi avverti la mano di un marionettista che, invisibile a tutti, si diverte a imbrogliare e disbrogliare i fili.

Chi è costui? Le mie note a margine mi suggeriscono: la morte per *Figura*, la violenza per *Il guantone*, l'eros per *Fallo*. Ma è troppo semplice, una falsa traccia. Anche questa astratta realtà (eros, violenza, morte) sono finzioni, ombre di qualcosa che vive fuori dallo spazio e dal tempo della rappresentazione: in verdi giardini odorosi di una verginità perduta, lunari lungomare, vicoli di quartieri cittadini risonanti di voci antiche. O stanze adiacenti che, come in *Fallo*, risucchiano e fagocitano i personaggi: per restituirceli (così in *Tre civette sul comò*) scissi in uno schizofrenico Giano dai tre volti, sospeso sull'orlo dell'estinzione. E in Vento del sud ecco lo "scivolar via" del tempo e il non riconoscersi più. O riconoscersi troppo (La signora è una vagabonda):la vita ci assedia e ferisce con i suoi fuochi d'artificio, i condomini ostili e i sorci di fogna, e bisogna cercare scampo in un domestico tabernacolo dove la memoria finalmente si dissolve.

E tuttavia, in questo insulso panorama di non-vita, di futile gioco di fantasmi, si apre a un tratto una fessura da cui per un attimo balugina una possibilità altra, di consistere qui e ora. E' il pirandelliano squarcio del fondale di carta: l'imprevisto lampo di un sentimento, un affetto lancinante e assurdo, che appartiene a loro, alle ombre che vagano sulla scena e non ai loro modelli iperuranici, e li affranca.

E' appena un brivido, ma ormai la finzione si è incrinata e la verità di quei poveri esseri, la loro innocenza, traspare nel piede nudo della donna che fugge *(Scarpe),* nei bambini non nati o malati *(Voci di quartiere),* nello sguardo truffaldino rivolto alla morte ormai familiare *(Pianissimo),* nella ninna-nanna che chiude il crescendo di violenza in Storia al biliardo.

In Notte e Nebbia l'irrompere della realtà nel tempo fiabesco della rappresentazione è tragico e squassante, e il riscatto del personaggio dalla sua condanna alla casualità, definitiva. Il gioco delle ombre si ribalta nel suo opposto: la carne e il sangue della persona, la pietà.

"Il Meridiano del Teatro"

Maria Letizia Compatangelo

Teatro dell'Inganno
Opere Complete

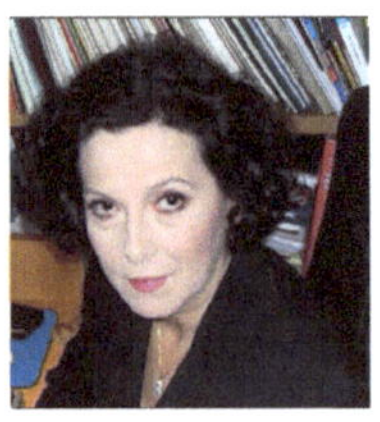

Prefazione

di Ferruccio Marotti

Ho conosciuto Maria Letizia Compatangelo nel settembre 1981, quando – giovane studentessa universitaria, ma anche attrice uscita dall'Accademia d'Arte Drammatica Silvio d'Amico – si è presentata ai provini della Scuola di Drammaturgia che Eduardo De Filippo ha condotto al Centro Teatro Ateneo dell'Università di Roma "La Sapienza" negli anni 1981/83, e – divenutane allieva – dal Maestro ha subito assorbito la capacità di teatralizzare le storie, ma anche di riflettere criticamente sul fare teatro: ne è un significativo esempio, più tardi, la sua tesi di laurea sulla Scuola stessa, che è al fondamento del bel libro di cui è autrice, *O Capitano, mio Capitano!* Eduardo maestro di drammaturgia, in cui ripercorre questa esperienza a vent'anni di distanza.

Mentre ancora seguiva la scuola, la Compatangelo si è subito distinta per un proprio modo di affrontare la scrittura drammaturgica, fin dalla sua prima commedia, *Il grande O*, inventiva storia della messinscena di una favola, *Il piccolo principe* di Saint-Exupéry. Qui l'autrice mette in scena una lotta appassionata e divertente, di autoironico sapore postpirandelliano, per il primato della "parola": chi deve parlare in teatro, il Narratore, l'Autore o il Personaggio? Lotta che alla fine, dopo l'intervento degli Spiriti del Teatro, si ricomporrà all'interno del "grande O" di legno, nell'eterno bisogno dell'uomo di raccontarsi una storia per sapere di esistere.

Quasi contemporanea, e contrapposta, *Ultima Prima*, dove l'interrogativo della protagonista, un'attrice, sul senso e sullo spazio della parola teatrale esplode e si consuma in scena, nel suicidio.

Anche dopo queste due prime opere, di impianto dichiaratamente metateatrale, continua a svilupparsi nella scrittura della Compatangelo l'attenzione al potere e alla potenzialità della parola: la parola come menzogna vitale - In una notte come questa, Immagini – o come menzogna letale (ovvero come si uccidono i talenti: eliminandoli o "trasformandoli") – *Trasformazioni* e *Ladri di immortalità*.

Nelle successive opere – siamo nei primi anni novanta – la riflessione sul linguaggio si "teatralizza" sempre più, e il linguaggio interviene addirittura a modificare la vita dei protagonisti, con parole che nascondono, parole che svelano, parole che salvano, parole che uccidono. Ne *Il veliero e il pesce rosso* due fratelli, forse due amici, o forse padre e figlio, il più grande costretto su una sedia a rotelle, si ritrovano in una situazione claustrofobica, di convivenza coatta, a causa della decisione del più giovane di non uscire più di casa e di non vedere più nessuno, perché si è accorto di non essere, di non possedere un suo linguaggio, e quindi una sua storia. In *Pensieri velenosi*, invece, un ex bellissimo, un omosessuale che ha turbato i sonni di molti uomini e donne, aspetta l'arrivo di "una nuova conoscenza", ripensando al passato. Ma il nuovo ruolo attivo di amante, invece che di amato, lo turba vagamente, strani pensieri gli si insinuano, come ospiti indesiderati, nella mente, nelle parole, impedendogli di continuare a mentire a se stesso.

Il lavoro dell'autrice sul linguaggio si allarga negli anni che seguono a una duttile sperimentazione sui generi: da *Passaggio con eclissi*, una tragediamoderna (che come tutte le tragedie moderne non riesce ad arrivare ad una vera catarsi, ma solo a generare inquietanti interrogativi su temi quali l'odio e il perdono, la violenza e la riconciliazione, la giustizia e la pena), al vaudeville, quasi una farsa, di Solo per amore, all'opera rock *Lady M*, alla commedia con musiche *Mata Hari*.

Il gioco sul linguaggio e con il linguaggio è presente anche in tre atti unici, tre modi diversi di raccontare tre storie tutte femminili, sia dal punto di vista strutturale che formale e contenutistico (la lunga soggettiva di *Partita a due*, la scissione della protagonista di *Un bicchiere di tramonto*, il malinteso alla base dell'intreccio di *Un giorno di libertà*).

Uno sguardo sul mito alla luce della contemporaneità caratterizza i due monologhi che chiudono questa raccolta: *La cintura di Ippolita*, la "vera" storia della regina delle Amazzoni, raccontata attraverso i secoli da una regina millenaria che vorrebbe ma non può morire e *Aquila sapiens sapiens*, breve storia dell'evoluzione dell'uomo da un punto di vista decisamente inedito, ove entrambi i protagonisti hanno perduto qualcosa, e una struggente nota di nostalgia si insinua tra le pieghe di un linguaggio poetico, ironico, appassionato.

In tutti i protagonisti delle commedie della Compatangelo, infatti, uomini e donne, spiriti ed animali, c'è una ricerca di identità che diventa un patto con la morte: la morte si allontanerà da loro se riusciranno a dare un senso alla propria esistenza.

Si tratta però di una ricerca di identità che risente inevitabilmente del proprio tempo – arriva alla fine del secolo del dubbio, il Novecento – e dunque non si illude più – o si illude molto brevemente – di riuscire a rintracciarla oltre la rappresentazione (c'è già stato Pirandello a dire parole grandi e definitive a riguardo), ma punta direttamente e volutamente al caos, al rimescolamento delle carte, cercando al contrario questa identità attraverso la rappresentazione.

E questo perché i personaggi sono anche tutti, in qualche modo, alla ricerca di un'armonia perduta: impulso che li muove a mascherarsi pietosamente, a cercare sotterfugi e scappatoie, a tentare di mistificare, addomesticare, cambiare, quando non a distorcere con atti impositivi, ridicoli o crudeli, la realtà in cui sono calati: dal Narratore della prima commedia, *Il grande O*, al giovane sequestratore di *Immagini*, all'usciere anziano di *Trasformazioni*, sino al pennuto protagonista di *Aquila sapiens sapiens*. Questa irragionevole, disperata, a volte commovente tensione all'armonia, al rispetto, alla concordia, alla lealtà, ha accenti di nostalgia per un paradiso perduto che forse in qualche tempo l'umanità ha conosciuto. Si potrebbe definire "l'ottimismo della volontà", che però entra subito in rotta di collisione con il "pessimismo dell'intelligenza" (elemento che ha a che fare anche con la sensibilità politica e civile dell'autrice), che impietosamente smonta tutte le costruzioni, apre le scatole cinesi, irride ironicamente, distrugge e taglia tutte le vie di uscita.

E' come il tentativo di rimpannucciare, di coprire in qualche modo lo squarcio che attraversa tutto il secolo appena trascorso e che ci impedisce di credere nella felicità e nel futuro. Ma questo sforzo di ricucire produce invece altri strappi, la coperta è sempre troppo corta o sempre più corta.

Le commedie sono graffianti, dotate di grande ironia che ama sconfinare nella commedia nera e addirittura nella farsa, anche quando sulla scena i personaggi si scontrano con violenza e vengono affrontati i temi più scottanti della società. Una scrittura che può sembrare apparentemente inserita nel filone del teatro borghese, del quale tuttavia non rispetta sino in fondo le regole della pièce "bien faite", risultando alla fine sempre un po' ostica e tutt'altro che accomodante. Ma, come dice Esslin a proposito del Teatro dell'Assurdo, perleggere tra le righe bisogna pure che le righe ci siano. Ed ecco allora che le righe nel teatro della Compatangelo ci sono, a tal punto che a tratti *(Il grande O, Ultima Prima, Il veliero e il pesce rosso)*

questa"possibilità del dire" viene addirittura avanti a riempire tutta la ribalta.

E così, accanto al'desiderio, che percorre e sottende tutte le opere dell'autrice, con la nostalgia di un mondo diverso che forse in qualche tempo lontano abbiamo conosciuto, resta il linguaggio, veicolo e allo stesso tempo territorio, corpo dello scontro *(Ladri di immortalità, Pensieri velenosi, Un bicchiere di tramonto, Aquila sapiens sapiens)*.

Linguaggio come finzione, come bugia, come rappresentazione. Linguaggio che si inventa protagonista del gioco. Linguaggio in azione. Linguaggio in trasform/Azione.

Perché per vivere e sentirsi vivere – sussurro (e grido) che scaturisce da tutte le commedie della Compatangelo – bisogna raccontarsi una storia. E anche questo termine non ci lascia del tutto tranquilli, perché in esso aleggia l'ombra, il doppio, la consapevolezza della finzione: in definitiva l'ambiguità che, sopra tutto oggi, permane la caratteristica più profonda del teatro.

J e p h   A n e l l i

Il teatro del teatro a Théatropólis

prefazione di Rino Caputo

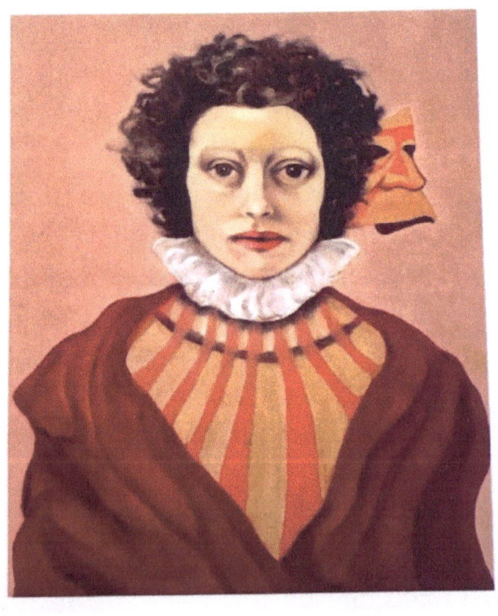

Prefazione   **di Rino Caputo**

Quando, nel maggio del 1921, quasi un secolo fa, al Teatro Valle di Roma fu rappresentata per la prima volta *Sei Personaggi in cerca d'autore*, dal significativo sottotitolo "Commedia da fare", il pubblico, già fortemente diviso tra detrattori e fautori, al termine del primo atto, fece risuonare la sentenza (apparentemente) definitiva: " Manicomio!!! Manicomio!!!", umoristicamente condivisa, e ribadita, qualche anno dopo, dallo stesso Pirandello nel corpo stesso delle battute di scena nel testo del secondo intervento drammaturgico metateatrale, *Ciascuno a suo modo*. Del resto, già da qualche anno Luigi Pirandello, autore di crescente successo nei teatri italiani degli anni della (prima) guerra mondiale, faceva 'impazzire' gli spettatori, come si accorge acutamente Antonio Gramsci, notista teatrale dell'Avanti a Torino: "Le sue commedie sono tante bombe a mano che scoppiano nei cervelli degli spettatori e producono crolli di banalità, rovine di sentimenti, di pensiero". Ma, dopo la migliore accoglienza dell'opera a Milano, qualche mese dopo, è solo nel 1923 che, grazie alla messinscena innovativa e 'tecnologica' di Pitoëff a Parigi, i Sei Personaggi assicurano il successo planetario al drammaturgo siciliano e lo consegnano altresì al destino di iniziatore del 'metateatro' ovvero del 'teatro nel teatro', che sarà ribadito dalla sua successiva immediata 'trilogia' comprendente, oltre al primo capolavoro, *Ciascuno a suo modo*, appunto, nel 1924 e, nel 1930, *Questa sera si recita a soggetto*.

Jeph Anelli non è un semplice seguace della modalità pirandelliana ovvero l'ennesimo autore che, in Italia, in Europa e nel mondo intero, impara la lezione del Predecessore e la ripete, con maggiore o minore aderenza o creatività, nel testo e nella scena. Il salto esplicito del piano della (presunta) realtà vera, proposto genialmente da Pirandello, diventa per Anelli e il suo 'alter ego' nel testo approntato, il regista Smirnov, il luogo in cui i piani della realtà e della fantasia s'intrecciano, si rincorrono convulsivamente e, spesso, a spirale, e infine si sbriciolano nella (apparente) confusione dell'azione, fino all'autoironica messa in crisi di ogni attendibilità positiva: la 'finta finzione', lo 'sciopero alla rovescia', il barocco inseguimento, orizzontale e verticale, dei piani e dei rapporti.

Anelli seguace consapevole e acculturato di Pirandello, dunque, fino all'omaggio di memoria allusiva e quasi celebrativa? Certamente il testo rispetta l'archetipo pirandelliano, come si può notare dal 'teatro nel teatro' presente nella parte terza dell'opera. Ma c'è dell'altro. Come Pirandello estraeva dal 'fatto' spazio-temporale concreto, un evento in sé bruto e inconoscibile, la verità profonda, pur precaria e pressoché insoddisfatta nella sua realizzabilità effettiva, così Jeph Anelli predispone all'azione scenica, per inverarla, il racconto della (propria) vita: la sua storia intellettuale e artistica, le relazioni culturali geneticamente formative, i rapporti interpersonali del dare e dell'avere dello scrittore, poeta, narratore e drammaturgo, tra la nascita e l'infanzia di Maenza, la giovinezza tumultuosa di Trento e la maturità operosa nelle città lepine, Sezze e la stessa Maenza, che lo hanno visto e vedono tuttora vivere intensamente le esperienze esistenziali della Famiglia, della Società, delle Istituzioni (è stato anche Sindaco del suo paese) ma, soprattutto, la vita della scrittura e la scrittura della vita.

La Storia, proprio come nei *Sei Personaggi*, irrompe a suo modo anche nel testo dell'Epigono pirandelliano dei nostri tempi. E sarà da valutare, con attenta ermeneutica, la significatività plurima dei riferimenti (auto) biografici. Lungi dall'essere un buon espediente puramente allusivo, lo "sciopero alla rovescia", ad es., richiama la Vita reale di quegli uomini e donne, in particolare della realtà sociale dei Monti Lepini, che nell'immediato secondo dopoguerra lottavano per il lavoro, inteso, oltre che come condizione per l'esistenza e, spesso, per la stessa elementare sopravvivenza, come momento ineludibile di identità e dignità umana. Lavoravano ancor più per protestare, scioperavano, certamente, ma... 'alla rovescia'.

L'opera di Anelli-Smirnov diventa non più, allora, o non soltanto, 'teatro nel teatro' ma, appunto, nell'inviluppo fantasmagorico e lucidamente 'folle' degli atti e delle scene, Teatro del Teatro, come dimostra chiaramente, e non solo nelle intenzioni poietiche dell'Autore, l'ampio "Antefatto", che è già Teatro del Teatro, nella misura in cui, ormai oltre Pirandello, il Teatro è dappertutto e il mondo è una Théatropólis. Del resto, è pur sempre il geniale Predecessore di Jeph Anelli che, ancor giovanissima matricola universitaria e drammaturgo in pectore, scriveva: "sicut in theatro item in coelo".

Anelli-Smirnov, 'scioperando alla rovescia', lavora ancor più sul nesso tra Realtà e Finzione, tra Vita e Scrittura, tra Storia e Arte. Il suo è un Inno alla necessità del Teatro per la Vita. Ma, come accade sempre nell'Arte, la Vita vive se si fa Teatro. Il Teatro del Teatro.

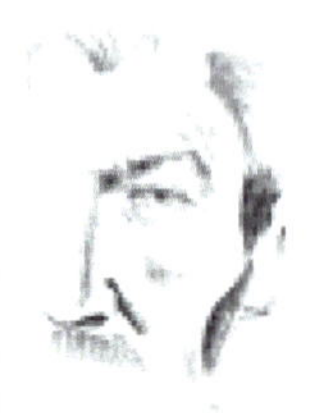

Autoprefazione

di Mario Moretti

Una parabola lunga quarantacinque anni
La spropositata lunghezza del mio curriculum bio-bibliografico, pubblicato alla fine del libro, mi consiglierebbe la stringatezza, almeno nella presentazione di questo mio "Teatro politico e civile." Avrei preferito che fosse stato un altro a farla, qualche critico-saggista in grado di esplorare la mia forsennata produzione quarantacinquennale ci sarebbe, ma forse saremmo andati troppo lontano. E poi, in fondo, ritengo fermamente di essere la persona più indicata per dare informazioni intorno al mio mestiere di scrittore di teatro.

Ho perso il conto di tutte le cose che ho scritto, trascritto, riscritto, ideato, tradotto, adattato, contaminato, ridotto, trasposto, reinterpretato. Per lunghissime stagioni ho sempre "lavorato teatro", tranne alcune evasioni cinematografiche, sinfonicomelologiche, televisive, operistiche (sto terminando il libretto del mio "Processo di Giordano Bruno")e radiofoniche. Nei miei lunghi soggiorni all'estero, soprattutto in Svezia, negli Stati Uniti e in Francia, non mi sono concesse molte pause teatrali: perfino a Stoccolma, all'inizio della mia attività, ho approfittato del mio "status" di insegnante di italiano nella locale università per fondare e dirigere una Compagnia universitaria italo-svedese che metteva in scena, in italiano, anche se con indimenticabili accenti gutturali e cadenzati lontanissimi dalla nostra lingua, autori italiani contemporanei. E di teatro italiano d'oggi mi sono occupato negli Stati Uniti, sia in un importante teatro off che programmavo, lo storico "Provincetown Playhouse"di Washington Square, - diretto negli anni 20 da Eugene O'Neill, che vi rappresentò la "prima" del suo "Imperatore Jones"- sia in altri spazi, tra cui il "Café La Mama" di Ellen Stewart. In questi teatri e teatrini di New York ho organizzato e diretto ben sette edizioni del "Festival of Italian Theatre Today", facendo conoscere ai "Theatre going" americani, in inglese e con attori americani e italo-americani, una vera rarità, la Drammaturgia Italiana Contemporanea. Parallelamente, nelle tre edizioni del "Festival du "Théâtre Italien d'aujourd'hui", che ho diretto a Parigi con Ghigo de Chiara, ho favorito la conoscenza del repertorio italiano contemporaneo attraverso un gran numero di rappresentazioni, letture, mises en espace. Chiariamo qui che racconto questi episodi del nostro teatro oltre i confini non perché voglia vantare benemerenze sul campo, o mi aspetti medaglie. Voglio semplicemente ricordare a chi mi legge, e a me stesso, che in tutti questi anni non mi sono mai fermato, dovunque mi trovassi. Il teatro è un pozzo di energia allo stato puro ed è da quel fondo che ho attinto la volontà e il desiderio di "fare".

"Teatrante organico", come amo definirmi, sono tuttavia nato al teatro per caso. Un caso voluto da altri, come si vedrà. Una mia prima sciagurata serata teatrale - davano "Johan Gabriel Borkman, di Ibsen - mi colse alla sprovvista. Avevo dodici anni, ero innocente, vergine di spettacoli teatrali. Ne riportai uno shock che mi tenne lontano dalle patrie scene per dieci anni.

Una seconda esperienza infelice - una mia collega di università si era data la missione di farmi amare il teatro portandomi quasi a forza al Quirino, a Roma, dove si rappresentava un "Amleto di Gassman", così da locandina - mi allontanò definitivamente dal teatro. Almeno così pensavo. Qualche anno dopo entrò in scena il caso. Seguivo periodicamente dei seminari di francese, alla Sorbona di Parigi, quando una mia collega americana, vincendo la mia legittima diffidenza, mi trascinò alla "Huchette", una sala sgangherata di un'ottantina di posti, in pieno Quartiere Latino. Lo spettacolo consisteva in due atti unici di Ionesco, "La cantatrice chauve" e "La leçon". Come a dire il must del Teatro dell'Assurdo. Fui fulminato, come San Paolo sulla strada di Damasco. Dunque era quello il teatro.

Tornato a Roma scrissi di getto un atto unico "à la mode de", senza avere la più pallida idea di quello che ne avrei fatto. All'epoca - eravamo nel '60 - abitavo in Via Carini 43, a Monteverde Vecchio. Scoprii ben presto che al secondo o al terzo piano Attilio Bertolucci, il noto poeta, occupava un appartamento con la famiglia. Di tanto in tanto incontravo Bernardo e Giuseppe, allora in calzoni corti. Più spesso mi imbattevo in Pier Paolo Pasolini, che viveva con la madre nell'appartamento contiguo al mio. Avevamo in comune il terrazzino interno, separato da una griglia di ferro. Ricordo che dalla sua parte Pasolini aveva collocato una statua di legno, un angelo tarlato: la madre dello scrittore aveva protetto l'angelo dalle intemperie con un ombrello sempre aperto. Più tardi, quando le vicende della vita mi portarono in Svezia, facendomi interrompere per due anni ogni contatto con Roma, ebbi modo di leggere una poesia di Pasolini che recitava: " Quell'angelo un po' malandro / comprato a Porta Portese". Con Pasolini, che era già un notissimo poeta e che aveva fatto scalpore con i suoi due primi romanzi, "Ragazzi di vita" e "Una vita violenta, eravamo ai saluti formali quando il caso si riaffacciò nella mia esistenza. Una sera, tornando a casa dal lavoro - insegnavo francese in vari istituti, statali e parificati, la mattina e il pomeriggio inoltrato - ebbi la sorpresa di ritrovarmelo in casa, con un cacciavite in mano, che armeggiava dietro il televisore di famiglia. Era accaduto che la mia prima moglie, che non era priva di disinvoltura, avendo avuto un guasto all'apparecchio, aveva pensato di rivolgersi all'inquilino della porta accanto. Sollevato dal mio rientro, Pasolini mi consegnò l'arnese e mi confessò che l'elettrodomestico parlante gli era del tutto sconosciuto. Simpatizzammo subito e ci vedemmo più volte, da me o da lui. Pasolini era molto interessato al teatro e io gli parlavo delle novità d'Oltr'Alpe: dopo la rivelazione ero diventato un assiduo frequentatore delle salette parigine, avevo visto pièces di autori pressoché sconosciuti in Italia, come Beckett, Shéhadé, Vauthier, Adamov. E quando tornai a Parigi Pasolini mi chiese di contattare il suo traduttore francese, Michel Breitman, che si trovava a disagio con il gergo romanesco- periferico-meridionale dei pischelli pasoliniani. Feci del mio meglio, ma l'impresa era pressoché disperata. Tornato a Roma, osai. Gli feci leggere il mio atto unico, "Il sesso di poi", malgrado contenesse una battuta che avrebbe potuto dargli fastidio: - Porco, parli peggio di Pier Paolo Pasolini! - E invece Pasolini, divertito, mi mandò da Luigi Candoni, suo amico e commediografo, che stava dirigendo una Rassegna di Teatro dell'Assurdo a Roma. Candoni lesse, approvò, e dopo un mese il mio testo vide la luce, al Teatro Pirandello. L'esito fu incoraggiante: Carlo Terron, critico-autore milanese, intitolò così il suo articolo, apparso su "La Notte" di Milano:

E' nato lo Ionesco italiano. Grazie a queste fortuite circostanze, il primo testo di un autore genovese di formazione culturale francese, con la sponsorizzazione di Pasolini, scrittore bolognese nato però, poeticamente, nel Friuli, e di Luigi Candoni, "furlano" autentico, andò in scena nel teatro romano intitolato a Pirandello, scrittore siciliano, con il beneplacito di Carlo Terron, autore milanese.

Nel selezionare un quarto di tutti i miei testi per la presente edizione mi sono reso conto che la dicitura "teatro politico e civile" non è per me una vuota etichetta. E' vero che tutto il teatro è politico, tranne quello politico, che è quasi sempre teatro di mera propaganda, cioè non-teatro. Tuttavia la mia refrattaria indole individualistica mi ha sempre tenuto lontano dai partiti e mi ha autonomamente fatto privilegiare temi sociali e spunti civili di attualità, anche quando venivano da lontano. Narrare il passato per ammonire il presente, questa massima gramsciana mi è stata di guida. Parlare dell'oggi, malgrado i rischi del cronachismo giornalistico; tentare di non raccontare favole non significanti; comunicare emozioni che in qualche modo toccano i nervi scoperti della nostra società: ecco, questo è stato e continua ad essere il mio lavoro, non di rado artigianale, talora professorale, a volte sofferto ma più spesso felice, al di là dei risultati. Per costruire questo arco parabolico ho fatto ricorso a tutte le risorse che offre il nostro mestiere: scrittura di testi a più voci o di monologhi su commissione, pubblica o privata; utilizzazione sistematica dei miei sogni, già singolarmente serviti sul piatto scenico; collaborazione con musicisti per la compilazione di commedie musicali o di veri e propri "musicals"; impiego della cronaca, della storia e di quella storia con piùfantasia che è la leggenda; elaborazione di racconti orali e di opere letterarie ritenute adatte alla drammatizzazione; studio dei meccanismi comici e umoristici per carpirne i segreti e, infine, ricerca di rigorosi materiali biografici per tracciare credibili, o almeno plausibili, ritratti di varia umanità.

Sarebbe inutile, in questa sede, citare uno o più testi "a cui sono più affezionato", comerispondendo ad un insulso quiz televisivo. Tutto quello che ho scritto per il teatro è stato rappresentato, cioè "consegnato" al pubblico, ai teatranti, agli esperti. Che altro dire? Credo di avere dato qualcosa al teatro, ma il teatro mi ha dato molto di più, enormemente di più. Mi ha riempito mezzo secolo di vita.

"Il Meridiano del Teatro"

M a r i o   Z u c c h i

Pentafabulas

prefazione di
Pietro Favari

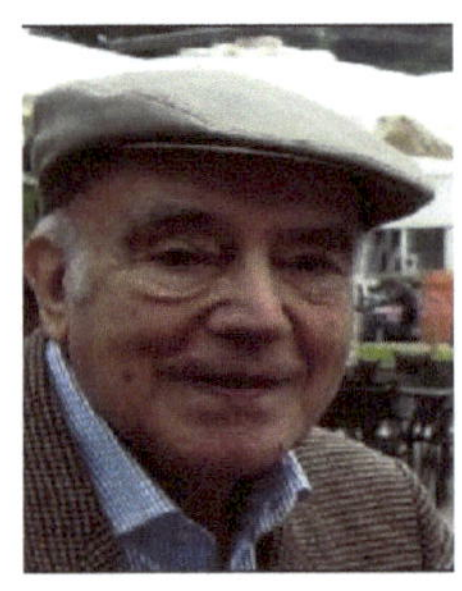

Cinque fiabe per bambini e adulti crudeli

di Pietro Favari

E' in uso tra gli indigeni delle Isole Marshall l'*inon*, un genere di fiabe che può essere raccontato solo a notte fonda. Saggia abitudine, ci sono racconti che reclamano il riparo e la complicità delle tenebre, risaltano più nitidi se scontornati su un fondo di oscurità. Dovrebbe essere così anche per "Pentafabulas", le cinque fiabe di Mario Zucchi raccolte in questo volume: racconti e testi teatrali tinti di noir a cui si addice il nero, *ton sur ton*, di un ambiguo "interno – notte" in opposizione a un più chiaro ed esplicito "esterno – giorno"; da leggere quindi dopo il calar del sole. Oltre ai testi concepiti propriamente per la scena, anche i racconti di Zucchi non a caso rivelano una vocazione teatrale, una predisposizione ad essere ascoltati da spettatori avvolti nel buio di una platea. E nel buio protetti, perché la grande protagonista di "Pentafabulas" è la Morte, meglio scriverla con la maiuscola, a cui si addice un'illuminazione a forti contrasti di luce ed ombra.

Le fiabe – Propp ce l'ha rivelato – partono sempre dalla stessa funzione narrativa: danneggiamento o mancanza causata dall'antagonista dell'eroe e che l'autore di "La morfologia della fiaba" ha indicato con una X: un segno di chiusura, di ostacolo da superare ma a cui invariabilmente fare ritorno in una spirale allegorica di vita e di morte che vicendevolmente si susseguono e si alimentano una dell'altra. Il danneggiamento, la mancanza che devono affrontare i protagonisti delle fiabe di Zucchi è per l'appunto la coscienza della morte, quella consapevolezza crudele che per Juan Rodolfo Wilcock rappresentava la maledizione riservata agli esseri umani e risparmiata invece ai privilegiati animali, quindi immortali nella propria coscienza. "Uomo schifoso meriti la tua / consapevolezza verbale del dolore; / non così le formiche, il pangolino. / Uomo che parli meriti la tua / consapevolezza verbale della morte; / non così le galline, la testuggine". Perché, come dice Luisa Severi, la pro-tagonista del testo teatrale "L'agonia di Luisa" pubblicato da Wilcock nel 1967, "già tutti sono condannati a morte fin dalla nascita".

Zucchi ambienta il suo testo teatrale "I terminali" in una lussuosa clinica che ospita un ristretto gruppo di malati a cui restano pochi giorni di vita. Una voce diffusa da un altoparlante chiede agli ospiti della clinica di esporre a turno le strategie da loro messe in atto quale difesa contro la paura della morte. Vuole saperlo il Commendatore, occulto proprietario della clinica, per riuscire così a dominare la sua "consapevolezza verbale della morte", la tanatofobia che l'ossessiona fin dall'infanzia. "Speravo di imparare dal gruppuscolo di terminali a rendere il pensiero della morte, a tutti voi così vicina, un'esperienza capace di favorire la crescita spirituale…".

Il protagonista del racconto "La breve storia di Filippo il Buono" per esorcizzare la propria dipartita, e alla morte sopravvivere, concepisce invece l'idea del *Calendario erodiano* - da Erode - che dovrà contenere, al posto di quelli dei santi, i nomi di coloro che hanno provocato stragi di esseri umani preceduti dall'attributo *Nas*, il rovescio di *San*. "I Santi saranno debitamente festeggiati, i Demoni soltanto ricordati con poche parole di commento sulle atrocità commesse, parole che potranno risultare di monito ai viventi".

La nera Signora con la falce interpreta il ruolo di Deus ex machina anche nelle due fiabe dove protagoniste sono coppie tentate di mettere drasticamente in atto il precetto "Finché morte non vi separi". In "Storie parallele di guerre coniugali" l'*amanita phalloides*, un fungo velenoso, è l'ingrediente impiegato per risolvere una volta per tutte ineluttabili crisi coniugali. In "Il componimento" il collante destinato a ricomporre una coppia in crisi sono le ceneri del figlio. "Si gettano nel torrente in piena" dice la madre. "Nel vaso ci metteremo le ceneri del caminetto".

Al contrario del dottor Sebastian, personaggio di "Il lungo viaggio" e inventore di un programma di "lavaggio interiore" da imporre per legge almeno a "tutti coloro che intendono assumere mansioni di elevata responsabilità", Mario Zucchi non sembra credere che l'umanità si possa redimere tanto facilmente. L'autore di "Pentafabulas" ha frequentato la psicoanalisi e praticato per professione la neuropsichiatria e le sue fiabe per bambini (e adulti) crudeli sembrano il risultato di Vladimir Jakovlevic Propp sdraiato sul lettino di Herr Professor Sigmund Freud a Vienna, in Berggasse 19.

Come sottotitolo della sua raccolta Zucchi ha scelto una frase in genovese: "Chi cunta de foe u cunta de musse. Lascieghele cuntà" (Chi racconta favole racconta delle balle. Lasciategliele raccontare). Eppure, almeno in

"Pentafabulas", sembra disposto a dare più credito alle fiabe che alla psicoanalisi (su cui piuttosto si diverte a giocare di ironia) come strumento di conoscenza e coscienza della realtà. Come avviene presso popoli primitivi, dove le fiabe hanno ancora una funzione sociale specifica: di esorcismo e insieme di rappresentazione del proprio vissuto.

Ma poi le fiabe, in quanto tali, esistono davvero o piuttosto "raccontano delle balle"? Se è vero che per noi, i sedicenti popoli evoluti e civilizzati, le favole sono un'atavica eredità di antichi riti e miti di cui si è persa memoria allora hanno principalmente la funzione di mettere in scena un mondo fantastico, di contrapporre alla nostra realtà "reale" un'altra realtà, immaginifica e disponibile all'esercizio della fantasia. Anche quella soavemente disposta al cinismo a cui Mario Zucchi ricorre per intrattenere con garbo noi bambini (e adulti) crudeli. Lascieghele cuntà.

E poi dipende anche dai punti di vista. Per i pricipini raccontati da Thomas Mann in "Altezza reale" ("Konigliche Hoheit" del 1909) le fiabe che raccontavano le vicende dei figli di un re nel loro castello apparivano come vere.

C'era una volta un re…

"Il Meridiano del Teatro"

P i e t r o   F a v a r i

Teatro
delle metamorfosi
Opere Complete

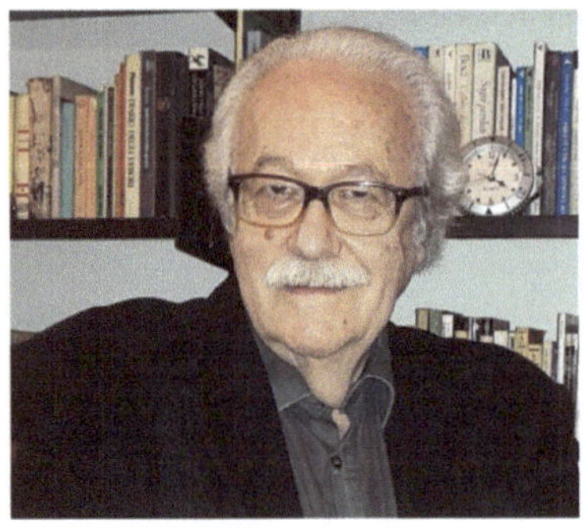

BE@A
Entertainment & Art

TRAGEDIE PER TEMPI POCO SERI

di Paolo Petroni

Prima Cenerentola, personaggio di una fiaba illustre dalla storia dolorosa, come dice lei stessa pirandelleggiando, quindi la Madonna (alla quale, l'uomo cui appare, implora: "Nonpossiamo continuare a vederci così") e infine la soubrette, Lola, come quella dell' "Angelo azzurro", che si innamora del professore, un docente di semiotica che studia il Varietà. E poi ancora la psicanalisi, con Edipo sul sofà di Freud, e la Tv dei nostri giorni, in cui si esibisce in diretta il dolore e il privato degli ospiti, e i fumetti. Insomma, i personaggi e i temi che Pietro Favari ha affrontato nei suoi testi negli ultimi 20 anni sono tutti icone e miti del nostro tempo, o icone e miti che lui costringe a vivere il quotidiano del nostro tempo, quello della società spettacolo.

Procede così di testo in testo, come potrà verificare chi si inoltrerà tra le pagine di questo volume, un satirico e ironico gioco critico di destrutturazione del mondo borghese fine Novecento, ovvero dei suoi valori e simboli culturali correnti, ormai ridotti a oggetti di consumo, presi di mira dal femminismo, sfruttati dai settimanali, oggetto di nostalgie più o meno confessabili. Un gioco critico che, per di più, viene elaborato con strumenti e un linguaggio teatrale, espressione di un'arte, ai nostri giorni, in crisi per definizione, e, comunque, con la pretesa eterna di essere specchio del suo tempo.

Lo specchio teatrale di Favari è però un po' quello della regina Grimilde di Biancaneve e un po' una sorta di lente deformante, così da rendere evidente il gioco delle apparenze, far intuire i presupposti e le falsificazioni e, soprattutto, le più subdole mistificazioni, per farci intravedere, dietro le maschere, un briciolo di verità, circa quel che siamo e come siamo ridotti.

La tradizione è in fondo quella del grottesco, unita all'eterno gioco del teatro nel teatro, e della comicità. Quella comicità che ha le sue radici nel dolore e nella malinconia, di cui prende coscienza da un punto di vista particolare, che ha la sua chiave nel paradosso, così da far ridere, invece di piangere. Il linguaggio è quello moderno delle contaminazioni, degli sconfinamenti, della parodia, dell'unione di alto e basso. Non c'è più alcuna unità, né quelle tradizionali di luogo e di tempo, né di riferimenti e parametri. La sostanza allora è quella del cabaret novecentesco, con una radice culturale alta, una spettacolarità sintetica, una assoluta mancanza di rispetto e una capacità di tradurre tutto in qualcosa di comprensibile al pubblico, disorientato e divertito, prima di rendersi conto che è di lui che si sta parlando, che è la sua vita che è un triste cabaret.

La commedia si tinge di nero, se il gioco degli equivoci è quello di prendere tutto alla lettera, di portare nel quotidiano personaggi e simboli letterari, di spingere tutto sino alle estreme conseguenze, per costringerlo a uscire dall'armadio delle apparenze e rivelare il proprio vero volto e venir seppellito da una risata.

Nasce così il varietà teatrale di Favari, che, per il passare del tempo, anzi per l'inquinamento dei tempi, ha perso la lucentezza dei lustrini, mostrando l'aspetto corroso, la comicità trasformata in sarcasmo, mentre sul suo palcoscenico entra di tutto e tutto si perde e rimescola a suon di musica, come in un giro di danza lieve e nero. Da Joyce a Lacan, da Pirandello a Freud, dalla Scuola di Francoforte a canzonette, doppisensi, battutacce, protagonisti che sono in realtà eterne spalle e personaggi da fumetto, 'a una dimensione': ognuno compare in cima alla grande scalinata che porta in proscenio, adorno di piume per quella velleità di essere qualcuno, che scendendo, si rivela essere nudo, essere nessuno o centomila in una società di massa; un essere fratello o sorella di quell'orripilante Gregorio Samsa, quindi, almeno nell'intimo, un po' emblematici scarafaggi anche loro; un essere stati condannati a morte da sempre, sin da piccoli, divagando e ribellandosi poi, inutilmente. Una tragedia, insomma, se non fosse appunto che Favari sa che i nostri sono tempi poco seri e quindi la prende a ridere, e in una mossa a sorpresa, tutta leggerezza, ribalta gli anni '60 in anni '90 con un semplice "Sapore di Sade", cucinando il suo pastiche

con senso del ridicolo e l'abilità del suo sapere eclettico, di chi ha amato e studiato certe forme di spettacolo e espressione dei nostri tempi ("Sentimental", oltre che il titolo di uno dei testi qui riuniti era anche quello dell'Almanacco Bompiani 1975, dedicato al varietà e da lui curato con Rita Cirio – Le teatrali "Nuvole sul divano" hanno un precedente in "Le nuvole parlanti", saggio su un secolo di fumetti tra arte e mass-media'– A pregi e difetti della televisione ha appena dedicato uno studio edito da Zanichelli). Favari sa insomma con chi ha a che fare, tanto che la mamma (e naturalmente Edipo) con la Madonna (anche lei che cerca di farsi passare per mamma inducendo all'incesto), assieme a Don Giovanni, la morte e una religiosità fatta di manifestazioni esteriori risultano i temi centrali di questi italianissimi cabaret, di questi testi eclettici e superficiali, proprio come le apparenze del teatro, che riescono, facendo finta di nulla, cantando una canzoncina divertente (di cui Favari è maestro: "Il cordone ombelicale / mi fa tanto, tanto male") a svelare qualche doppio fondo, a rivelare attraverso il fumo il bruciato.

"Il Meridiano del Teatro"

Enrico Bernard

Teatro S-naturalista

volume secondo

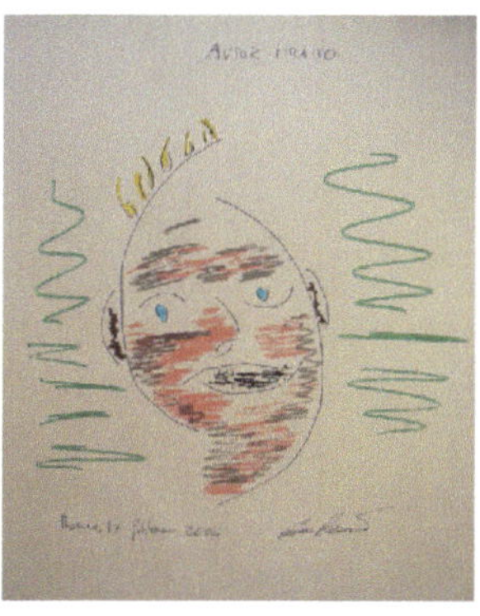

BE@A *entertainmentart*

Il Teatro S-naturalista di Bernard

di Giorgio Taffon

Enrico Bernard ha realizzato una brillante e riuscitissima trasposizione da genere a genere che ha preso le mosse da un iniziale testo per il teatro degli anni Novanta, *La voragine*, per giungere, oggi, con lo stesso titolo, e pubblicata per le edizioni BEAT, Trogen (Svizzera), alla scrittura di un'opera in forma narrativa. Come osservato dal prefatore Ermanno Rea, e da altri commentatori presenti in Appendice, non è certo usuale compiere il percorso inverso rispetto al passaggio da romanzo, o novella (si pensi al caso fra tutti di Pirandello), al testo drammatico.

La prima problematica che si presenta in questo caso, io penso, è far sì che dalla sintesi della stesura drammaturgica si passi in modo opportuno all'analisi che richiede la forma narrativa; nel caso del testo di Bernard la difficoltà aumenta essendoci in ballo, per così dire, solo due personaggi protagonisti (più, se vogliamo, la "Voragine" che è assieme metafora e materialmente enorme buca scavata dall'operaio Ori, su comando e direttive di un anonimo Capo). Bene, a parte qualche lungaggine e qualche ripetitività, direi che la struttura narrativa regge con coerenza e senza stancare il lettore dall'inizio alla fine, ed ha ragione l'autore nell'aver pensato ad una sottotestuale linea "trattatistica", che traccia un percorso anche filosofico (stanti i suoi studi universitari) di notevole valore riflessivo. Inoltre, Bernard ha saputo evitare alcune insidie (annoiare, scivolare troppo nell'astrazione...) grazie ad una sapiente capacità stilistica di costruire espressivamente una vera e propria drammaturgia del linguaggio: metaplasmi, cioè il lavoro di modifica delle singole unità lessicali rispetto al "vocabolario"; uso perfetto della figura dell'antitesi (vera padrona dell'impianto retorico-argomentativo di tutto l'impianto narrativo, e originata ovviamente dall'*imprinting* teatrale); similitudini con il "come" azzeccate, colorite, efficaci; ricchezza dei vari strati lessicali molto ben amalgamati: quello colloquiale, quello colto, il popolare, il dialettale, su registri prettamente umoristici e grotteschi; tutta questa ricchezza, questo gran lavoro stilistico-espressivo garantiscono al passaggio da drammaturgia a narrativa un'effervescenza ed una vitalità di gran valore, rendendo vivi i due protagonisti, il Capo e Ori (ben riuscito il passaggio conclusivo metaletterario...)! Naturalmente l'opera esprime anche una visione delle cose della vita, e del mondo, che il lettore è anche libero di non condividere, ferma restando la serietà di pensiero e di riflessione espressa dall'autore. Un pensiero per nulla accomodante con la condizione umana, e fortemente scettico; direi che l'aspetto che colpisce la mente e forse anche il cuore del lettore è la negazione della possibilità che la persona, l'essere umano, possa "riempire" di un qualche significato e valore la vita, interpretandola oltre il puro dato biologico e materiale. Possiamo scavare e scavare e scavare, ma un minimo tesoro che dia un senso non lo troveremo in nessun fondo di nessuna "voragine".

Se ne può discutere, ma è innegabile che la vicenda e i dialoghi fra i due protagonisti, più gli inevitabili interventi della voce narrante, ci provocano e mettono in subbuglio le nostre certezze; certo, come spesso negli autori della contemporaneità, in specie quelli che potremmo definire "nichilisti", almeno una certezza c'è: la possibilità di esprimersi attraverso un qualsiasi atto creativo (scrittura, musica, arti figurative, arti performative). Ma c'è chi definisce illusione estetica anche questa soluzione. Resta il silenzio, magari quello dei grandi mistici della tradizione occidentale, che sprofondano nel nulla del proprio io per tentare il mistero divino? O dei mistici di formazione orientale che nel vuoto trovano la liberazione? O dovremmo tornare alla mistica alto medioevale che trova un senso solo nella contemplazione della bellezza della Vita, quella con la V maiuscola? La Zoè dei Greci? Mi complimento, dunque, sinceramente con l'autore, e plaudendo al suo ammirevole sforzo sia formale ed espressivo, che tematico.

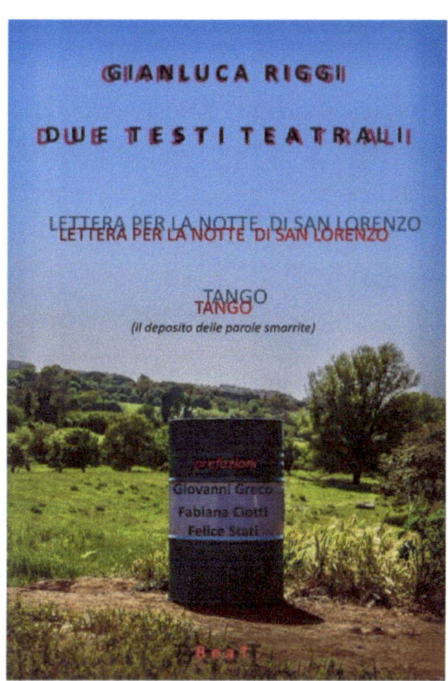

Prefazione

di Federico Raponi

E' stato 'terra promessa' lo spettacolo, visto anni fa al Teatro Furio Camillo, che mi ha fatto apprezzare - per l'originale, centrata bizzarìa - l'opera di Gianluca Riggi.

Quando lui mi ha chiesto di scrivere la prefazione di questo libro, non essendo io un critico in senso stretto, e avendo assistito soltanto alla rappresentazione di uno dei suoi testi qui raccolti, gli ho proposto, invece, un'intevista-conversazione, forma a me congeniale, per darmi - e cercare di fornire - un contesto a tali lavori. E la considerazione di base è che Gianluca li ha scritti apposta per sè, sono anche abbastanza autobiografici, per cui, tranne i rari casi in cui gli è stato chiesto, si è sempre rifiutato di farli mettere in scena da altri.

Riggi viene dal dipartimento di Musica e Spettacolo dell'Univesità La Sapienza, quando esisteva il Centro Teatro Ateneo e si potevano fare laboratori con Eugenio Barba, Carlo Quartucci, Carlo Cecchi, Carmelo Bene, gli attori di Peter Brook, oppure partire, gratuitamente, per Milano, a seguire le prove e gli spettacoli di Giorgio Strehler o Peter Stein. Diplomatosi all'Istituto Nazionale Dramma Antico di Siracusa, è stato al teatro greco della città che Gianluca ha mosso i suoi primi passi, non solo come attore ma anche come regista e autore. Rispetto all'Accademia Silvio D'Amico, l'Istituto funzionava a laboratori, ogni 15-20 giorni si succedeva un insegnante diverso, e gli allievi erano molto stimolati a scrivere, dirigersi, autoprodursi.

Una formazione classica e anche moderna, quindi, la sua, tanto è vero che, usciti da lì, è stato quasi naturale - per lui e Andrea Felici - autorganizzarsi, essere tra i fondatori della compagnia MateriaViva e successivamente prendere in gestione il Teatro Furio Camillo. Gli inizi sono stati di ricerca, poi Riggi è andato verso il teatro di parola, ogni volta con un linguaggio diverso, sempre molto fisico e di maschera. Pian piano, casualmente, è in seguito passato a quello sociale, che lo ha cambiato molto: nei primi anni del Duemila, infatti, ha iniziato a lavorare con persone disabili, in un progetto teatrale per l'ASL RMC, mettendosi alla prova con ragazzi ai quali non si potevano imporre battute a memoria, ma bisognava per forza riscrivere su di loro. Questo lo ha aperto, sia personalmente che come gruppo, a un'altra tipologia performativa, avvicinandolo, quindi, al teatro politico.

Nella scelta antologica, Gianluca ha cercato di creare un percorso, che vede, alla fine, i cinque monologhi de 'i mancati giorni', cioè i suoi esordi per il teatro; questo perchè, avendoli riportati in scena lo scorso dicembre (2017 n.d.r.) con dei giovanissimi attori (Riccardo Cananiello, Giovanni Alfieri n.d.r.), trova che, dal punto di vista tematico, politico, mantengano una loro attualità. Il primo lavoro l'ha scritto nel 1992, l'ultimo nel 2005, e in tutti c'è, sempre, un quadro del suo modo di vivere e vedere la società contemporanea.

Il titolo del volume è spiegato, così, da un grande amore nei confronti di qualcosa del mondo che viene costantemente tradito: in tutti i personaggi c'è ottimismo, voglia di vivere, però in un contesto che li rende, poi, incapaci di voler bene fino in fondo, anche a se stessi.

'Il Visconte' è il suo testo più rappresentato, per 11 anni, dai teatri classici - come l'Argentina - alle piazze, in tutte le maniere e smembrato, vera e propria fonte lavorativa principale. L'ultima replica è del 2012, proprio perchè - fisicamente - lui e l'altra attrice performer (Roberta Castelluzzo n.d.r.) non ce la facevano più.

'Partitura ...', all'inizio, ebbe grande successo, vinse la prima edizione del premio Enzimi, nel 1996, e fu rappresentato per diverso tempo da varie compagnie, perchè c'è molta fisicità, con un cieco, un muto e un sordo che devono comunicare tra loro, e questo lo rende particolarmente godibile e divertente.

'Urla' è quello abortito, la prima settimana al Furio Camillo fu un disastro, perchè non si era ben capito come metterlo in scena, mentre invece, durante la seconda, accadde qualcosa ed ebbe un successo strepitoso. Riggi, però, dovette andare a fare l'obiettore di coscienza, perciò la turnèe si bloccò e in seguito non ha avuto più il coraggio di riprenderlo; forse, è quello che gli piacerebbe di più rappresentare di nuovo, però non se ne è più ricreata la possibilità.

Anche 'Presidente' è uno spettacolo a cui Gianluca tiene molto, probabilmente lo considera il suo più bello, che ha come punto di partenza la guerra in Bosnia a cui, poi, viene legata la figura di Silvio Berlusconi; è arrivato in finale ai Premi 'Ater di Riccione', per la drammaturgia, e 'Scenario'. E' stato ripreso, però a pezzi, al Teatro dell'Angelo: complicato, perchè prevede un coro e diversi personaggi, ha quindi una potenzialità ancora tutta da scoprire.

Su 'la puttana di dio' Riggi ci sta ancora lavorando, ne è stato fatto un piccolo studio per il Premio Dante Cappelletti; tratta di due travestiti che decidono di rapire un terrorista dell'ISIS, e alla fine lo decapitano. Perciò è difficile, perchè potrebbe venir franiteso, ma è anche una sorta di "burlesque".

'Terra promessa', invece, ogni tanto Gianluca si diverte a farlo e ha sempre un grosso riscontro di pubblico, probabilmente grazie al tentativo di dare una lettura umana e storica ai testi sacri.

La sua idea di teatro si è sviluppata negli anni, dal momento in cui ha incontrato la disabilità. Poi, con la Provincia, ha cominciato il progetto *Teatro inFormazione* (insieme a Marco Adda n.d.r.), in cui andava in paesini dove c'erano dei problemi e col teatro cercava di fare mediazione, senza, però, rinunciare a produrre qualcosa che non fosse soltanto un saggio, ma avesse anche un valore artistico.

In una disciplina che Riggi oggi percepisce come ripetitiva, brutta copia di modelli alti, in cui si va a vedere spettacoli di (e ci si parla solo tra) conoscenti, morta nella ricerca, nelle forme, nella capacità di dialogo con il pubblico, e anche di provocazione, l'unico che secondo lui riesce a conservare sincerità, freschezza, capacità di improvvisazione, forza politica, dinamicità, incontro con lo spettatore, è proprio il teatro sociale.

In tal senso, l'esperienza di 'black reality' (progetto portato assieme a Valerio Bonanni n.d.r.), con ragazzi migranti, è quella che lo ha formato di più; lo scorso anno hanno portato lo spettacolo 'the black is the new black' al Teatro di Ostia, dove c'erano alcuni studenti di destra che inizialmente li prendevano in giro, ma poi alla fine si sono fermati a parlare con chi si era messo in scena. Questo, a dimostrazione che certe forme teatrali permettono di incontrare persone diverse - il che, col teatro tradizionale, sembra non avvenire più - mantenendo aperta, ancora, una possibilità.

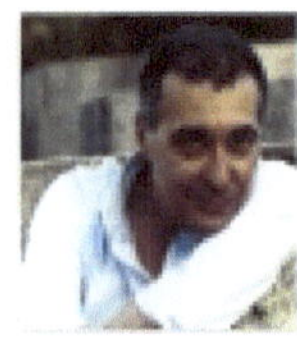

Dalla prefazione di

Giovanni Antonucci

Renato Giordano si è conquistato, in quasi trent'anni di attività una identità di autore precisa e originale nel panorama della nostra drammaturgia. Le sue co edie, tutte rappresentate e apprezzate dal pubblico e dalla critica, non hanno, peraltro, scontato i rischi del successo "eccessivo", come è accaduto ad altri autori della sua stessa generazione che, poi, sono passati da un'esagerata visibilità al dimenticatoio. Giordano è cresciuto testo dopo testo, spettacolo dopo spettacolo, sempre più consapevole dei suoi mezzi e del suo mondo espressivo. D'altra parte, oltre che autore, egli è regista ed operatore teatrale che vive quotidianamente la difficile realtà della scena italiana, i suoi limiti di fondo, i suoi pregiudizi nei confronti della drammaturgia nazionale, le sue chiusure mentali. Insomma conosce troppo bene quanto la casualità gioca nel successo o nell'insuccesso della nostra drammaturgia ma, nello stesso tempo, sa bene che, nonostante tutto, magari alla distanza, i veri valori poetici scenici finiscono per essere adeguatamente riconosciuti.

La produzione di testi di Giordano è assai ricca non soltanto per la quantità (più di venti testi) ma anche, e soprattutto, per la varietà dei toni, l'articolazione dei contenuti, la sottigliezza e la "leggerezza" dei dialoghi.

Giordano non ha nulla a che vedere con gli autori "minimalisti", come vengono chiamati da noi (ma il "minimalismo" americano è fenomeno assai più serio) che sono di moda. Autori in grado di trascrivere scenicamente solo la propria esperienza generazionale e quindi capaci di scrivere sempre e comunque la stessa commedia. Giordano è il loro esatto contrario: per lui il Teatro è metafora, simbolo, allusione ad Altro, verità e finzione.

Il filo sottile, eppure solidissimo, che lega i testi che hanno per protagonisti personaggi storici a quelli di ambientazione e invenzione contemporanea è rappresentato dal fatto che non c'è fra essi alcuna sostanziale differenza. Il personaggio storico, realmente vissuto, e il personaggio d'invenzione hanno la stessa libertà e autonomia drammaturgica, espressione come sono di una "storia immaginaria", dove Vero e Falso si scambiano continuamente i ruoli per cogliere rambiguità feconda della realtà. In questa prospettiva, c'è una grande coerenza fra il Giordano attratto dai prediletti climi culturali (il Settecento di Vivaldi, Casanova, Da Ponte, il decadentismo di D'Annunzio, la Mitteleuropa di Hofmannsthal, di Schnitzler, di Wedekind, di Mahler, il Mondo Antico) e il Giordano dei testi contemporanei, centrati sul "male di vivere", sulla violenza quotidiana, sulla difficoltà e addirittura sull'impossibilità dei rapporti umani. La sua è una drammaturgia dello smascheramento di una realtà falsa e illusoria. Tutta la nostra vita è un "doppio gioco" o, citando un autore a lui carissimo come Arthur Schnitzler, un "doppio sogno". "Doppio gioco", non a caso titolo di una delle sue commedie più originali, e "Doppio sogno" non sono due suggestive formule ma bensì due chiavi di lettura preziose per entrare nel mondo poetico di Giordano, anche in quello così inquietante dei testi che rappresentano la realtà degli anni Novanta del secolo scorso.

Giordano rivela inoltre una consapevolezza profonda, molto rara nella sua generazione, del ruolo del teatro, di ciò che è e che deve essere, come alternativa alla dittatura del cinemae della televisione, fondati rutti sul totalitarismo dell'immagine a scapito della parola che semina dubbio. Un'analisi dei testi teatrali raccolti in questi due volumi, conferma la complessità del discorso drammaturgico di Giordano, autore che non rifà mai se stesso e che esplora sempre strade nuove.

AMORE AMARO DI CARLO BERNARI DAL ROMANZO AL TEATRO E AL CINEMA

Nel precedente numero di RIDOTTO abbiamo pubblicato la versione teatrale di Enrico Bernard del romanzo di Bernari. Ora si aggiunge un nuovo importante evento cinematografico

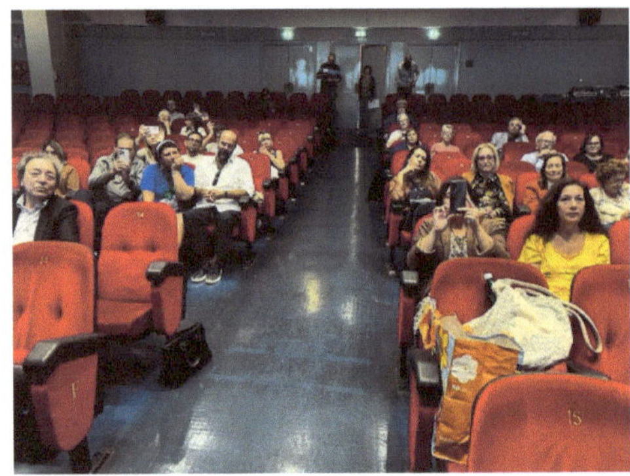

In occasione del 50° dell'uscita del film „Amore amaro" (1974) di Florestano Vancini con Lisa Gastoni dal romanzo omonimo di Carlo Bernari un nutrito pubblico ha assistito alla proiezione mattutina del 20 ottobre del lungometraggio al cinema Ariston di Gaeta.

L'evento organizzato dall'associazione Viaggiarte e dalla fondazione Bernari in collaborazione col cinema Ariston e il Comune di Gaeta è inserita nelle giornate celebrative di Carlo Bernari, cittadino onorario di Gaeta, in occasione del compleanno e della scomparsa dello scrittore napoletano (Napoli 13 ottobre 1909 - Roma 22 ottobre 1992). Nel corso della manifestazione è stata presentata la nuova edizione del romanzo (BeaT-Svizzera) con saggio introduttivo di Rossana Esposito. Olimpio di Mambro ha presentato al pubblico gli ospiti d'onore Enrico Bernard figlio di Carlo Bernari e Gloria Vancini figlia del regista. È intervenuto il regista romano Pietro Leoni. Il delegato alla cultura del comune di Gaeta ha portato i saluti del sindaco Christian Leccese.

Olimpio di Mambro ha ricordato la figura dello Scrittore che nel 1956 scelse Gaeta come ritiro ideale per la sua scrittura sua per le bellezze naturali e la storia della cittadina, ma anche perché posizionata a metà strada tra le due città del cuore, Roma Napoli. Enrico Bernard ha ricordato che propio a Gaeta il padre scrisse alcuni suoi capolavori come "Era l'anno del sole quieto" e "Il grande letto editi da Mondadori. Bernard ha concluso l'introduzione del film citando il saggio di Rossana Esposito pubblicato a prefazione della nuova edizione di "Amore amaro" in cui vengono evidenziate le differenze e varianti tra l'opera di Bernari e la sceneggiatura di Vancini. La figlia del regista Gloria Vancini ha quindi portato al pubblico una serie di curiosi aneddoti legati alla lavorazione del lungometraggio, citando in particolare una polemica innescata dal grande critico Aristarco su una scena che a suo dire dipingeva in modo troppo roseo e spensierato l'ambiente dei balilla fascisti. Appunto a cui Vancini rispose che da antifascista e uomo di sinistra non poteva non rappresentare la realtà vera come lui stesso l'aveva vissuta in quegli anni. Il regista romano Pino Leoni ha quindi concluso sostenendo l'importanza di Bernari da considerare, per la sua prima opera "Tre operai" del 1934, non solo precursore o anticipatore ma addirittura primo artefice e maestro del neorealismo.

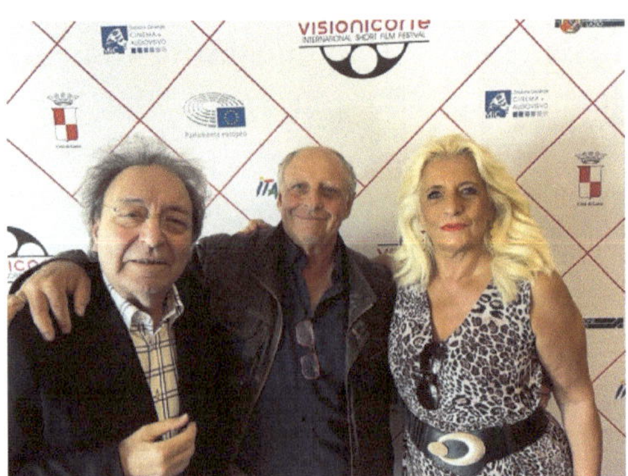

Enrico Bernard con Gloria Vancini, figlia del maestro Florestano Vancini e il regista Pino Leoni.

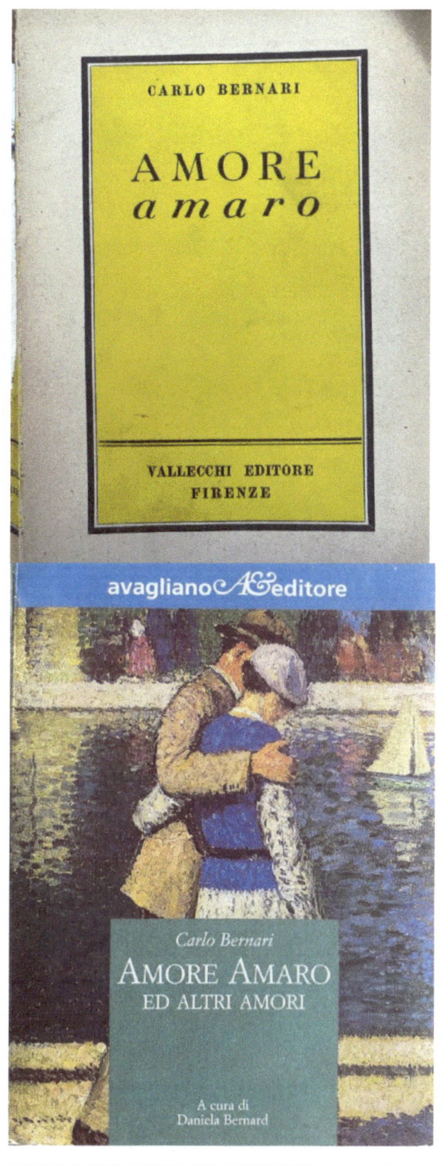

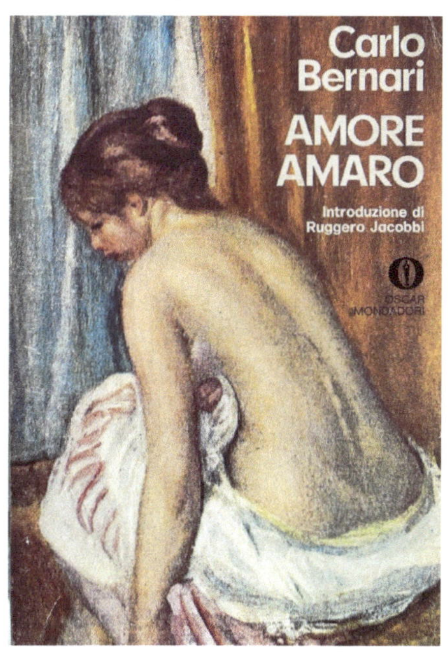

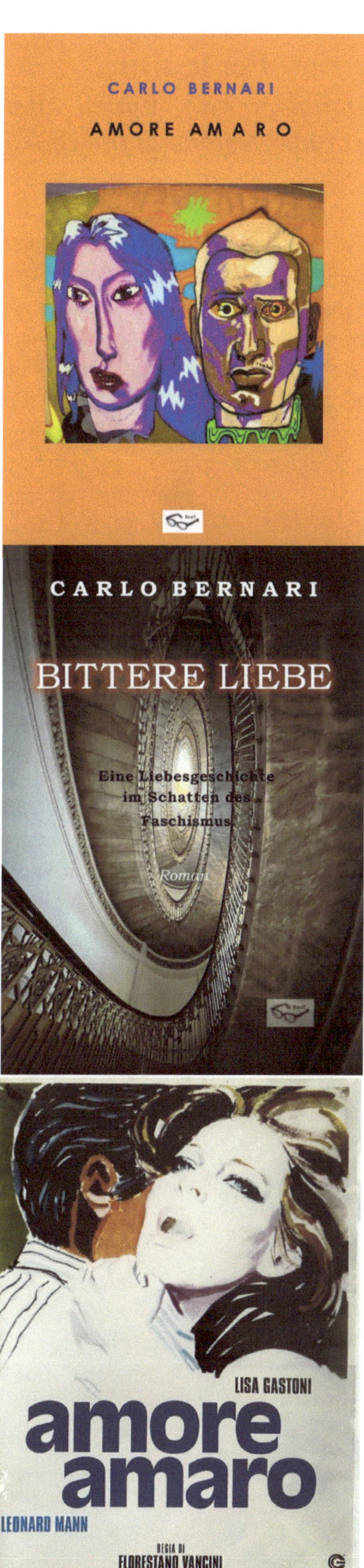

Beatrice Risponde a Dante. Per le rime.

Il monologo di Enrico Bernard diventa una lezione di italianistica

Il 15 Ottobre i ragazzi della 4ª musicale, delle 4ª A,B,C scienze umane del liceo Parmenide di Vallo della Lucania, si sono recati a Salerno accompagnati dai professori Carmen Lucia, Gianfranco Margarucci, Rossella De Marco, Nellina Di Sevo, Genoveffa Mainenti, Filomena Esposito e Annachiara Todisco, per assistere all'interpretazione da parte degli studenti del monologo in versi ispirati alla Beatrice dantesca di Enrico Bernard.

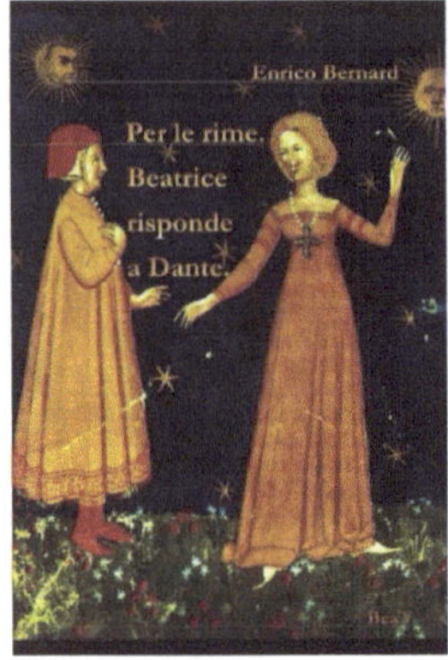

I giovani interpreti Matteo Valiante, Angelica Voiro, Noemi Gambardella e Giada hanno cambiato outfit per indossare i costumi: lunghe tuniche dorate e aureole per le ragazze, per rappresentare la loro parte di Beatrice e una lunga tunica rossa con un cappello rosso per Matteo che interpretava Dante. I ragazzi scambiandosi le parti hanno recitato con espressività ed emozione le loro parti mentre i loro compagni e professori scattavano foto e video. In seguiti la prof. Carmen Luicia ed Enrico Bernard hanno presentato l'opera e parlato di Dante egli alunni che dopo un lungo applauso hanno lasciato la sala per passare una bella giornata a Salerno.

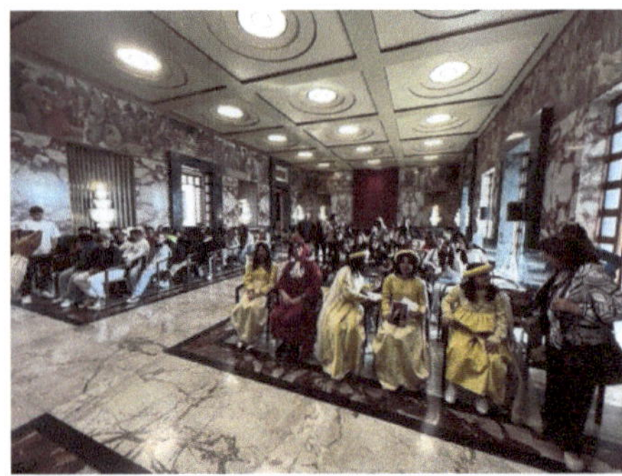

In occasione della XXI settimana della lingua italiana nel mondo, quest'anno dedicata all'opera di Dante, Enrico Bernard, scrittore, drammaturgo e regista, ha anche tenuto un seminario dantesco agli allievi che hanno studiato l'opera di Bernard *Beatrice risponde a Dante per le rime*, per la messa in scena di un reading tenutosi nel Salone dei Marmi del Comune di Salerno.

La ricerca-azione ha previsto il coinvolgimento di allievi con bisogni specifici d'apprendimento e la drammatizzazione dell'opera teatrale anche attraverso l'approccio della living history.

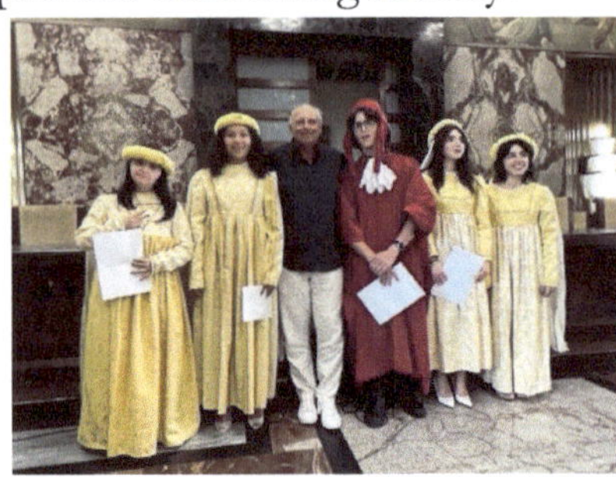

Inquest'opera, sostiene Carmen Lucia autrice della Prefazione alla pièce teatrale di Bernard, i versi di Dante diventano un archetipo, una radice della memoria, una fonte, in cui si contamina un richiamo al presente, un presente dissacrante, che dà vita a una Beatrice che è figura piena, intensa, audace. Qui l'autore, Enrico Bernard, intrec-cia un poetico dialogo con l'opera di Dante e la fa rivivere sulla scena, ricomponendone le parole in echi scomposti, ibridi, frammentari e ironici. I versi della *Vita Nova* e della *Commedia* diventano un "pre-testo", o un "avantesto", che Bernard ritaglia rapsodicamente, con una dissacrante e parodica operazione di selezione, inserendo le tessere originali dei versi nel mosaico della sua riscrittura. Studenti e docenti ringraziano la

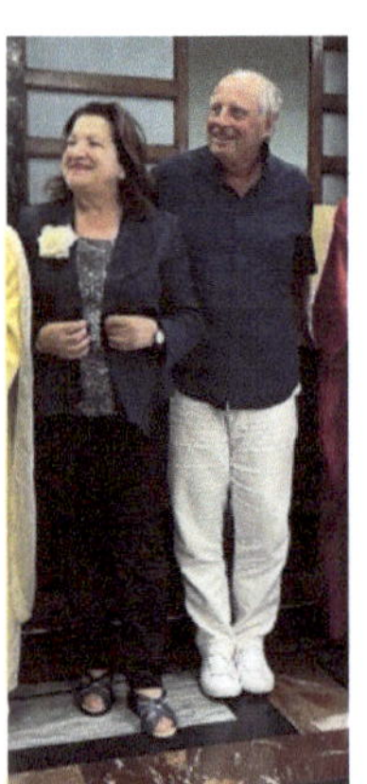

Presidente del Comitato di Salerno, Professoressa Pina Basile, per l'accoglienza e la promozione di eventi culturali di grande impatto formativo. Studenti e docenti ringraziano la Presidente del Comitato di Salerno, Professoressa Pina Basile, per l'accoglienza e la promozione di eventi culturali di grande impatto formativo

Enrico Bernard con la dantista Prof.essa Pina Basile presidente Società Dante Alighieri di Salerno.

PYTH IN LOVE

*Pitagora innamorato,
un poema in forma di teorema*

traduzione dall'inglese di Enrico Bernard

Recensione di Leonardo Guzzo

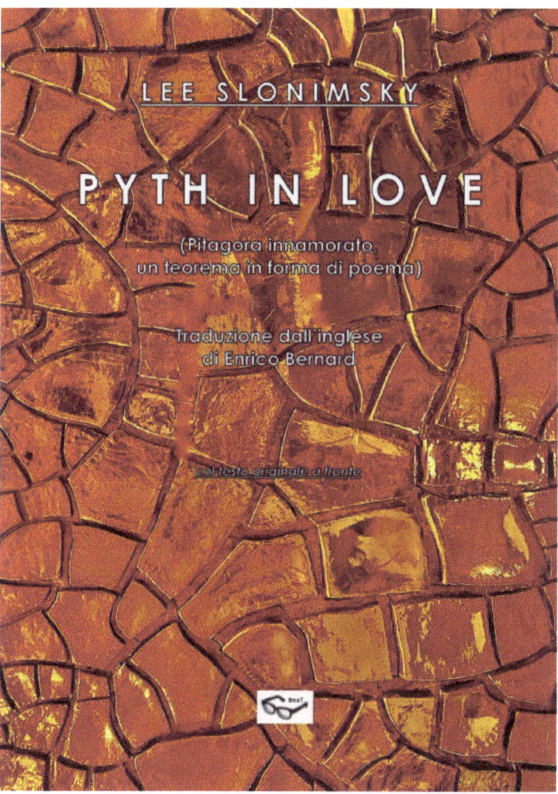

La raccolta poetica "Pitagora in love" di Lee Slominski presenta molteplici motivi di fascino. Suscita numerose riflessioni, alcune legate direttamente al libro e altre più generali. Innanzitutto mi viene la rilevare l'interesse della cultura anglosassone, di cui Slominski è un autorevole rappresentante, nei confronti del mondo classico: il mondo del mito ma anche, in questo caso, il mondo della filosofia. Pitagora è un raccordo tra queste due dimensioni; è figura mitica, su cui si raccontano storie che sconfinano nella favola, e al tempo stesso è uno dei primi rappresentanti della filosofia propriamente intesa.

Più in generale si può parlare di un interesse, continuamente rinnovato e possibilmente crescente, del mondo anglosassone verso la cultura classica, di cui l'Europa, il Mediterraneo e in particolare l'Italia sono custodi. Il racconto mitico, secondo i canoni della cultura classica, la suggestione della figura dell'eroe e al tempo stesso di un pensiero che ancora oscilla tra la scienza e la magia, o la "poesia", esercitano una forte attrattiva a tutte le latitudini. Ma in particolare per il mondo anglosassone questo fascino è un'evidenza testimoniata da una lunga casistica, in cui Lee Slominski si inserisce a pieno diritto. Io stesso, da traduttore, ho affrontato alcuni di questi casi: Anne Carson, la grande poetessa canadese più volte in odore di Premio Nobel, nell'opera "Men in the off hours" riprende "La guerra del Peloponneso" di Tucidide e la considera come la prima grande denuncia, per quanto inconsapevole, della follia della violenza bellica. Si tratta di un'operazione precisa: il recupero della classicità, del mondo antico, e la sua reinterpretazione con gli occhi dell'uomo moderno. È quello che fa anche Seamus Heaney, uno tra i maggiori poeti irlandesi del XX secolo, Premio Nobel nel 1995, che addirittura traduce il VI Libro dell'Eneide di Virgilio, quello in cui Enea discende negli Inferi, guidato dalla Sibilla Cumana, per riabbracciare il padre Anchise. Heaney proviene da un'altra tradizione - quella del folklore irlandese, dei bardi e della cultura celtica - e però sente il bisogno di conoscere, di studiare, di approfondire e di rielaborare la cultura classica. Anche a costo di staccarsi in qualche misura dalla sua terra, di allontanarsi dalla sua tradizione, sentendo però di avvicinarsi a qualcosa di più profondo e al tempo stesso di più alto, di più vicino (forse) alla verità ultima della letteratura e del mondo. Scrive una poesia che simboleggia la coesistenza in lui di questa doppia matrice - la matrice irlandese e quella classica - dedicandola al mito di Ercole e Anteo. Una delle "fatiche" prescritte a Ercole consisteva nel sollevare e vincere in lotta il gigante Anteo, imbattibile perché traeva la propria energia dal contatto con la terra a cui apparteneva. Ercole riesce a batterlo perché, appunto, lo solleva dal suolo e interrompe la catena di energia che lo rende di fatto invincibile: allora, lontano dal suolo, riesce a strangolarlo, a ucciderlo. La poesia è una poderosa metafora che Heaney usa per significare il distacco che la cultura classica, simboleggiata da Ercole, opera in lui rispetto alla tradizione irlandese, ma in un certo senso anche il sollevamento, l'avvicinamento al cielo, la scoperta di una profondità e un'altezza, di una verità che altrimenti gli sarebbe rimasta ignota. Heaney ci offre un esempio emblematico dell'atteggiamento della cultura anglosassone verso il mondo classico: nel mondo classico, in altre parole, la cultura anglosassone vede la possibilità di conquistare una profondità, un'altezza che conferiscono ai ragionamenti e alle percezioni una tridimensionalità grandiosa e purtroppo sempre più ignota a noi eredi diretti di quella tradizione. Troppo spesso accade che finiamo per appiattirci su visioni superficiali, narrative piatte e banali; come se, da buoni figli che uccidono i padri, volessimo a tutti i costi distaccarci dall'eredità, che pure potrebbe essere reinterpretata e attualizzata in modo molto fecondo. Questo fa in pratica Lee Slominski, che si rivolge alla figura speciale di Pitagora, personaggio a metà strada tra il mito e la filosofia. Pitagora stesso è oggetto di racconti mitici e credenze al limite del religioso: l'aver vissuto più vite, la reincarnazione, la reminiscenza, ossia il ricordo delle vite passate; ma il maestro di Samo è anche annoverato tra gli inventori della matematica e della filosofia. A Pitagora viene attribuita la scoperta dei numeri come linguaggio universale, come alfabeto basilare del mondo.

Lee Slominski ci presenta Pitagora in forma poetica. Con un ciclo di quarantasei poesie ci racconta, di Pitagora, quello che sta alla base del suo pensiero filosofico, ossia due atteggiamenti fondamentali di relazione col mondo. Innanzitutto c'è la contemplazione (della realtà, della natura, del mondo circostante), che non è la semplice osservazione, non è soltanto "guardare", ma "guardare attraverso", guardare col cuore aperto, con la mente sveglia, con i sensi tutto

desti per attraversare la superficie e arrivare alla profondità, all'essenza. È un atteggiamento - la capacità di concentrazione, la capacità di sottrarsi all'imperativo dell'azione, del fare indiscriminato - che forse dovremmo riscoprire. Imparare di nuovo a stare fermi e a concentrarci, per capire nel profondo.

E arriviamo così al secondo atteggiamento che Pitagora assume (e ci suggerisce), ossia la ricerca di un senso. Anche se questo senso forse non esiste, anche se sfugge. Sembra di sentire le parole di una canzone di Vasco Rossi: "voglio trovare un senso a questa vita anche se questa vita un senso non ce l'ha". Riecheggia la celebre "scommessa" di Pascal: io vivo, agisco nel mondo come se esistesse Dio, anche se Dio non dovesse esistere. Immaginare che esista un senso - nella realtà, nella vita - e cercare questo senso significa affrontare un'avventura. Significa compiere un viaggio, disegnare una traiettoria: partire da un inizio e cercare di arrivare a una fine. Significa sognare, e trasformare il sogno - questa nostra idea, concezione, questo nostro "fantasma" - in realtà. Se anche non c'è un senso della vita, un senso attribuibile alla vita, è proprio questa avventura a riempire la vita di senso.

Pitagora arriva a trovare il senso - l'archetipo, il principio - della realtà nel numero. Un'entità universale, che non ha spazio, tempo, nazionalità; un'entità astratta ma al tempo stesso estremamente concreta. Un principio che affronta le sue sfide, che prova a spiegare tutto ma tutto non riesce a spiegare: si pensi al "pi greco", un numero che non finisce mai, qualcosa di non completamente definito come una continua ricerca che appunto non finisce. In questa ricerca Pitagora trova, e ci rappresenta, il proprio amore. Questa ricerca, questo continuo tentativo di trovare un senso, questa capacità di contemplare, di cogliere i dettagli, di apprezzare le piccole cose della vita significa in fondo essere innamorati del mondo e dell'esperienza di essere vivi.

Leonardo Guzzo